博士生导师学术文库

A Library of Academics by
Ph.D.Supervisors

# 海上非传统安全犯罪

## ——教义学整理与刑事规制对策

阎二鹏 著

光明日报出版社

图书在版编目（CIP）数据

海上非传统安全犯罪：教义学整理与刑事规制对策 /
阎二鹏著 . -- 北京：光明日报出版社，2021.6
ISBN 978-7-5194-6027-3

Ⅰ.①海⋯ Ⅱ.①阎⋯ Ⅲ.①危害国家安全罪—研究
—中国 Ⅳ.① D924.314

中国版本图书馆 CIP 数据核字 (2021) 第 078015 号

海上非传统安全犯罪：教义学整理与刑事规制对策
HAISHANG FEICHUANTONG ANQUAN FANZUI:JIAOYIXUE ZHENGLI YU
XINGSHI GUIZHI DUICE

著　　者：阎二鹏

责任编辑：宋　悦　　　　　　　责任校对：张　幽
封面设计：一站出版网　　　　　责任印制：曹　净

出版发行：光明日报出版社
地　　址：北京市西城区永安路 106 号，100050
电　　话：010-63169890（咨询），010-63131930（邮购）
传　　真：010-63131930
网　　址：http://book.gmw.cn
E－mail：songyue@gmw.cn
法律顾问：北京德恒律师事务所龚柳方律师

印　　刷：三河市华东印刷有限公司
装　　订：三河市华东印刷有限公司
本书如有破损、缺页、装订错误，请与本社联系调换，电话：010-63131930

开　　本：170mm×240mm
字　　数：238 千字　　　　　　印　　张：16
版　　次：2021 年 6 月第 1 版　　印　　次：2021 年 6 月第 1 次印刷
书　　号：ISBN 978-7-5194-6027-3

定　　价：95.00 元

# 目 录
## CONTENTS

# 引 言

　　随着冷战的结束，两极世界的瓦解，以军事对抗和政治对立为特征的传统安全问题大大缓解，而伴随全球化趋势，来自军事、政治领域以外的其他对主权国家及人类整体生存与发展的威胁成为比传统安全威胁更常见的不安全因素，因此，将安全重点转向超越国家差异之上的社会和人的安全的非传统安全观念正深入人心，非传统安全问题也成为关乎国家安全的重大战略问题。我国对非传统安全问题的研究起步较晚，2014年习近平总书记提出的"总体国家安全观"首次将非传统安全问题作为国家安全体系的重要组成部分，其具体内容则为嗣后的《国家安全法》所明确。与国际关系学、国际政治学等学科相关学者的关注重点迥异的是，囿于专业知识背景，法学学者对此类问题的研讨则多集中于微观层面的具体非传统安全犯罪的规制对策等问题，如恐怖主义犯罪、有组织犯罪的现状、规制对策等一度成为学界研究的热点，但将非传统安全犯罪作为一类犯罪进行体系化的研究仍付之阙如。与一般之非传统安全犯罪相比较，海上非传统安全犯罪对依靠国际海运而形成的典型的出口导向型与资源进口型的我国经济安全的影响则更为直接，危害甚巨。不仅如此，伴随着全球化的进程，海上非传统安全犯罪得以超越国家的领土边界成为威胁国际社会的全球性安全问题。与之形成鲜明对照的是，传统刑法教义学及我国刑法立法、司法适用中面对涉海犯罪已呈现出诸多困境，从海上非传统安全犯罪的规制问题切入，不仅在宏观上对维护国家的海洋权益具有重要意义，亦可通过微观层面的涉海犯罪的立法与司法适用问题克服传统刑法在领土疆域与规制功能上的局限，更有利于一种普适的刑法教义学的建构。

# 第一章　风险刑法与非传统安全犯罪

安全问题历来是国际关系、国际政治学研究的传统重点领域，特别是"9·11"事件之后国际关系学视域下人们的安全观发生了翻天覆地的变化，国家安全已不单纯是人们所理解的基于传统军事威胁所可能引发的领土主权安全，一种超越国家之上或曰人类社会均可能面临的共同安全威胁观念正逐渐在学理及各国实践中形成共识。遗憾的是，国际关系、国际政治领域对安全观念的这一深刻变革在法学领域内尚未得到有效回应，刑事法理中偶有涉及非传统安全犯罪的表述亦多集中于对具体犯罪构成要件之解释及立法完善等的研讨，或许通过交叉学科的某些理论共识从非传统安全观念入手对当下的刑事法理研究而言可以提供一种全新之路径。

## 第一节　"非传统安全"观念厘清

### 一、提出背景：国际视野与中国视角

在国际关系学、国际政治学视域下，无论是传统安全抑或是非传统安全观念都源自对"安全"的思考，"安全"作为任何安全观建构之逻辑起点既是学理归纳更是人类社会生存方式的实践使然，"人类社会的生存方式与人类安全共同体的发生发展方式紧密相连"。[①]二战之后，人类社会

---

① 余潇枫.共享安全：非传统安全研究的中国视域 [J]. 国际安全研究，2014，32（1）：4.

经历一次、二次世界大战的惨虐经历，使得"和平"成为人类社会最大的价值取向，嗣后伴随冷战结束及经济全球化之进程，"发展"逐渐取代"和平"成为主导人类社会的价值选择，故此，学理上一般将冷战结束作为非传统安全观产生的时间节点。在此之前，二战虽已结束，但以美苏为代表的两大军事政治集团的对峙，使得就一国之国家安全而言，来自军事、战争之威胁自然成为彼时影响国家安全的主要因素。而"冷战的结束，使国际关系发生了一系列的重大变化，最为明显的就是以美苏对抗为标志的两极格局的瓦解和随之而来的安全气氛的缓和"，① 军事威胁的缓解为经济的全球化发展提供了契机，长期以来被冷战所掩盖的危及人类发展的其他矛盾如环境问题、能源问题、人口问题等逐渐凸显，并形成威胁人类安全的普遍性因素。而经济的全球化使得各个国家的依存度不断增强的同时，亦使得世界各国所关注的安全威胁逐渐发生变化，有别于传统的政治、军事安全的新的安全问题被提出自然是顺理成章的。当然，国际关系实践下的传统安全与非传统安全观念的产生并非如学理认识的具有上述严格意义上的时序关系，非传统安全威胁因素并非于冷战结束之后才产生，即使在冷战时期人们对非传统安全问题已有认识，甚至被列入国际社会议程的国际实践，"环境安全"概念的提出即属于其典型体现：国际社会对生态安全的关注肇始于"环境"问题，作为环境保护运动的先驱组织"罗马俱乐部"所形成的第一个报告《增长的极限》中已将环境问题提高到"全球性"的高度加以认识，此亦促成了同年举行的联合国人类环境会议上将环境问题列入国际政治议程。以此为契机，美国环境问题专家最早提出"重新定义国家安全"从而将环境安全纳入国家安全之范畴的主张，此一主张嗣后获得国际社会的广泛认可并最终由联大"世界环境与发展委员会"于1987年在《我们共同的未来》的报告中将"环境安全"第一次作为官方认可之概念提出。② 凡此种种，正如张蕴岭教授所言"非传统安全问题并不是新现象，它们早就存在，在我看来，主要是，一则它们成为具有'集合性特征'的安全种类，也就是说形成了它们的'共同特征'，二则它们的表现

---

① 何忠义. "非传统安全与中国"学术研讨会综述 [J]. 世界经济与政治，2004（3）：48.
② 徐华炳. 非传统安全视野下的环境安全及其中国情势 [J]. 社会科学家，2006（6）：78.

形式和影响很大，成为必须给予极大重视的问题"①。

学理上第一次出现"非传统安全"概念肇始于冷战后西方国际安全与国际关系研究界。1983年普林斯顿大学著名国际关系问题专家理查德·乌尔曼（Richarda H.Ullman）在《重新定义安全》一文中率先提出将人类所共同面临的自然灾害、疾病、环境等问题纳入安全的范畴，他本人也被普遍公认为非传统安全研究的鼻祖。其后学理上关于非传统安全的研究文献如雨后春笋般涌现，这些学术研究文献既有针对宏观层面的诸如非传统安全的理论流派、研究范式、价值内涵、与传统安全之分野等内容，亦不乏微观层面的诸如经济安全、环境安全、能源安全、网络安全等具体非传统安全内容之拓展。而从研究路径来看，国际安全知名专家英国学者巴里·步赞（Barry Buzan）将"后冷战时期"国际安全研究的学理路径分为传统与现代两端，前者仍然围绕冷战时期传统之战略研究、军备控制研究等以"和平"研究为内核而展开，后者则完成了由和平向发展的价值转换，亦形成了哥本哈根学派、后结构主义安全研究、女性主义安全研究、建构主义安全研究等所谓"后传统安全视角"下的不同理论流派。② 上述演进过程不仅得益于国际政治学、国际关系学若干理论流派为其提供了重要的学术资源，亦与国外非传统安全研究机构的贡献密不可分：与学理上庞杂、艰深的理论体系相伴而生的是非传统安全研究制度化程度的不断提升，当今发达国家通过官方、半官方成立有关非传统安全的专门研究机构的做法相当普遍，国际上较为知名的研究机构如美国加州大学的"非传统安全事务中心"、匹兹堡大学的福特研究所、加拿大英属哥伦比亚大学国际关系学院下属的人的安全研究所（Human Security）、新加坡南洋理工大学的非传统安全研究中心、日内瓦安全政策研究中心等机构③ 通过定期举办国际会议，发布针对世界各地非传统安全研究报告等多种形式，不仅丰富了非传统安全研究的内容，亦为各国政府提供了非传统安全领域的政

---

① 张蕴岭.中国非传统安全研究报告（2011—2012）[M].北京：中国社会科学文献出版社，2012：1.
② 巴里·布赞，余潇枫.论非传统安全研究的理论架构[J].世界经济与政治，2010（1）：113.
③ 这些研究机构各自有其侧重的研究主题，如美国福特研究所侧重于难民问题、战争中的儿童问题等话题，加拿大英属哥伦比亚大学人的安全研究所则偏重粮食安全与人类可持续发展等议题，新加坡南洋理工大学的非传统安全研究中心则重点关注边界冲突、环境问题、健康问题等。

策咨询，发挥着"智库"的作用。

与国外关于非传统安全研究相比，我国在此领域的探索虽起步较晚，但正如部分学者所言，"相对于中国传统安全研究在国际学界的弱势地位，中国的非传统安全研究更加突出"①，且更多地呈现出某种政策导向：国内关于非传统安全的研究源于1997年东南亚金融危机，这场始于泰国、嗣后扩展至东南亚并波及世界的金融危机危害之大、波及面之广促使包括中国在内的各国政府对金融危机表现出前所未有的重视。2000年7月27日第七届东盟地区论坛会议在泰国曼谷召开，时任中国外交部部长的唐家璇在讲话中第一次提及"非传统安全"。②进入21世纪，随着震惊世界的"9·11"恐怖袭击事件、"SARS"的肆虐、大规模禽流感爆发等若干对全球安全局势造成重大影响的国际事件的发生，各国政府和学界从传统安全向非传统安全的转变成为一种共识。此种共识亦获得执政党的认可，2002年11月8日，中共十六大报告中出现了"传统安全和非传统安全威胁因素相互交织"的表述，非传统安全的议题亦随之被作为国防任务列入《2002年中国的国防白皮书》中，2014年1月24日，中央国家安全委员会成立，当年的4月15日中央国家安全委员会首次会议召开，习近平总书记提出了"总体国家安全观"的概念，首次提出"要构建集政治安全、国土安全、军事安全、经济安全、文化安全、社会安全、科技安全、信息安全、生态安全、资源安全、核安全等于一体的国家安全体系"。总体国家安全观的命题亦通过法律的形式固定下来：2015年7月1日施行的新《国家安全法》第3条规定，"国家安全工作应当坚持总体国家安全观，以人民安全为宗旨，以政治安全为根本，以经济安全为基础，以军事、文化、社会安全为保障，以促进国际安全为依托，维护各领域国家安全，构建国家安全体系，走中国特色国家安全道路"。与此同时，在法律条文中亦明确提出"国家安全工作应统筹传统安全与非传统安全"；与非传统安全问题上升为我国国家战略的时代背景相呼应，学理上自然引发出对此一问题的极

---

① 张伟玉，陈哲，表娜俐.中国非传统安全研究：兼与其他国家和地区比较[J].国际政治科学，2013（2）：94.

② 新华每日电讯[EB/OL].新华网，2000-7-28.

大关注。国内最早关于非传统安全问题的文献当属傅梦孜教授1999年所撰写的《从经济安全角度谈对"非传统安全"的看法》一文，以此为发端，学理上关于非传统安全研究的文献大量出现。从宏观层面看，学界关于非传统安全的研究明显地呈现出由基础理论的探究向实践问题导向的转变。非传统安全一词在我国提出之时，学理上大都集中于对其价值层面的分析，此种价值层面的研讨必然涉及非传统安全之最基本问题即如何定义的问题。此种研究范式典型之代表如余潇枫教授从"人的安全"的视角指出非传统安全观念的提出是安全观念的一次革命，并将"优态共存"与"危态对抗"提炼为传统安全与非传统安全之理念区别[1]，近年来更是将非传统安全提升到"共享安全"的理论高度，[2]以此为基础廓清了非传统安全之边界；而王逸舟教授则独辟蹊径，将非传统安全解读为以"人的安全"与"社会安全"为基础的一种安全新语境。[3]与此种研究范式不同的是，更多的学者开始关注具体的非传统安全议题，如能源安全、经济安全、环境安全、网络安全、海上通道安全等，以此为基础着眼于中国的立场对如何应对非传统安全威胁进行具体研讨。[4]

总体而言，学理上虽然对非传统安全的定义仍存有争议，但经济全球化与若干影响全球的共性难题的出现，使得这一概念不仅在学理上形成了一种共识，亦通过各国的外交实践得到印证，一种超越"利益划线、人权划界"的跨国性场域正逐渐建构，无论是从价值层面、政策层面抑或是具体问题层面出发，"非传统安全问题已然成为一种人类社会共同体共同面临的威胁"的观念已经成为一种共识性命题。

---

① 余潇枫. 非传统安全概论 [M]. 杭州：浙江人民出版社，2006：41.

② 余潇枫. 共享安全：非传统安全研究的中国视域 [J]. 国际安全研究，2014, 32（1）：4.

③ 王逸舟. 重视非传统安全研究 [N]. 人民日报，2003-05-22（7）.

④ 或许是基于此种具体问题"就事论事"的分析路径往往伴随着鲜明的政策导向，且数量庞杂，故有学者就此提出"非传统安全是一个政策性的概念"。（朱锋. "非传统安全"解析 [J]. 中国社会科学，2004（4）：139.）

## 二、边界廓清：传统安全与非传统安全之分野

尽管在20世纪60年代西方学术界就已出现突破片面强调军事、政治因素的安全观念和安全研究，"安全"等同于"国家安全""安全研究"，等同于"战略研究"的公式化表征早已备受诟病，取而代之的非传统安全观念获得了学理和国家外交实践的共识，但"安全概念仍然是一个具有高度争议性的概念"[①]的论断就今天而言仍然适用。而非传统安全概念自然亦不例外，当今国际学术界不仅对非传统安全的类型、领域等具体问题存在认识上的分歧，对非传统安全的独立地位、性质、定义等基础问题亦存有争议。如哥本哈根学派将建构主义理论成功运用于安全研究中，倡导将安全的指涉对象由国家扩展至人类社会层面，这为后来的"人的安全研究"奠定了理论基础，并为联合国所采纳。也有学者从实现安全的责任主体出发，将传统安全与非传统安全分别归结为共同体和国家，从而形成所谓的批判安全研究理论，其"旨在追求人类的解放，而与人类解放联系最大的一个问题是：要动摇新现实主义对国家的界定，就要从理论上重视对国家理论的超越和对更高一级政治共同体的合理性论证"。[②]学理上对非传统安全的理论聚讼非但没有引发对此概念的价值怀疑，反而使得"对任何一种安全的全面理解只有在与另一种安全联系在一起时才能获得，局限于单一的层次或领域审视安全的尝试将招致严重的曲解"，[③]这样的观念获得了共识，故在分析路径上，从非传统安全与传统安全相比较的视域下，对非传统安全的内涵、边界等进行描述已成为当今学界一种通行的做法。

对非传统安全与传统安全之分野的学理探究早已有之，甚至可以说非

---

[①] BUZAN B. People, States and Fear: An Agenda for International Security Studies in the Post-Cold War Era [M]. 2nd ed.New York: Lynne Rienner, 1991: 3-5. 有学者甚至悲观地认为"安全天生就难以被给出统一、明确和无争议的定义"。Arnold Wolfers.National Security as an Ambiguous Symbol[J]. Political Science Quarterly, 1952, 67（2）: 482-511.

[②] 阎静.国际关系批判理论和政治共同体的转型：一种林克莱特三重视角的诠释 [J]. 世界经济与政治论坛, 2009（5）: 113.

[③] 巴瑞·布赞, 奥利·维夫, 迪·怀尔德.新安全论 [M].朱宁, 译.杭州: 浙江人民出版社, 2009: 11.

传统安全的梳理正是通过对两者的比较为基础衍生而来的[①]。非传统安全与传统安全是否存在区别、应否存在区别并不是一个不言自明的问题，在我国学界对此问题亦存有争议。有学者否认两者之间的区别，要么将非传统安全理解为仅是一个时间性概念，与传统安全相比，其只是在诸如安全的成因、安全主体、特性等某些方面的侧重点不同而已，[②]要么将非传统安全解读为"安全概念的过渡性'延伸'和'拓展'"[③]，抑或直接提出"非传统安全与传统安全相互重叠"的主张。[④]另有学者虽认可非传统安全是一种与传统安全相区别的新类型的安全，但力主将其中某一具体的安全领域去替换非传统安全概念。[⑤]如果说这些主张就其结论而言是弱化、边缘化非传统安全定位的观点的话，那么，国内少数学者提出的"非传统安全问题就中国而言是'伪命题'"[⑥]，甚至将非传统安全问题理解为是"为强权国家谋求利益和世界霸权服务"[⑦]的若干观点则是彻底的否定非传统安全概念之价值。这些理论主张的提出自有其各自的逻辑论证与佐证依据，但这些观点并未获得多数学者及各国实践的认同，传统安全意义上言必及"国家安全"观念通过战后的一系列国际实践证明并不成立，国家安全与个人安全尽管存在千丝万缕的关联，但前者并不能作为后者的绝对前提，国家安全并不必然意味着个人之安全。2003 年的 SARS 疫情已充分说明国家安全未受到威胁的前提下，个人安全却遭遇到普遍威胁，非传统安全理论正是在与国家安全适当剥离的基础上获得了生机，同时也因其"低政治性"的场域为国家间合作提供了可能。如何理解非传统安全与传统安全之关系，究其实质就是如何认识非传统安全的独立定位问题，此一问题的研

---

① 时至今日学理上仍然存在用"非军事安全""全球安全"等相近概念来指代非传统安全即是其典型例证。（STEINBRUNER J D. Principles of Global Security[M].Washington D.C：Brookings Institution Press，2000：1–22.）

② 余潇枫，林国治.论"非传统安全"的实质及其伦理向度 [J].浙江大学学报（人文社会科学版），2006（6）：104.

③ 郑先武.全球化背景下的"安全"：一种概念重构 [J].国际论坛，2006（1）：47.

④ 姜维清.交织：国家安全的第三种威胁 [M].北京：世界知识出版社，2001：14.

⑤ 查道炯.中国学者看世界：非传统安全卷 [M].北京：新世界出版社，2007：11.

⑥ 叶知秋.谁之"非传统"何种"安全"?[J].世界经济与政治，2004（4）：38.

⑦ 孟宪生.不能忽视整体安全：西方非传统安全理论评析 [N].光明日报，2007–06–06（9）.

讨在非传统安全概念产生的西方国家早已展开。国际关系学领域对冷战后非传统安全理论流派的梳理正是围绕该种理论学说如何解读传统安全与非传统安全之关系这样的核心建构的，无论是"后冷战传统主义"流派抑或是所谓"正统派"均强调"应该以国家间的、国家与非国家行为体之间的对军事威胁的使用、控制和管理的研究为主体"，[①]然而不仅这种基于现实主义的研究范式逐渐为嗣后的"扩展派"甚至是"全球派"等建构主义安全研究所取代，而且联合国《人类发展报告》中所提出的"人的安全"概念更是宣告传统安全研究的全面败退。总之，非传统安全概念的提出是安全思想的一次革命，其与传统安全之间虽不存在替代关系，但在观念上呈现出"从传统安全关系中的'囚徒困境''零和博弈'式的'对抗性存在'走向一种'你中有我''我中有你'的合作性共存"。[②]

按照国际关系学界的多数共识，非传统安全与传统安全之分野至少有以下四个方面：（1）安全的指涉对象，传统安全研究将"民族/国家作为分析的对象，并认为保障国家安全是保护其他指涉对象安全的最佳方法"，[③]国家与国家之间的安全冲突成为传统安全研究的主要内容，与之相反，非传统安全则基于"冷战"后国际战争与国家间紧张局势的缓解，倾向于将个体作为安全指涉对象，即使关注国家内部产生的威胁也是从危及整个人类共同体的角度出发进行思考的结果；（2）安全的覆盖范围，传统安全研究由于将"国家安全"作为其主要研究内容，此种逻辑思维的结果便是将威胁安全的来源局限在军事冲突领域，相应的安全范围也主要是就军事安全而言，与此相反，非传统安全的研究视角从国家内部转向跨国家的危及人类整体某些共识价值的冲突或威胁；（3）安全的主体呈现，传统安全囿于"军事安全"的固有思维，将国家视为安全研究的唯一主体，本质上将国家安全等同于"传统安全"，而非传统安全则重构了安全观念，将无差别的人类个体所构成的整体作为安全研究的主体，也因此"传统安全致力于保障主权、领土和利益差异基础上的国家安全，而非传统安全则

---

① 朱锋."非传统安全"解析 [J]. 中国社会科学，2004（4）：139.

② 何忠义."非传统安全与中国"学术研讨会综述 [J]. 世界经济与政治，2004（3）：48.

③ 巴里·布赞，余潇枫. 论非传统安全研究的理论架构 [J]. 世界经济与政治，2010（1）：113.

重点转向超越国家差异之上的社会和人的安全，以人类维持日常生活、价值和免于匮乏、天灾以及专制的迫害为最基本的内容和目的"；<sup>①</sup>（4）安全的实现路径。传统安全着眼于政治安全、军事安全等来自国家行为体的安全威胁，故其安全化的实现路径只能通过政治谈判、军事战争等手段解决，而非传统安全因其根植于个体性安全的思考，故必然超越传统意义上一国一域内的国家安全概念，安全的国际化和全球化成为可能，消除危及全人类的安全威胁自然必须通过各国之间的合作。

### 三、内涵解析：非传统安全所指涉之内容

非传统安全与传统安全的上述分野并不意味着两者之间存在完全的泾渭分明关系，传统安全与非传统安全亦存在相互转化的可能，如部分学者提及的美国在越战中使用落叶剂等化学武器所导致的生态灾害问题即是传统安全问题转化为非传统安全威胁的典型事例；<sup>②</sup>而非传统安全问题转化为传统安全威胁的事例亦不鲜见，如能源安全被视为典型的非传统安全，但基于能源争夺所引发的国家间的军事冲突在历史上频频出现。也因此，学理上尽管对非传统安全与传统安全的分野达成了共识，但并对非传统安全的一些共性特点如跨国性、非军事性、问题解决的国际合作性等有共识，非传统安全具体指涉内容涵括哪些议题则伴随非传统安全理论的发展而不断变化，申言之，非传统安全的问题域正是在与传统安全的比较中产生的。

总体来看，学理及实践中关于非传统安全的研究在安全观念中所占比重越来越大，非传统安全所涵盖之议题亦因应逐渐扩张：国际关系学界早期对非传统安全的研究主要着眼点在于扩展"安全"的范畴，对具体的非传统安全领域则缺少细致的分析。如最早提出非传统安全议题的理查德·乌尔曼（Richarda H.Ullman）虽然重新定义了安全概念，但也只是笼统地将自然灾害、疾病、环境等问题纳入其中，其意在强调非军事威胁的

---

① 朱锋 . "非传统安全"解析 [J]. 中国社会科学，2004（4）：139.

② 余潇枫，林国治 . 论"非传统安全"的实质及其伦理向度 [J]. 浙江大学学报（人文社会科学版），2006（6）：104.

重要性，至于非传统安全究竟包含哪些领域、议题等问题则并未述及。此后哥本哈根学派的代表学者巴里·步赞（Barry Buzan）在反思"国家中心主义"的安全观的基础上，以"地区化"国际体系为着力点，创造性地提出了"复合安全理论"，此一理论尽管仍然与国家安全存在千丝万缕之关联，但其提出的更加宽泛的安全体系架构又明显不同于现实主义。在其提出的综合性安全体系中，安全问题微观上被具体化为"关于武力胁迫的军事领域，关于管理地位的政治领域，有关金融、贸易的经济领域，有关集体认同的社会领域以及有关人类活动与周围生物圈关系的环境领域"五个方面，宏观上则被冠之以"个人安全、国家安全、国际安全"三个层面，这些不同的安全领域之关系在巴里·步赞看来，并非基础与派生之关系，而是各自具有独特的内涵与价值，即"一个领域没有必要是所有其他领域的基础，它只需是被贴上安全标签而相互关联的那些领域的基础罢了"[①]。相较于哥本哈根学派将国家安全视为安全体系中的重要一环不同，批判安全研究的学者则激进地主张对国家安全观进行彻底批判，"人类面临的威胁多来自其政府的错误政策和不胜任，而不是邻国的拿破仑式的雄心"。[②]在这一理论体系中，安全本身亦被视为一派生概念，其背后更为本质的价值导向是"解放"。在批判研究学者看来，"解放是使人（个人和集团）免于那些阻止他们执行自己自由选择的物质和人为的束缚"[③]，故权力与秩序本身不能产生安全，解放本身才是安全。正是在这样的观念指引下，批判安全研究理论体系不仅在逻辑上顺理成章地将个体安全作为最终的安全指涉对象，亦可通过所谓"对自由的束缚"最大程度地将传统安全之外的非传统安全威胁因素尽可能地包容在内。不仅如此，作为批判安全研究的代表者的"巴黎学派"通过借鉴法国著名社会学家布迪厄提出的"场域"这一社会学领域的重要概念，建构了"安全场域"的概念，从而将非传统安全的诸多议题如经济安全、社会安全、人的安全等归入各自的安全场域

---

① 巴瑞·布赞，奥利·维夫，迪·怀尔德.新安全论[M].朱宁，译.杭州：浙江人民出版社，2009：230.

② 李开盛，薛力.非传统安全理论：概念、流派与特征[J].国际政治研究，2012，33（2）：93.

③ 李开盛，薛力.非传统安全理论：概念、流派与特征[J].国际政治研究，2012，33（2）：93.

中，在此基础上，又对各种安全场域的自主性程度、相互影响、渗透的关系进行了系统梳理①。女性安全研究在反思传统安全研究中的"性别盲区"的基础上，提出了颇具特色的"性别安全说"，通过分析性别与国际安全之间的关系，此一理论流派强调女性在国际安全事务中的作用，其关注的非传统安全重点亦主要是性别领域中的特殊安全问题，如种族歧视、健康与安全、家庭暴力、经济福利、流行疾病、儿童问题等所谓的日常生活中看来具有一定代表性、普遍性的"常态危机"，②这些议题大多属于非传统安全领域的重要议题。

安全研究中影响最广、关注度最高的当属"人的安全研究"，在此一理论的形成过程中，联合国扮演了重要角色。以20世纪70年代为分界点，联合国关于安全观念的阐释完成了从传统安全向非传统安全的转变，在此之前，传统安全一直是联合国及其成员国重点关注的安全领域，1970年12月联合国大会通过的《加强国际安全宣言》中强调的是各国领土完整与国家主权的平等，武力威胁与军事占领是这一时期国家安全的绝对指涉对象。在此之后，联合国相关安全文献中已经出现诸如"环境问题、发展问题"等非传统安全萌芽的表述，以《人类环境宣言》的发布为契机，其后联合国的若干文献中出现了"环境安全、经济安全、粮食安全"等诸多典型的非传统安全领域的词汇，这一时期关于非传统安全的关注尽管已经获得联合国及众多成员国的认同，但仍然是"就事论事"式的表述，缺乏体系化与系统化的阐释。真正形成以"人的安全"为核心的联合国的新安全观的标志性文件是联合国开发计划署（UNDP）于1994年发布的《人类发展报告》，此报告中对"人的安全"（human security）概念进行了系统的阐述，并明确列举了人类所面临的七大安全问题，即经济安全、食品安全、健康安全、环境安全、人身安全、社会安全和政治安全。③"人的安全"概念的提出彻底摆脱了国家作为安全指涉对象的传统安全研究的窠

---

① 袁莎."巴黎学派"与批判安全研究的"实践转向"[J].外交评论（外交学院学报）,2015,32（5）：139.

② 克瑞斯汀·丝维斯特.女性主义与后现代国际关系[M].余潇枫，潘一禾，郭夏娟，译.杭州：浙江人民出版社，2003：225.

③ 李东燕.联合国的安全观与非传统安全[J].世界经济与政治，2004（8）：49.

曰，明确了国家安全作为实现个人安全的工具，个人安全才是安全的最终目的这样的观念，[①]同时通过安全与发展的合并研究的理路，使安全研究的议题大为扩展，形成了一种综合性的安全观念。在联合国的推动下，"人的安全"概念获得了诸多国家的认同。环顾当今世界，不论是发达国家还是发展中国家在对非传统安全的关注重点上在不同时期都有所差别，如美国在"9·11"事件之后自然将恐怖主义视为其关注的头号安全议题，甚至将恐怖主义视为战争。近年来随着网络安全问题的凸显，网络安全亦成为美国安全领域关注的焦点问题，2012年美国国会众议院通过了《网络情报共享与保护法案》用以应对美国网络安全威胁；与之相对，欧洲国家重点关注恐怖主义、网络威胁、自然灾难、能源安全、非法移民和犯罪组织等非传统安全领域，等等。虽然这些具体的非传统安全领域表现形式各异，但均可涵括在联合国的新安全观之下。

从西方安全研究的发展趋势来看，其所涵括的非传统安全范围很明显地呈现出扩展态势，最终倒向联合国"人大安全"观念这一最彻底、涵摄范围最广的安全观。我国学理上对非传统安全指涉内容的研究亦呈现出上述态势，尽管有学者将我国关于安全研究的范式归结为"早期扩展派"，[②]但就目前我国学者关于非传统安全所涵盖的范围而言，则指向了传统安全领域之外的所有安全威胁因素。我国学者关于非传统安全的定义清晰地展现出这一规律：学界的主流观点对非传统安全的定义都极为宽泛，无论是将其表述为"近些年逐渐突出的、发生在战场之外的安全威胁"，[③]抑或是"由非政治和非军事因素引发、直接影响甚至威胁本国和别国乃至地区与全球发展、稳定和安全的跨国性问题"，[④]其本质均是将非传统安全理解为非军事安全，其指涉的对象则因应理解为非军事之外的所有安全领域。而部分学者通过列举式定义方法所表述的非传统安全领域则涵括到当今全球

---

① 在此意义上，可以说"人的安全"理论可谓最具"非传统"特征的非传统安全理论。

② 张伟玉，陈哲，表娜俐.中国非传统安全研究：兼与其他国家和地区比较[J].国际政治科学，2013（2）：94.

③ 王逸舟.重视非传统安全的研究[N].人民日报，2003-05-21（7）.

④ 陆忠伟.非传统安全论[M].北京：时事出版社，2003：18.

所可能面临的诸多安全威胁因素，① 它们包括但不限于恐怖主义、生态安全、金融安全、走私贩毒、非法移民、自然灾害、能源安全、海盗、信息网络攻击等所有具有跨国性、全球性特征的安全领域。总之，无论是西方学理还是中国学理及实践对非传统安全具体领域的认知是逐渐泛化的，其意在涵盖传统安全领域之外的所有非军事领域，尽管有学者对这种"泛化"的非传统安全概念提出"定义散漫、注重政治效果、缺乏政策层面的可操作性"② 等指责，但对于非传统安全的跨国性、全球性特征却没有异议。而泛化的非传统安全概念恰恰可以保证其包容性，从而使得发达国家与发展中国家根据各自国情选择不同的非传统安全领域进行重点关注，在此基础上推进国际合作，这也正是联合国"人的安全"概念获得认同的重要缘由。

## 第二节　法学视野下的非传统安全犯罪

与国际政治学、国际关系学针对非传统安全研究如火如荼的现状形成鲜明对比的是，法学领域对非传统安全之研究明显薄弱，且在这些有限的学术文献中，热点导向型、问题导向型的研究占据了主要地位。如近年来我国边疆恐怖主义势力抬头，学理上则因应对恐怖主义犯罪、有组织犯罪的规制对策进行分析；同样，海盗、海上恐怖主义一度甚嚣尘上，此问题也随之成为法学视野中的热点问题，针对这些犯罪的文献亦集中出现。不可否认，对这些问题的研讨已经使非传统安全问题渗入了法学视角，并迈出了可喜的一步，但体系化、系统化的思维仍然是缺失的，宏观上建构一种非传统安全犯罪的观念不仅是学理探讨亦是实践应对所必须的。

### 一、非传统安全犯罪之范畴

非传统安全犯罪顾名思义是从非传统安全所衍生出的概念，但其究竟

---

① 张军社，合作应对非传统安全威胁 [M]// 中国军事科学学会国际军事分会. 国际安全合作与亚太地区安全. 北京：军事科学出版社，2010：416.

② 朱锋. "非传统安全"解析 [J]. 中国社会科学，2004（4）：139.

指称为何则并不明了。中外学理及实践中虽然对具体的非传统安全犯罪如海盗罪、恐怖主义犯罪、跨国有组织犯罪等进行了卓有成效之研讨，但迄今为止系统论述非传统安全犯罪的基本范畴的文献寥寥无几，甚至提出非传统安全犯罪这一概念的学者也极为稀少。2013年《国家社科基金申报项目指南》中首次出现了"非传统安全犯罪"这样的表述，但迄今为止也只有王君祥博士的《非传统安全犯罪的解析》与笔者撰写的《非传统安全犯罪：范畴厘定与刑法教义学转型》两篇文献对这一概念进行了分析，而域外有关非传统安全犯罪的研究同样如此，文献中随处可见的是诸如maritime piracy（海盗犯罪）、environmental crime（环境犯罪）、terrorism crime（恐怖主义犯罪）、oil crimes（石油犯罪）等表述，亦可见 non-traditional security（非传统安全）、non-traditional security threats（非传统安全威胁）等类似表述，并未出现 non-traditional security crime（非传统安全犯罪）这样的词汇。作为各种具体非传统安全领域犯罪的上位概念，非传统安全犯罪的内涵与外延之廓清无疑是必须解决的基础性问题。

非传统安全犯罪这一概念的提出既然由非传统安全衍生而来，那么在逻辑上从非传统安全导出非传统安全犯罪似乎是顺理成章的。换言之，非传统安全是非传统安全犯罪的上位概念是没有异议的，但这种逻辑上的上位、下位关系并不意味着所有的非传统安全所指涉的具体内容都可能与非传统安全犯罪形成关联，而是可能呈现出重合、交叉、排斥等三种不同的表现形式。其一，影响非传统安全的因素或者说非传统安全威胁本身即表现为某种犯罪类型。如上文所述，在国际关系学界对非传统安全所指涉的具体内容中本就包含若干犯罪形式，如毒品走私、跨国犯罪、恐怖主义、海盗、跨国洗钱、武器走私等被公认为非传统安全威胁因素，并成为各国外交实践中开展非传统安全领域中的重点内容。其二，诸多非传统安全内容本身并不表现为某种犯罪行为，但两者之间可能发生间接关联。如非传统安全领域中常常提及的经济安全，影响经济安全的因素既可能是各国的经济政策、金融政策，也可能是各种不同形式的经济犯罪，这些经济犯罪中既有局限于一国领域内的经济犯罪，亦有可能表现为跨国性质的经济犯罪。能源安全亦如此，影响能源安全的因素一般是能源结构、能源消费水平、能源供给渠道、能源价格机制等，①但若考虑到能源安全是一个集生产、供给、运输等为一体的综合体系，影响这些环节的因素均可能威胁能源安全，故像我国这样高度依赖海上运输保障能源安全的国家而言，诸如海盗、海上恐怖主义犯罪等亦可能对能源安全形成威胁。其三，某些非传统安全威胁因素与犯罪没有关联，最为典型的是自然灾害。

通过关于非传统安全与非传统安全犯罪的上述逻辑梳理，可以发现，非传统安全犯罪范畴之确定必须厘清两个问题：一方面，非传统安全犯罪来源于非传统安全之概念，前者是后者的衍生，某种犯罪类型被归类为非传统安全犯罪必然是对某种非传统安全领域的危险源；但另一方面，并非所有的与非传统安全存在关联的犯罪类型都可归类为非传统安全犯罪，如上文所述，威胁非传统安全之因素与非传统安全犯罪并不完全等同，当非传统安全威胁来源直接表现为某种犯罪行为时，将此种犯罪类型归类为非传统安全犯罪自然无异议，但如果某种犯罪类型只是影响非传统安全的因素之一时，是否能视为非传统安全犯罪则需谨慎判定。其实，从前述关于具体非传统安全的指涉对象可以看出，除自然灾害等极个别之非传统安全领域外，其他非传统安全总是与犯罪之间呈现出某种联系，如具体的经济犯罪、环境犯罪、网络犯罪等都是对经济安全、环境安全、网络安全之侵害，即使如人口安全、非法移民、重大传染性疾病等本身表现为某种社会现象的非传统安全亦可能与非法偷越国边境罪、妨害传染病防治罪等特定之某种犯罪发生关联，如此无限推演下去，非传统安全犯罪将如非传统安全概念一样成为无所不包之范畴。如果说非传统安全之概念的泛化在国际关系、国际政治学视域下有其必要性，那么，在刑法学视域下非传统安全犯罪之范畴必须受到一定的限制。对此，王君祥博士提出了"涉非传统安全犯罪"的概念用以指称与非传统安全相关联之犯罪，同时将非传统安全范畴之甄别标准归结为"涉非传统安全犯罪的安全化"命题。按照这一甄别标准，与非传统安全相关之犯罪类型能否被视为非传统安全犯罪应满足三个条件，即"该犯罪能够对整体性的非传统安全或者其安全保障的某个

---

① 迟春洁，黎永亮. 能源安全影响因素及测度指标体系的初步研究 [J]. 哈尔滨工业大学学报（社会科学版），2004（4）：80.

环节形成直接威胁""非传统安全所受侵害程度或者危险程度达到了公认的'安全化'的程度""该犯罪必须具有国内安全外溢和国际安全渗入的特征"。[①]上述标准是目前学术文献中第一次就非传统安全犯罪范畴之厘定进行的系统阐释，具有开创性意义。从论者所提出的三个条件来看，判断"涉非传统安全犯罪的安全化"之关键在于某种非传统安全领域的犯罪其危害程度是否达到了公认的安全化程度。一如前文所述，刑事犯罪一般并不是非传统安全的唯一风险源，但除了自然灾害等极端个例之外的大多数非传统安全的风险源中都或多或少地与某些刑事犯罪相关联，即使如人口安全这样在上述论者看来与刑事犯罪无关的非传统安全领域也伴随着某些刑事犯罪。一般认为人口安全涉及年龄结构、性别结构、民族构成变动三方面的因素[②]，其中，性别结构的变动也就是性别比例失衡问题，我国现行刑法中虽未设置"非法鉴定胎儿性别罪"，但针对特殊人员非法鉴定胎儿性别的行为可以按照"非法行医罪"进行处罚且已有相应的司法实践案例佐证。[③]换言之，对于绝大多数非传统安全领域而言，尽管刑事犯罪并不是其主要的直接风险来源，因而在对策选择上更多的是对公共政策的考量而非刑事法，但不可否认，刑事犯罪仍然是这些领域的风险来源之一。这就意味着，"涉非传统安全犯罪"一定是对某些非传统安全领域整体或某个环节形成直接危险的风险源。同理，非传统安全犯罪应具备的"国内安全外溢或者国际安全渗入"的特征笔者并不否认，但同时认为，当某种涉非传统安全犯罪对非传统安全领域的侵害程度已经达到"安全化"程度时就必然具备如上特征，故此，"涉非传统安全犯罪的安全化"才是判定非传统安全犯罪范畴的关键。

"涉非传统安全犯罪的安全化"意味着某种涉非传统安全犯罪对非传统安全领域的侵害程度已经达到"安全化"程度。如前文所述，"安全"对国际关系学领域而言具有特殊意义，在"人的安全"这种综合安全观之

① 王君祥.非传统安全犯罪解析 [J].河南科技大学学报（社会科学版），2016，34（2）：90.

② 人口安全涉及内生性人口安全问题和外生性人口安全问题，这里仅以前者为例。孟立联.人口安全与人口政策 [J].人口研究，2008（6）：49.

③ 贺风玲.广州中山两人非法鉴定胎儿性别各获刑一年半 [N].广州日报，2015-03-06.

下，非传统安全犯罪意味着是对人类社会整体利益的侵害。将"涉非传统安全犯罪的安全化"界定为"该犯罪危害性得到包括司法机关在内的政府机构、社会机构以及公众普遍认可的，对人的安全、国家安全和国际安全造成威胁或者侵害的情形"①固然没错，但在国际关系视域下安全必然意味着超越一国领域之上的人类共识，当某种安全上升为国际性、整体性的安全程度，相应地这些领域的犯罪在犯罪手段或者危害后果上必然具备跨国性特征，其危害程度亦为国际社会所公认时才应被归属为非传统安全犯罪，如毒品走私、恐怖主义犯罪、跨国洗钱等犯罪行为；相反，当某些犯罪类型其危害性仅局限于地区性、局部性时自然无法形成对非传统安全意义上的威胁。②故此，对非传统安全犯罪之范畴似乎可厘定为"危及人类整体安全的在犯罪手段或者危害后果上具有跨国（境）性质的一类犯罪"。③

## 二、非传统安全犯罪之特征

按照上文对非传统安全犯罪的一般描述，结合现今学理上关于各种具体之非传统安全犯罪之梳理，笔者尝试归纳出此类犯罪的一般特征如下：

（一）犯罪内部结构的有组织性

纵观当今国际社会所公认的非传统安全犯罪类型来看，有组织性是其首要特征，学理上对非传统安全犯罪的组织性特征虽鲜有涉及，但基于犯罪学层面的认知则有一定的共识，即"所谓组织性，就是指有组织犯罪中的犯罪人之间是通过某种联系方式相互串联起来，形成稳定的犯罪组织"。④而我国刑法学界一般将有组织犯罪与犯罪团伙（帮伙）进行严格区分，两者的区别主要是组织程度的严密性与否，后者"结构松散，成员不完全固定，只有一个或几个核心成员，组织化程度很低"，⑤而从犯罪组

---

① 王君祥.非传统安全犯罪解析 [J]. 河南科技大学学报（社会科学版），2016, 34（2）: 90.
② 关于非传统安全犯罪的动态性详见下文所述。
③ 阎二鹏.海上非传统安全犯罪与中国刑法应对 [J]. 福建江夏学院学报，2014, 4（4）: 42.
④ 王烁.中国的熟人社会与有组织犯罪的组织性特征 [J]. 犯罪研究，2014（6）: 72.
⑤ 何秉松.黑社会组织（有组织犯罪集团）的概念与特征 [J]. 中国社会科学，2001（4）: 123.

织的严密程度出发亦呈现出由团伙犯罪向黑社会性质组织犯罪、黑社会组织犯罪的发展态势。犯罪的有组织性强调的是作为犯罪主体的犯罪成员之间在组织、领导与具体实施等行为分工上的严密程度，与犯罪手段的暴力性之间似无必然的逻辑对应。尽管为公众所熟知的非传统安全犯罪如恐怖主义犯罪、毒品走私、海盗等有组织犯罪均表现出暴力性的特征，但亦存在如跨国洗钱、网络犯罪、非法移民等对经济安全、网络安全、人口安全等非传统安全领域形成威胁的犯罪类型，尽管在实践形态中它们可能与暴力犯罪相关联，但在犯罪行为上并不直接表现为暴力手段。有必要澄清的是，有组织犯罪一般对犯罪主观内容并无限定，故此广义上的有组织犯罪也可包含呈现出有组织性的恐怖主义犯罪。但如下文所述，中外各国刑事立法实践一般将有组织犯罪与恐怖主义犯罪进行区隔，两者的主要区别在于主观内容之不同，前者一般基于谋求非法经济利益的目的，而后者则一般出于政治目的。因此，出于政治目的所形成的恐怖主义犯罪抑或其他政治性犯罪组织即使呈现出组织性特征亦基于预防之不同需要进行个别化处理。

　　由于犯罪形式、犯罪手段的有组织性使得有组织犯罪危害性巨大，作为现今犯罪领域中的最高级组织形式，有组织犯罪历来是国际社会公认的非传统安全犯罪的典型样态，各国对有组织犯罪的规制亦由来已久。如意大利以黑社会犯罪作为有组织犯罪的典型样态，自1965年以来，意大利陆续颁布《意大利刑法典》《黑手党犯罪斗争紧急处置法》《黑手党型犯罪对策统一法》《黑手党悔过法》及《特别法令第306条》等多部法律法规用以惩治包括黑社会犯罪在内的有组织犯罪。与之类似，美国的《联邦有组织犯罪控制法》、日本的《暴力团对策法》《打击有组织犯罪及控制犯罪所得法》、德国的《反有组织犯罪法》、俄罗斯的《关于反有组织犯罪法》、中国香港《社团条例》、中国澳门《有组织犯罪法》、中国台湾的《有组织犯罪防制条例》等亦被视为特别针对有组织犯罪颁布的法律。在这些法律法规中，对有组织犯罪的界定侧重点明显不同：如意大利刑法典通过"直接或间接实现对经济活动、许可、批准、承包和公共服务的经营或控制，为自己或其他人取得不正当利益或者好处"的立法表述强调黑社会犯罪的牟取经济利益之特征；而日本的《暴力团对策法》将有组织犯罪集团称为"暴力团",并强调其犯罪手段的暴力性,"暴力团是指有可能助长其团体的成员集团性的、长期性的进行暴力型不法行为的团体";①美国的《联邦有组织犯罪控制法》则将有组织犯罪泛化理解为"一个从事非法商品和非法服务以及其他该组织成员的非法活动的高度组织化、纪律化的社团"②。除此之外,各国刑事立法对有组织犯罪的犯罪主体数量、主观方面、客观行为等亦存在相当大的分歧。在有组织犯罪日趋国际化的当下,为加强应对有组织犯罪的刑事司法合作,自20世纪80年代开始,国际社会一直努力寻求一个为各国所普遍接受的有组织犯罪概念。2000年11月15日通过的《联合国打击跨国犯罪有组织犯罪公约》,首次明确提出"有组织犯罪集团的概念",并将其界定为"由三人或多人所组成的、在一定时期内存在的、为了实施一项或多项严重犯罪或根据本公约确立的犯罪以直接或间接获得金钱或其他物质利益而一致行动的有组织结构的集团"。

（二）危害后果的国际性

如前文所述,非传统安全问题是对人类社会整体生存与发展构成威胁的因素,非传统安全观从其诞生之日起即呈现出超越国家间利益的特性,非传统安全在地域上的弥散性和跨国性亦使得国家安全与国际安全、内部安全与外部安全形成紧密联系的整体,而作为非传统安全威胁因素的非传统安全犯罪自然因应具备"侵害国际共同利益"之特征。

是否存在于国家利益相关联之国际社会共同利益在学理上曾有过论争,部分国际法学者提出国际社会共同利益的存在以国际公共秩序的建构为前提,国际社会的非法制现状决定了不存在由现有的国际法建立起来的真正的国际公共秩序,故没有国际社会的共同利益。与之类似,亦有学者基于目前国际社会中所谓"国际刑法典"的缺位导致无法确定国际社会所

---

① 尽管如此,在日本其他针对有组织犯罪法律规范中对有组织犯罪之界定却与此不同,如《打击有组织犯罪及控制犯罪所得法》中将犯罪组织表述为"由一定数量成员构成的、拥有共同目标的,为实现其目标意志而全部或者部分使用其等级关系的、永久性组织",这一表述并未涉及"暴力"性。（白取祐司,王鲲.日本近期预防有组织犯罪立法及其问题[J].国家检察官学院学报,2009,17（6）:32.

② 《俄罗斯联邦刑法典》总则第35条对有组织犯罪的界定与之类似,即"事先为实施一个或几个犯罪而组织起来的固定集团"。

保护的共同利益范围，"国际社会共同利益"具有不确定性。<sup>①</sup>这两种代表性观点之所以否认国际社会共同利益之存在的缘由，可归结为一点，即认为目前国际社会缺乏统一适用的法律规则。首先，当下的国际社会伴随经济全球化的快速发展，早已从以往的封闭状态转变为开放与交流的常态，改善经济环境的内在需求使得各国之间在人员交往、物资交流与信息传递等方面日益频繁，各国在政治、经济、文化、信息等诸方面的依存度空前提高，这使得国际社会本身作为一个共同体存在获得了现实基础，世界各国不同的政治制度、经济制度、法律制度等并没有妨碍国际社会作为一个共同体存在的事实本身。"既然承认国际社会作为一个共同体的存在，就应当承认国际社会存在公共秩序和最低限度的共同准则。各国之间频繁交往和建立的各种关系，恰恰反映了国际社会公共秩序的存在是个客观现实。"<sup>②</sup>其次，是否存在同一适用于国际社会的共通的法律规则抑或所谓"国际刑法典"与是否存在事实上的国际社会共同利益是两个层面的问题，从实践层面分析，法律规则的制定总是滞后的，国内与国际法律规则均如此，只有在人们对某种共同利益达成共识时才有相应规则制定的可能。一如非传统安全概念虽是国际关系学理上的新发现，但非传统安全领域的问题本身早已存在则是客观事实，只不过在传统安全观之下，人类社会未认识到其对"国家安全"之影响，非传统安全观拓宽了安全观的视野，使得跨国性场域中的"人类社会共同面临的威胁"成为可能，这也正是非传统安全观的价值所在。故此，国际社会共同利益不仅是客观存在的，亦可为人们所认知，正是国际社会共同利益的存在才促使国际社会制定若干法律规则对之加以保护。最后，对侵害国际社会共同利益之非传统安全犯罪的规制并非制定"国际刑法典"一条途径，通过国际条约、公约以及多边、双边条约的签订对相关犯罪进行规定，并通过直接或者间接适用，在国内法中予以适用正是其典型体现，国际刑法典的制定与国际刑事法院的司法实践之所以在今天备受争议，正是因为其适用易与国家主权形成冲突，所以，即使如《国际刑事法院罗马规约》在赋予国际刑事法院对国际犯罪刑

---

① 卢有学.论国际犯罪与国内犯罪的关系 [J]. 现代法学，2012，34（1）：125.

② 贾宇.国际刑法学 [M]. 北京：中国政法大学出版社，2004：10.

事管辖权的同时，亦不得不附加"补充性"原则，将缔约国"不能够"或者"不愿意"对相关犯罪行使管辖权作为其行使刑事管辖权的前提条件。

非传统安全犯罪的提出为国际社会共同利益的客观存在提供了绝好的佐证，非传统安全威胁本身已被国际社会外交实践所证实，包括联合国在内的国家间多边、双边条约亦证明这些犯罪所侵害的国际共同利益的存在是一种国际共识。

（三）犯罪转化的动态性

非传统安全本身之动态性决定了侵害国际社会共同安全利益的非传统安全犯罪亦呈现出相似之特征，此种犯罪转化的动态性体现在两个方面。

其一，"涉非传统安全犯罪"是否达到"安全化"之程度，并非是一成不变的静态结果，当某类犯罪成为国际性的安全问题而非地区性、局部性的安全问题时才有可能归入非传统安全犯罪之范畴，但很明显这种判断具有强烈的时代特点。如环境问题在冷战时期即存在于世界各国，但并未引起人们的足够重视，将其视为危害"国家安全"的高危度安全的意识更为鲜见，相应地针对生态环境之犯罪仅仅被视为危害性仅局限于一国之内的犯罪类型；恐怖主义犯罪虽在今天被视为危及全球安全的公害犯罪，但其产生之初的跨国性、国际性并不明显，危害后果自然也不像今天那样引起各国的关注。"9·11"事件及其之后的若干轰动全球的恐怖事件才使人们意识到，恐怖主义犯罪是人类社会共同面临的安全威胁，任何国家都无法幸免。再如当下在政府和民间都高度关注的食品安全问题，早期的食品安全问题在地域上的弥散性和跨国性特征并不明显，其危害性亦往往仅具有局部性、地区性的特点，但随着全球经济一体化的进程，包括食品生产、运输、销售等环节在内的食品生产链、产业链等的延伸扩展，使得"食品安全问题一旦爆发，就产生连锁反应而迅速蔓延，从一国扩散至其他国家乃至世界各地"。[①] 近年来波及全球的食品安全事件如20世纪80年代中期席卷欧洲的"疯牛病"、1999年比利时、德国、丹麦等欧洲多国发生的"二噁英事件"及2013年起源于英国嗣后波及欧洲多国的"马肉风波"

---

① 李莎莎. 非传统安全视角下食品安全犯罪的刑事政策及立法 [J]. 河南大学学报（社会科学版），2014，54（2）：48.

等均呈现出食品安全向世界范围扩散的特性。与之对应，晚近以来主张将食品安全问题归入非传统安全范畴的学理及实践呼声亦渐成共识①。相反，当下看来属于危害国际社会共同利益之非传统安全内容，例如随着网络技术的日臻完善，未来的针对信息网络的攻击行为将得到有效遏制，其危害性亦可能随之脱离高危度安全之范畴。同理，随着医疗技术的进步，某些流行性疾病也可能不再被视为危及国家可持续发展之威胁，从而在安全领域中被边缘化。凡此种种说明，非传统安全领域的威胁因素的不确定性和动态性规律决定了不可能、亦无必要为非传统安全犯罪确定一个恒定的、精确的范围，非传统安全犯罪之范畴会伴随着其危害性升级及国际社会安全意识的转变而不断变化。

其二，非传统安全是一种综合安全，涵盖经济、社会、文化、环境、卫生等多个领域，与之对应，非传统安全威胁的风险源亦呈现多样化，资源枯竭、恐怖主义、跨国有组织犯罪、经济危机、环境污染等都是典型的非传统安全威胁因素。应对这些典型的非传统安全风险需通过国际合作等非武力手段进行解决，但由于非传统安全的威胁作用往往表现为一个渐进的过程，在其产生之初大都被人们所忽视，当其达到爆发的临界点时若处理不当，极易转化为传统安全问题，影响到周边国家和地区的和平与安全，最终爆发国家间的冲突，导致传统军事手段的介入。非传统安全在一定条件下向传统安全的转化性特征，决定了非传统安全犯罪的激化以及针对此类犯罪的规制措施亦可能引发传统安全问题，这在国际实践中已被多次证实，如当下的国际恐怖主义犯罪属于典型的非传统安全犯罪，尽管世界各国通过国内政策调整、国际合作等形式对此类犯罪做出了卓有成效的努力，但不可否认，军事手段在当下应对国际恐怖主义犯罪的过程中仍不失为一种重要的措施。

（四）应对措施上的国际合作性

"非传统安全不是国家之间的相互安全威胁，而是国家群体乃至整个

---

① 余潇枫.中国非传统安全研究报告（2011—2012）[M].北京：社会科学文献出版社,2012；金征宇，彭池方.食品安全（非传统安全与现实中国）[M].杭州：浙江大学出版社, 2008.

人类共同面临的威胁"①,"世界命运共同体"的理念正是非传统安全问题的精髓,这就注定了非传统安全问题不是某个国家制造抑或独有之难题。"国内安全外溢"与"国际安全渗入"伴随国内安全国际化与国际安全国内化演化为非传统安全观之下的必然结果,同理,应对此种安全问题自然不可能由某一个国家完成。非传统安全犯罪作为一种非传统安全威胁因素,在危害后果上的跨国性、弥散性特征决定了其应对措施亦不可能单纯依靠片面化、单一化的一国力量,国际刑事司法合作既是逻辑必然亦是实践必须。如前文所述,非传统安全犯罪侵害国际社会共同利益之特征意味着或许设立超国家的国际刑事法院,从而实现国际刑法的"直接适用模式"更有利于此类犯罪的惩治与应对,但在尊重国家主权作为当下国际法中的一项基本原则的前提下,主权国家接受此种超国家机构的管辖意味着刑事司法权的让渡,这种现实困境使得希冀通过超国家的刑事法院应对非传统安全犯罪的措施更多地具有"理想化"的成分,在实践中难以施行。但是,非传统安全犯罪的跨国性、国际性现状又必须借助一定的"超国家"层次上的应对。治理非传统安全犯罪的现实需求与国家主权因素妥协的结果,便是"以尊重国家主权为前提,又适当考虑国际共同利益保护的国际刑事司法合作就充分体现出自己适应国际刑法'两重性'特征的优越性"②,从而在尊重各国司法主权与惩治跨国犯罪之间寻求到了一条更为理性的衡平路径,此亦成为现阶段惩治与防范洗钱、贩毒、国际恐怖主义等诸多跨国性犯罪的主要形式。从当今国际刑事司法合作现状来看,区域性与国际性的刑事司法合作发展迅猛,合作领域不断扩展,跨国洗钱、有组织犯罪、经济犯罪、贩毒等非传统安全领域渐成各国刑事司法合作的主要领域。不仅如此,在合作内容上亦不断丰富,从文书送达、调查取证、证人和鉴定人出庭,赃款赃物的移交、刑事判决的通报、引渡等司法协助措施,到信息交流、人员交流与培训、执法协作和共同研究等辅助合作方式,遍及刑事司法协助、警务合作、情报交流、案件协查等多个层面。可以想见,在未来相当一段历史时期内,常态化、制度化的国际刑事合作仍

---

① 秦亚青. 全球治理失灵与秩序理念的重建 [J]. 世界经济与政治, 2013 (4): 4.

② 张旭. 国际刑事司法合作:现状、问题与应对 [J]. 刑事法评论, 2000, 1 (6): 502.

然是应对非传统安全犯罪最为常见、务实的措施。

## 第三节　非传统安全风险的刑法应对——风险（安全）刑法观的契入

尽管非传统安全风险源的多元性决定了其防范措施亦具有多样性，但就非传统安全犯罪而言，刑事规制手段显然居于主要地位。非传统安全犯罪概念的提出是新安全观视野下对犯罪类型之再审视的结果，就学理而言，这一概念提出的学术价值无人论及。笔者不揣冒昧，尝试将其归结为对传统刑法教义学研究方法的视野拓展：传统刑法学研究方法执着于教义刑法学的范畴，即"以刑法规范为根据或逻辑前提，主要运用逻辑推理的方法将法律规范、概念、原则、理论范畴组织起来，形成具有逻辑性最大化的知识体系"①。这种意义上的刑法教义学使得刑法学的研究范式强调以"法条"为中心采取注释与逻辑推理的方法，去找寻刑法规范的真实含义，较少关注法条本身在打击犯罪方面的实际效果，从而使刑法学的研究只能局限在本国之内，不可能对跨国间的犯罪现象提出合理的应对措施。由于非传统安全概念的提出，此一领域内的犯罪多属于跨国间甚至全球性的犯罪，人们的关注重点自然而然地从国内的法律规范转向区域性甚至世界性的、有法律约束力的公约等，最终从方法论的层面来看，使得从教义刑法学向一种普适刑法学的转变成为可能。②

不仅如此，非传统安全犯罪概念的出现从宏观上而言亦必然会对我国既有之刑事政策产生颠覆性的影响，且此种影响已经在刑事立法实践中显现：如2015年8月全国人大常委会表决通过的《刑法修正案九》将"贯彻总体国家安全观、统筹完善刑法的相关规定"作为此次刑法修正的目标和

---

① 周详. 教义刑法学的概念及其价值 [J]. 环球法律评论，2011，33（6）：79.

② 这一立法理念正在某些国家逐渐转变为现实，如欧洲理事会早在1971年就发起的制定欧洲模范刑法典的讨论，意在建构一部跨国有效的刑法来克服传统刑事法在应对跨国犯罪时因国家疆域的限制而无法有效进行刑事制裁的弊端。（乌尔里希·齐白. 全球风险社会与信息社会中的刑法：二十一世纪刑法模式的转换 [M]. 周遵友，江溯，等译. 北京：中国法制出版社，2012：104.

任务[①]，而总体国家安全观之提出正是以非传统安全为重心的集经济安全、文化安全、社会安全等为一体的综合国家安全体系，"作为社会安全的最后和最重要的保障法，刑法的整体机制将对这一新政策作出相应的调整和变化"。[②] 在此一理念指引下，刑修九之立法重点自然集中在恐怖主义犯罪、信息网络犯罪、腐败犯罪等非传统安全犯罪的防控层面，立法技术上辅之以预备行为实行化、帮助行为正犯化、扩充犯罪构成要件等方式实现法益侵害的提前预防及扩大犯罪圈之目的。非传统安全犯罪作为一种新类型犯罪的出现，对关注逻辑自洽与原则演绎的传统刑法研究范式提出了挑战，多年前储槐植教授提出的"在刑法之外研究刑法"[③]的理论命题在非传统安全犯罪的规制下尤为必要，笔者拟通过"风险社会"这一社会学概念出发，系统梳理非传统安全犯罪视角下如何使刑法的规范塑造从封闭走向开放。

## 一、非传统安全风险与风险社会的同质性

风险社会一词最早是由德国社会学家乌尔里希·贝克针对西方国家工业化过程中所产生的各种社会问题进行反思的基础上提出的，此一概念的提出意在对现代性社会的风险内核进行全新视角的解读。按照贝克的风险社会理论，现代社会正越来越多地面临各种潜在风险，从电子病毒、核辐射到交通事故，从转基因食品、环境污染到犯罪率攀升等人类生活之各个方面，传统工业社会向现代社会的演变过程被归结为"一场从短缺社会的财富分配逻辑向晚期现代性的风险分配逻辑的转换"。[④] 社会学领域内普遍认为，20世纪中叶以来，伴随工业化而来的社会化进程，西方社会虽仍处于工业化时代范畴，但已明显进入一个不同以往的发展阶段，为与早期工业化时代相区别，此一阶段又被冠之以"后工业时代"的称谓。社会学家敏锐地察觉到了后工业时代社会的特质以及古典社会学理论的时代困

---

① 李适时.关于《中华人民共和国刑法修正案（九）》（草案）的说明 [N].中华人民共和国全国人民代表大会常务委员会公报，2011，2.

② 陈璐.新国家安全观要求刑法转变整体机制 [N].中国社会科学报，2014-08-20（7）.

③ 储槐植.刑事一体化论要 [M].北京：北京大学出版社，2007：123.

④ 乌尔里希·贝克.风险社会 [M].何博闻，译.南京：译林出版社，2004：15.

境，贝克与吉登斯、利奥塔等后现代主义者提出的反思现代性与后现代理论一样，都主张"需要发展有关社会世界的普遍理论，并且这样的理论能够帮助我们积极正面的介入以塑造全世界"①。只不过在贝克看来，解读后现代社会的特质的关键点在于对现代"风险"概念的认知，"风险的概念像一根使我们可以不断去探究整个建构方案，以及整个文明结构上的每一块使文明自陷危境的水泥斑点的探针"。②在工业化时代，物质短缺是整个工业社会亟待解决之难题，故公共政策的关注重点在于增加物质财富及发展生产力，而伴随工业化所产生的消极后果无法引起足够重视，在后工业时代，工业化自身所产生的诸如技术风险、制度风险愈发突出，风险分配逻辑取代财富分配逻辑占据主导地位，"工业社会的概念假定了'财富逻辑'的主宰地位，并且断言了风险分配同它的相容性，而风险社会的概念则断言了风险分配和财富分配的不相容性以及二者的'逻辑'冲突"③。与这种逻辑转向对应，公共政策的关注重点亦随之转向，"公众对风险所带来的健康与环境问题的担忧及其社会、经济和政治后果的关切，直接促成风险问题在当代的政治化"④。

　　按照贝克的风险社会逻辑，现代社会所面临之风险与传统风险性质迥异，其特质可概括为人为性、不确定性、全球性。首先，在工业化时代，自然风险构成人类社会面临的主要风险源，地震、海啸、旱灾等外部风险成为影响人类社会物质供应的主要因素，这样的外部风险因素因其客观实在性较易为人们所感知。但风险社会中的风险则更多地体现为人为原因导致的风险，人类社会在应对传统风险的治理手段本身滋生了新型的风险，这些治理手段既包含技术手段，亦涵括政治、经济、社会、法律等治理手段。相应地，风险社会中的风险涵盖高新技术引发的物理风险、人类社会各项制度所引发的政治风险、经济风险、社会风险等制度性风险。正是由于后工业时代风险的这种特性，贝克重新定义了风险的概念，"在自

---

① 吉登斯.社会学 [M].李康，译.北京：北京大学出版，2010：92.

② 乌尔里希·贝克.风险社会 [M].何博闻，译.南京：译林出版社，2004：218.

③ 乌尔里希·贝克.风险社会 [M].何博闻，译.南京：译林出版社，2004：188.

④ 劳东燕.公共政策与风险社会的刑法 [J].中国社会科学，2007（3）：126.

然和传统失去它们无限效力并依赖于人的决定的地方，才谈得上风险"①，即，现代社会的风险更多是由人类决策本身所引发，人为风险取代自然风险支配着风险社会的进程。其次，风险的不确定性一方面体现为科技文明在为人类社会发展提供便利的同时，亦附带产生了消极的风险，且风险影响途径、危害后果往往超出人类的预测和控制能力，从而无法人为确定。"我们完全不知道风险的大小和程度，而且在很多情况下，直到很晚，我们也不能确切地知道这种风险的大小。"②吉登斯的这一表述虽略显悲观，但"风险的失控"却是客观现实。风险的不确定性另一方面表现为"人为制造的不确定性"，这种人为制造的不确定性固然直接表现为人为决策的不确定性，人为决策与风险是相伴而生的，任何决策都会带来风险，人类风险观念的提升、科技水平的进步、知识丰富的同时，更多的不确定的风险源亦会随之产生。正如卢曼所言"知识、法制和科技越发展，越自由创造，人们越是更多的知道那些不可预测的未知事物，人们越陷于更大的不确定性，越面临更多的可能性，因而也越面临更多的风险"。③除此之外，在以现实主义者和建构主义者自居的贝克看来，风险的"虚拟现实性"与"现实虚拟性"的交织亦使得风险社会中的风险在作为一种客观实在的同时，仍具有受经济、政治、文化等因素影响建构性的一面，故风险的定义会随公众的文化感知而变化。最后，风险的全球化一直是贝克所强调的风险社会中风险的特质之一，这从其特别关注生态风险的实例即可看出。人类社会随着科技的进步与社会发展需求对生态环境的破坏，其所造成的危害结果及造成此种结果之原因均不是某一个国家和地区所独有的，是国际社会所共同面临的公共难题。在以贝克为代表的反思现代性下的风险是人类社会走向全球化过程中的普适性难题，"正如我们现在所知道的，这些生态危机是全球的"。④不仅如此，这种风险亦可跨越时间限制，形成代际间传导的特性，换言之，风险的全球性意味着其影响范围不仅可跨越地域

---

① 薛晓源，周战超.全球化与风险社会 [M].北京：社会科学文献出版社，2005：303.

② 安东尼·吉登斯.失控的世界 [M].周红云，译.南昌：江西人民出版社，2001：55.

③ 高宣扬.卢曼社会系统理论与现代性 [M].北京：中国人民大学出版社，2005：260.

④ 乌尔里希·贝克.世界风险社会 [M].吴英姿，孙淑敏，译.南京：南京大学出版社，2004：174.

边界的限制，亦可突破时间维度的限制，风险社会理论通过勾勒风险社会的全球性特征使得"世界风险社会""全球风险社会"的命题成为共识。

通过对风险社会理论的梳理不难发现，风险社会所描述之现代性风险与非传统安全风险具有同质性。首先，从风险社会的提出背景来看，其逻辑基点在于对后工业化时代与工业化时代的社会学观察。按照贝克的逻辑演绎，工业社会与风险社会所体现的现代性有第一现代性与第二现代性之别，前者以地域上的民族国家为单元，其间的社会关系、社区及国民生活方式等均以地域为界，而后者则突出地体现为跨越地域限制的风险全球化特征，这与非传统安全观的倡导者一直以来解读的非传统安全风险的跨国性、全球性特性暗合。其次，风险社会理论所强调的"风险"概念，究其实质亦可归结为"安全"风险，按照贝克的说法："阶级社会的推动力可以用一句话来概括：我饿！风险社会的驱动力则可以用另一句话来概括：我怕！"①此一关于风险社会与工业社会区别的生活化用语表述，清晰地揭示了"工业社会时代的'发展'导向的政策基调，到了风险社会为'安全'导向的政策基调所取代"，②公众的不安感甚至成为影响国家安全的决定性因素，而这也正是非传统安全观的支持者所特别强调的非传统安全的价值所在，换言之，通过对"安全"的阐释使得风险社会理论与非传统安全理论达致了逻辑上的一体性。再次，风险社会中风险的人为性、不确定性与全球性等特征与非传统安全风险具有通约性，如前文所述，在非传统安全风险中绝大多数风险源在于人为因素如犯罪、经济政策、环境污染、非法移民等，这些风险同样可归类为风险社会下的风险。而非传统安全风险亦与风险社会中的风险一样具有实在性和建构性相融的特征，非传统安全具体领域中的各种安全影响因素，其所造成的危害后果在各国实践中已得到客观证实，但非传统安全的范畴究竟如何精准界定仍取决于各国政治、经济、文化等综合因素从而具有不确定性。如果换个角度观察，这种不确定性亦可正面表述为"包容性"，如同贝克将"凡是随工业化而来的长期的，

---

① 乌尔里希·贝克.风险社会[M].何博闻，译.南京：译林出版社，2004：57.

② 劳东燕.公共政策与风险社会的刑法[J].中国社会科学，2007（3）：126.

系统产生的，需要代之公共政策解决的问题均归入风险之范畴"①的做法一样，将"人的安全"作为非传统安全观之解读视角在本质上亦是一种包容性的体现。最后，既然风险的全球性是风险社会下的特质，那么，在如何化解风险的对策问题上，就不可能仅仅局限于某个国家的公共政策选择，贝克以生态风险为例指出，生态风险作为全球风险的副作用表现下，风险的治理向全社会敞开大门，一种自下而上式的"世界社会亚政治化"的模式正在形成，并被视为公民直接参与政治决策的路径，与之对应，通过国际条约和机构自上而下发挥作用的世界生态民主政治亦是应对生态风险的重要手段。②

　　简言之，非传统安全风险与风险社会中的风险同根同源，在理论逻辑、具体内容及预防对策上均具有同质性，这也为非传统安全犯罪的学理研讨切入风险刑法理论提供了可能。

## 二、预防需求——"风险"的刑法调控

　　无论是非传统安全风险抑或是风险社会中的风险，其化解途径或许是多元的，但无论如何刑事法律在面对这一社会现实时不可能无动于衷。通过刑法手段控制风险不仅是刑法功能主义的品格所决定，亦是公共政策影响刑事立法、司法及刑事法理的必然体现。晚近以来，风险社会理论在我国不仅成为我国社会学、管理学等学术领域讨论的热门话题，在部分法学领域特别是刑事法域内更引起强烈的学术共鸣。如果说"法律可以界定社会，正如它可以调控社会，但它只能根据社会本身的条件来界定社会"③。这一关于法律与社会之关系的表述是一种学术共识的话，那么，风险社会理论在刑事法领域的高调出场则既可归功于此一理论本身对处于重大社会转型时期的时代特质的深刻洞察，亦是当下中国所面临的各种社会问题、

①　乌尔里希·贝克.风险社会 [M].何博闻，译.南京：译林出版社，2004：32.

②　乌尔里希·贝克.世界风险社会 [M].吴英姿，孙淑敏，译.南京：南京大学出版社，2004：174-190.

③　奥斯汀·萨拉特.布莱克维尔法律与社会指南 [M].高鸿钧，等译.北京：北京大学出版社，2011：20.

新型风险的直面回应。基于对传统刑法理论在应对风险社会中所呈现的诸多困境进行反思性检讨，"风险刑法"理论应运而生，在刑事立法、司法实践已然呈现出风险刑法的某些固有特征的当下，其成为学理论争的热点问题是一种必然。

总体来看，尽管学理上往往习惯于将对方的理论立场进行"贴标签式"的批驳从而在大多数学者视域中，我国关于风险刑法理论的论争自然可分为支持者与反对者两大阵营，但在笔者看来，绝对支持或绝对否定风险刑法理论的学者几乎不存在。如陈晓明教授是国内较早提出"风险社会之刑法应对"命题的学者，且旗帜鲜明地提出"为了应对风险，有必要制定风险刑法"的逻辑立场，但同时亦指出其处罚界限模糊、易与刑法谦抑的价值取向冲突及罪责伦理困境等难题，故主张风险刑法作为传统刑法的补充，通过弥补后者之功能不足达致维护社会秩序与安全之目的；[1] 与之类似，更多的学者并无意全盘否定"风险刑法"理论，而是在承认风险刑法理论的部分合理性的同时对此一理论的运用所产生的"风险"忧心忡忡，"风险刑法本身也存在一定的风险，因而也需要化解"[2]、"对风险社会理论向刑法学领域渗透而形成的'风险刑法理论'应持审慎态度"[3]、"完全忽视风险刑法理论提出的问题与挑战是不理性的，应兼顾秩序与自由"[4]，等形式各异之表述所欲表达的正是希冀通过传统刑法基本原则限制风险刑法理论下犯罪圈的不当扩张。正因为如此，部分学者所提及的目前关于风险刑法理论的论战无论输赢均可能出现"错误的、激进的刑法理论主导刑事立法和司法"抑或"剥夺刑法在应对风险社会危机中原本存在的机会"[5] 的命题便有些言过其实了。

如果对上述关于风险刑法理论的论争稍加留意便会发现，无论"赞成"抑或"反对"，风险刑法理论的学者均不约而同地选择了"风险"作

---

① 陈晓明. 风险社会之刑法应对 [J]. 法学研究，2009，31（6）：52.

② 陈兴良. "风险刑法"与刑法风险：双重视角的考察 [J]. 法商研究，2011，28（4）：11.

③ 刘艳红. "风险刑法"理论不能动摇刑法谦抑主义 [J]. 法商研究，2011，28（4）：26.

④ 魏东，何为. 风险刑法理论检讨 [J]. 刑法论丛，2013，35（3）：3.

⑤ 南连伟. 风险刑法理论的批判与反思 [J]. 法学研究，2012，34（4）：138.

为风险社会理论与刑法学理论的逻辑连接点。但大部分学者径直将风险社会理论中的"风险"与刑法中的"风险"抑或"危险"等置导致"往往是从自己的熟悉的刑法专业出发，深陷在刑法学的知识话语结构之间不能自拔"。① 这突出表现在他们所解读的风险社会中的"风险"其实质是一种个人风险、行为风险并以此与个人行为的危害可能性、人身危险性或者危险状态相关联，风险的社会性、遍在性等宏观特征被有意无意地忽视了。② 如在我国刑法学界"质疑"风险刑法理论的阵营中，张明楷教授可谓一个"例外"，其不仅反对风险刑法理论之运用，更基于"当下社会风险并未客观增多的论证"不承认风险社会是一个基本事实，其可称之为彻底的反对派。③ 但正如前文所述，风险社会所强调之社会风险是一种基于"虚拟现实"与"现实虚拟"双重属性的风险，其既具有客观实在性，又具有建构性，"我怕"所表达的公众不安感与实在的风险之间并不存在一一对应关系，"政府对公共问题的决策与有限资源的配置，主要不取决于实在的风险本身，而更多受到公众关于风险的感知与判断的影响"。④ "风险"的这种实在性与建构性的双重属性正是源于风险社会理论本身是关于反思现代性的宏大叙事，试图通过实质意义上的精准计算来观察客观风险的增加或者减少在研讨路径上已经与其本质南辕北辙。这样看来，学理上对风险社会理论中"风险"的误读亦可能导致其提出的关于风险刑法理论导致的若干教义学难题大有商榷的余地。劳东燕教授明确指出了我国当下刑法学理上关于风险社会及风险刑法理论研讨的若干误读，反对将社会学理论与刑法理论做如此简单的嫁接，继而提出"安全问题构成风险社会理论与刑法体系之间的连接点"的命题⑤。此一主张之提出并非空穴来风，在风险刑法的倡导者德国著名刑法学家金德霍伊泽尔那里亦可找到理论支持，在其看来，风险社会强调原始的风险因子就是人本身，人是风险社会中的不安全

---

① 卢建平. 风险社会的刑事政策与刑法 [J]. 法学论坛，2011，26（4）：21.
② 卢建平. 风险社会的刑事政策与刑法 [J]. 法学论坛，2011，26（4）：23.
③ 张明楷. "风险社会"若干刑法理论问题反思 [J]. 法商研究，2011，28（5）：83.
④ 劳东燕. 风险社会与变动中的刑法理论 [J]. 中外法学，2014，26（1）：70.
⑤ 劳东燕. 风险社会与变动中的刑法理论 [J]. 中外法学，2014，26（1）：70.

因素的始作俑者，通过对危险的禁止来实现安全是刑法应对风险社会的必要举措，结合刑法典增加抽象危险犯之立法动向。他明确指出"这样的犯罪不是以导致什么样的具体损害作为实施制裁的条件，而是以没有促使安全状态的形成或者这类犯罪的不法来表述的"，"不是一个具体的损害，而是一种慌乱不安"，这正是这种新型犯罪与传统犯罪之本质区别，由此，风险刑法所面对的犯罪群是"客观上对所有生活领域的安全条件造成损害的行为"，刑法亦可被解读为"用来满足安全政策的行为需求，抑制绝对危险犯的发生"。①

其实，无论是将风险还是安全作为风险社会理论与刑法体系之间的逻辑连接点都无可厚非。因为风险社会下风险与安全之间正是一体两面的逻辑关系，风险社会中国民的普遍不安全感正是源于技术风险、制度风险等人为风险的共同焦虑的体现，在此一社会现实下，"社会成员热切希望除去、减少这种高度、广泛的危险，热切希望这种危险在现实化之前，国家介入社会成员的生活来除去、减少这种危险"②。面对公众对风险带来的不安感的加剧，通过控制、消除风险为公民提供制度性的安全保障必然成为主导公共政策制定者的思维路径，而"刑法由此成为国家对付风险的重要工具，公共政策借此大举侵入刑事领域也就成为必然现象"。③简言之，风险社会理论通过对现代性社会的反思指出人为风险作为现代社会的特质，而社会公众则笼罩在风险无处不在的不安感中，这种保障民众安全秩序的诉求直接主导了国家公共政策的走向，继而决定了刑法在风险社会的现实下由权利保障向风险预防的功能性转向。风险预防的价值取向深刻地重塑了刑事立法实践与刑法学体系，刑事立法更加侧重于解决预防或者安全的问题，在犯罪圈的划定层面诸如"实体刑法中可罚性的前移"④、抽象危险犯的设置、持有型犯罪的设置、预备行为实行化的规定等新的立法动

---

① 乌尔斯·金德霍伊泽尔，刘国良，安全刑法：风险刑法的社会危险 [J]. 马克思主义与现实，2005（3）.

② 关哲夫，王充. 现代社会中法益论的课题 [J]. 刑法论丛，2007，12（2）：334.

③ 劳东燕. 公共政策与风险社会的刑法 [J]. 中国社会科学，2007（3）：126.

④ 乌尔里希·齐白，周遵友. 刑法的边界：马普外国与国际刑法研究所最新刑法研究项目的基础和挑战 [J]. 刑法论丛，2008，16（4）：237.

向都在表明"有危险就有刑罚"①、"行为方式本身可罚,而不是行为所引起的结果被认为是可罚的"②等类似的风险刑法理念。而在刑罚之目标设定上亦呈现出报应刑、特殊预防刑及威慑理论的没落,"借规范适用的固化为建构法的信赖竖起一面旗帜"③的积极的一般预防正成为主导各国刑事立法实践的思潮。面对上述刑事立法变动,刑法学界不可能无动于衷,既然认可风险社会作为刑法学叙事的前提或者背景是成立的,那么,建构一种合乎风险社会特质的新型刑法体系就是必然的,风险刑法抑或安全刑法、预防刑法等学说流派正是伴随上述立法动向应运而生的。这些刑法学新体系的建构或许仍存在不足之处,但毕竟在传统刑法教义学关注逻辑体系内在的自洽性的同时切入了合目的性与实效性的思考,这也正是风险社会理论对刑法学体系从封闭走向开放的价值所在。

### 三、社会保护——风险刑法的回应路径

在风险社会中,伴随着民众对自身和社会安全的需求提高,促使立法者希望借助国家力量来预防与控制风险成为共识,最终形成风险刑法理论"强化社会保护机能、凸显刑法的一般预防"的特色,从报应向预防机能的转换,使刑法面对风险社会的现实,适时检讨和修正相应的罪刑规范,更好地保障社会安全。刑法的此一功能性转换暴露了传统刑法教义学知识体系在面对风险社会的理论不足,从宏观层面对传统刑法教义学体系的冲击到微观层面的法益论、罪责论、刑法解释方法、犯罪故意理论等,传统刑法理论面临全方位的改造。笔者以犯罪论领域具有代表性的法益保护的前置化、行为方式的拓展、责任主义的松动三个方面为例进行说明。

1. 法益保护的前置化。法益保护前置化抑或早期化的说法是相对于传

---

① 关哲夫,王充.现代社会中法益论的课题 [J].刑法论丛,2007,12(2):334.

② 乌尔斯·金德霍伊泽尔,刘国良.安全刑法:风险刑法的社会危险 [J].马克思主义与现实,2005(3).

③ 积极的一般预防论甚至被英美法系学者视为德国刑法学的两个重要成就之一。(马库斯·德克·达博,杨萌.积极的一般预防与法益理论:一个美国人眼里的德国刑法学的两个重要成就 [J].刑事法评论,2007(2):443.)

统刑事立法及其理论而言，传统刑事立法以处罚实害犯为原则，强调结果或曰法益侵害之于刑法处罚界限的观点即结果本位的犯罪观历来是主流，学理上将之视为不法论层面的结果无价值论。然而随着风险社会的提出、刑法社会保护机能的强化，不以实害结果为必要之危险犯成为刑事立法中的常见犯罪类型，成为法益保护前置化的重要表现形式，刑事立法通过具体危险犯与抽象危险犯之分别规定大大提升了法益保护前置化之程度。很显然，危险犯特别是抽象危险犯立法模式的出现，对古典刑法学体系形成了一定的冲击，为圆说这一理论困境，学理上基于不法论与法益论两个层面提供了解释途径。就不法论层面而言，古典刑法学理论是结果本位的犯罪观，故从不法层面分析亦可将之归结为结果无价值论，在危险犯立法现实下，从结果导向的不法判断到行为导向的不法判断理论开始出现，这就是行为无价值论。在古典犯罪论体系中，坚持彻底的客观违法性论，违法性的判断完全取决于与行为人相分离的客观法益侵害本身，仅此足以判断不法。但自从韦尔策尔提出人的不法论之后，结果无价值论的不法判断标准开始受到质疑，其与行为无价值论之论争成为继旧派刑法学与新派刑法学的学派之争之后足以与之相匹敌的学术论争焦点。虽然两者之间的争论目前仍处于胶着状态而难分高下，但不可否认的是一元的结果无价值论即彻底的以法益侵害结果作为犯罪不法内涵判断唯一基准的学说已成弱势，而融合行为本身对法规范的违反与敌对作为不法判断基准即行为无价值论的所谓"二元不法论"（包括二元的结果无价值论与二元的行为无价值论）渐成主流，由行为本身的反规范性去补强法益侵害说在不法判断上之不足的理念已至为明显。二元不法论的提出，正体现了在风险社会大环境下急剧变化的犯罪事实面前，为求得保障社会安全的现实需求，刑法不得不弱化对犯罪结果的关注转而强调行为本身的反规范性。与不法论层面颠覆法益侵害说这一被古典刑法学者视为基本原则的路径不同，法益论主张通过法益概念的抽象化、精神化等"技术处理"在维持法益侵害说的前提下对危险犯的立法进行圆说，传统刑法教义学将法益理解为物质的、个人的利益，这种古典式的解读在面对风险社会时显得无能为力，学理遂将法益侵害说之下"所有的犯罪都是结果犯"[①]的命题中,对"结果"之解读扩充为"侵害法益的危险",借助"危险犯"的法理,刑事立法中的诸多不以实害结果为构成要件的犯罪类型获得了实质处罚根据。相应地具体危险犯与抽象危险犯亦获得了基于"法益侵害说"之下的正当性:具体危险犯因立法条文形式上有诸如"危害公共安全""足以……""危及飞行安全"等文字表述,意味着司法者需在个案中就是否具备法定的危险进行具体判断。与此对应,抽象危险犯则因立法条文在形式上仅就行为本身进行规定,而没有对"危险"的形式性规定,因而无需司法者就具体个案进行判断,只需按照一般的生活经验判读足矣。不可否认,无论是规范违反说抑或法益概念的抽象化趋势都会不可避免地引发诸如处罚界限模糊、法益批判功能弱化等诸多弊端,但预防与控制风险作为当代社会刑法的首要使命的转换下,这些刑法体系的内部改造具有必然性,是刑法面对社会新形势的必要回应。

2. 行为类型的拓展。古典刑法体系中"作为"是行为类型的原初形态,但面对风险社会下无处不在的人为风险,造成风险的行为方式必然逐渐增多,刑事立法中对不作为及持有之行为类型的确认即是其典型体现:当代刑法中通过拓展不作为义务的来源范畴大大扩展了不作为的刑事责任范围,"传统不作为中的作为义务,常限于行为人与被害人之间有特殊身份关系的情况,但如今作为义务开始扩大至普通人之间,制定法成为作为义务的直接来源"。[②]晚近以来,德国、法国、意大利、西班牙及英美法系的诸多国家为应对风险社会下的公共危险所增设的见危不救罪正是扩大不作为犯罪行为方式的典型体现;与不作为行为方式相较,持有型犯罪是更为特殊的犯罪类型,其更能体现立法者的"风险预防"的观念。较之传统犯罪,持有型犯罪之立法基点在于持有特定物品之行为往往是目的犯罪的预备形态、现行犯罪的结果形态抑或是续接犯罪的过渡状态[③]。由于持有型犯罪与关联犯罪之关系使然,在有相关证据证明关联犯罪成立的前提下,

---

① 山口厚. 刑法总论 [M]. 2版. 付立庆, 译. 北京: 中国人民大学出版社, 2011: 44.

② 劳东燕. 公共政策与风险社会的刑法 [J]. 中国社会科学, 2007 (3): 126.

③ 梁根林. 持有型犯罪的刑事政策分析 [J]. 现代法学, 2004 (1): 35.

就应直接追究关联犯罪之刑事责任，而不再有持有型犯罪之司法适用，针对司法实务中无法查清行为人所持有物品之来源或去向，因而无法追究其关联犯罪的常见情形，立法者"以'不能查明持有特定物品的来源与用途'为前提，就已查明的持有事实，确立持有型犯罪已追究刑事责任"，[①]这样一种补漏性抑或补充性罪名的立法安排，很明显是将持有状态本身作为刑罚之对象，而其刑事责任正当化的根据只能在"对法益侵害的抽象危险"中求得。

不作为、持有等新的行为类型在立法中的出现使古典教义学的行为理论不得不做出调整。"从存在论到价值论是行为论演进的一条基本线索"，[②]古典刑法学体系受19世纪后半叶自然实证主义之影响，纯粹立论于自然实证主义的思考方法，反映在行为论中即以意思、身体活动、外界变化事实以及衔接其间的因果关联充当行为概念之组成要素，由此发展出因果行为论，此种纯自然的行为理论辅之以结果本位的刑法观以及物理性因果关系之采纳，使其无法解释不作为，更无法解释持有等新型的行为类型。与因果行为论类似，目的行为论的学者将行为解读为"行为是对目的动作的实行"，其虽然破除了因果行为概念将人之心理活动视为机械的因果过程，而代之以"心理的过程"，从而将目的之"可见性"与因果之"盲目性"进行区隔，但将行为概念局限于主观上"有目的的意思"与客观上的"身体举止"对过失犯（尤其是无认识的过失）与不作为犯之说理上则明显词穷。为解决因果行为论的困境，学理上发展出目的行为论、社会行为论、人格行为论等诸多理论流派，这些理论流派尽管表述各异、论证各有不同，但本质上均意在脱离单纯事实的、自然意义的行为概念，而主张合价值、合目的性地建构行为理论，正是通过导入"人格""社会意义"等价值判断因素，使得此种行为论得以包容所有的行为类型。[③]行为论的流变折射出古典刑法学在行为方式上的固化解读所带来的无法满足风险社会

---

① 梁根林. 持有型犯罪的刑事政策分析 [J]. 现代法学，2004（1）：36.

② 陈兴良. 行为论的正本清源：一个学术史的考察 [J]. 中国法学，2009（5）：172.

③ 阎二鹏. 行为概念的厘清：以行为论机能之反思与再造为视角 [J]. 法制与社会发展，2013, 19（5）：109.

控制风险的刑法目的性需求的逻辑困境，学理上对古典刑法学体系所做的适度调整无论是风险刑事立法的现实"被迫"也好，学术自觉也罢，其最终并未挑战无行为即无刑法的底线原则。风险社会下刑事立法对行为方式的拓展也仍然维持了这样的基本原则。

3. 责任主义的松动。传统刑法理论强调仅有客观的法益侵害事实尚不足以对行为人进行入罪，对此一违法事实行为人还必须具备主观上的罪过、期待可能性等条件才能对其进行归责，由此衍生出的罪过责任主义成为刑法学界公认的基本原则。但在风险不断扩散的风险社会情境下，传统的责任主义刑法被迫做出调整，"为了迎合危险控制的需要，罪责原则从强调行为人意志选择自由为惩罚正当性根据悄然转向以客观评价行为人控制能力运动与否为惩罚正当性根据，"[1] 从而使责任主义这一刑事法中的铁则发生了一定程度的松动。以"风险的创设与提升"为中心展开的客观归责理论正是这一理论转向的最佳诠释。依据客观归责理论，只要行为人的行为违反行为规范，对于行为客体造成不被允许的危险，而这个危险在具体的结果中实现，且结果存在于构成要件的效力范围内，这个结果就算是行为人的行为引起的结果，就可以归责于行为人，这样，在因果关系的检验上就没有问题。[2] 责任主义的松动在各国立法中也有所体现，严格责任与法人犯罪的创设即为其适例：英美国家在风险社会现实下，在公共福利、运输、公共卫生以及工业安全保障等方面突破了责任主义的现实，大量规定了严格责任，通过严格责任的设定使得控方无需证明行为人主观上的故意或者过失，其证明难度大为降低，同时有效地保护公众利益。大陆法系国家虽未明确规定严格责任，但某些犯罪之设计亦可能导致与严格责任相仿之结果，如持有型犯罪的设置，主观上一般仅要求行为人对持有物品的明知即可，这与古典刑法所要求之罪过责任存在较大区别，而与严格责任类似；与严格责任相仿，法人犯罪的出现也是对古典刑法理论中罪过责任原则的一种冲击，在古典刑法体系中个人始终是刑罚之亘古不变的对象，从行为论到不法论、罪责论等均是针对个人犯罪主体而展开的，罪过责任的另一层意涵亦可解读为个人责任原则，此一

---

① 陈晓明. 风险社会之刑法应对 [J]. 法学研究，2009，31（6）：52.

② 姜涛. 风险社会之下经济刑法的基本转型 [J]. 现代法学，2010，32（4）：87.

原则一直被视为古典刑法反对封建刑法"连坐制度"的典范，而后者被视为典型的团体责任。很明显，作为法人犯罪的主体为他人承担刑事责任是一种常态，甚至可以说法人责任正是在所谓"代理责任"基础上演化而来的，即基于"行为人对他人的侵权行为承担责任"而衍生之替代责任。自法国刑法典开始确定了法人的刑事责任，对法人宣告的刑罚有可能间接罚至"资本持有人"、劳动者或经理人员，从而使对法人追究刑事责任导致"对他人之行为负刑事责任"。到最近几年来，有许多立法明文规定，在特定情况下，企业主要负责人对于其职员、雇员或工人实行的犯罪行为应承担刑事责任；另外，法院的判例则依据一些或明或隐的规定，扩大了对他人行为的刑事责任的适用范围。① 毫无疑问，在当今世界，法人犯罪已经成为遍及大陆法系与英美法系国家的常见犯罪类型。

不得不再次提及的是，风险刑法理论的创设并不意味着传统刑法教义学体系的完全否定，即使如风险刑法的创始者金德霍伊泽尔看来，"今天的刑法不仅是对侵害的反应，而且他还有这样的任务：保障社会安全的基本条件得到遵循"②。换言之，风险刑法出现伊始并不是以完全否定、颠覆传统刑法教义学体系为其初衷，毋宁说，传统刑法学理论所设置的若干重大基本原则如罪刑法定、罪刑均衡、刑法谦抑性等在风险刑法理论下仍有其存在价值，"即使是一个专注于制造安全的刑法，它还是刑法而不是危险防御法"。③ 风险刑法的存在只不过是在传统刑法教义学体系外将围绕风险预防的公共政策和刑事政策纳入刑法体系之内，使其成为影响刑事立法、司法之构造性要素。

---

① 卡斯东·斯特法尼.法国刑法总论精义[M].罗结珍，译.北京：中国政法大学出版社，1998：323.

② 薛晓源，刘国良.法治时代的危险、风险与和谐：德国著名法学家、波恩大学法学院院长乌·金德霍伊泽尔教授访谈录[J].马克思主义与现实，2005（3）：25.

③ 哈赛默尔，葛祥林.刑法与刑事政策下的自由与安全之紧张关系[J].台大法学论丛，2007，36.

# 第二章　海上非传统安全犯罪基本范畴认知

　　海上非传统安全犯罪作为非传统安全犯罪的下位概念在学理上尚属陌生概念，一方面是由于学理上对非传统安全犯罪的系统研究仍非常单薄，另一方面则在于"海上非传统安全犯罪"类型本身并未引起传统法学的重视。颇具"吊诡"意味的是，尽管学理上对海上非传统安全犯罪的系统研究仍付之阙如，但对作为非传统安全威胁及海上非传统安全犯罪典型样态的海盗犯罪的研究则可谓历史悠久，古罗马时期著名法学家西塞罗对海盗犯罪的特征及其追诉权的适用已有过初步阐释[1]，并成为嗣后对海盗犯罪适用"普遍管辖权"的理论渊源。伴随人类大规模开发、利用海洋及经济全球化时代的到来，人类生存对海洋的依赖性不断提升，相伴而生的来自海洋的非传统安全威胁亦渐为人们所认知，海上非传统安全犯罪亦因应彻底突破了大航海时代海盗犯罪的局限，对此类犯罪的系统梳理与类型化探究实为当下刑事法理中所必须直面的命题。

## 第一节　海上非传统安全犯罪的内涵梳理

　　海上非传统安全犯罪以非传统安全为规制靶向，同时将规制对象进行

---

[1]　BURGESS D R, Jr. Hostis Humani Generi：Piracy, Terrorism And A New International Law[J]. University of Miami International and Comparative Law Review , 2006：293–340.

了时空场域与犯罪样本的再限定。相较于传统犯罪而言，海上非传统安全犯罪概念的确立不是犯罪对象由陆地向海洋单向迁徙的简单素描，亦非对现行刑法罪状体系中涉海犯罪类型进行的单纯分检排列。研究对象的转换必然要求研究范式的转换，而这又必然涉及对非传统安全内核的准确限定，刑事规制策略的更新调整，以及作为刑事规制策略具体化的立法技术的风险权衡与具体路径选择。由此可见，海上非传统安全犯罪概念的提出不但具有来源于时代背景的现实支撑，也具有满足社会安全维护需求的积极意义，同时构建海上非传统安全犯罪罪状体系的学理研讨又会对我国的未来刑法体系的走向产生一定影响，可谓牵一发而动全身。因此，关注海上非传统安全犯罪概念的刑事立法以及司法的牵引功能，必须对其概念范畴进行准确限定，厘清合理的海上非传统安全犯罪的阈界范围。只有对海上非传统安全犯罪的概念内核建立准确的认定标准，同时准确把握此类行为的犯罪特征，才能实现海上非传统安全犯罪刑事制裁体系的契合性，从而真正发挥其规制、打击海上非传统安全犯罪的功能。

## 一、海上非传统安全犯罪的范围

非传统安全概念作为整个非传统安全犯罪的上位概念虽能够为其犯罪圈的划定提供最外阈限，但也面临调整范围抽象、宽泛的现实难题，因此应合理构建海上非传统安全犯罪的认定标准从而避免"犯罪清单"的无限扩增。毋庸置疑，海洋经济的时代转型以及风险社会的到来增加了传统刑法应对非传统安全犯罪的难度。科技的创新与运用在推动社会进步的同时，与之相伴而生的风险也为人类带来威胁。诸多具有刑法保护价值的法益暴露于社会风险之下。而海洋空间的场域转化则使得这种潜在风险更加泛化与复杂。虽然刑法作为最为严厉的社会控制手段，通过将非传统安全行为的范围直接纳入刑事制裁体系将最大限度地实现海上非传统安全问题的刑法关照。但这也导致海上非传统安全犯罪之范围的宽泛认定，不但造成有限刑法控制资源的分散，不能集中优势力量有效解决海上非传统安全问题衍生而出的新型犯罪类型，而且导致海上非传统安全犯罪规制策略失去核心的攻击靶标，造成划定过于宽泛的犯罪疆界不当抑制社会成员的行动自由，产生矫枉过正的不适后果。在此意义而言，海上非传统安全犯罪范围的厘定不仅关涉此类犯罪的刑法规制效果，而且关涉法益保护与人权保障之价值平衡。

（一）"海上犯罪"概念辨析

与非传统安全犯罪类似，海上非传统安全犯罪之涵盖范围无论在学理抑或实务中均属空白，但学理上曾出现过"海上犯罪""海上刑事犯罪"之提法。此概念提出的初衷意在从犯罪行为发生时空环境层面上区分其与陆域犯罪之差别，尽管如此，针对海上犯罪之范围亦存在较大分歧。部分学者以《联合国海洋法公约》为依据，将公约中所确立的海域范围即内水、领海、群岛水域、毗连区、专属经济区、大陆架、国际海底区域和公海作为界定海上犯罪行为发生的空间范围，在上述区域内发生的刑事犯罪即属于海上犯罪[①]。另有学者主张在狭义与广义两种意义上划分海上犯罪概念，前者以国际法中的"海域"为参照标准，发生在此一空间中的犯罪即为狭义的海上犯罪，具体包括如在公海、专属经济区、领海以及与海相通的可航水域的刑事犯罪，而后者则不仅包括狭义的海上犯罪，亦囊括了发生在不可航的内湖、内河等水域的刑事犯罪[②]。更有学者基于上述主张，高屋建瓴地提出"海上刑法"的命题，意图将针对海上犯罪的刑法规范、刑法学理论提升为独立自洽的逻辑体系。在此命题下，依据规制对象的差异，海上刑法又被划分为国内海上刑法与国际海上刑法。前者所调整的海上犯罪范围包括海上交通肇事罪、重大海洋环境污染事故罪、海洋运输中的危险品肇事罪、破坏交通工具罪、破坏交通设施罪、以危险方法危害公共安全罪以及海上物流中的抢劫罪、盗窃罪、诈骗罪、杀人罪和伤害罪等；与后者对应的海上犯罪范围则包含海上战争罪、海盗罪、暴力危及海上航行安全罪、破坏海底管道和电缆罪、破坏大陆架固定平台安全罪、海上贩毒罪、海上走私罪、海上恐怖主义犯罪等。[③]此一观点对海上犯罪的存在范围的认

① 王君祥.中国—东盟打击海上犯罪刑事合作机制研究 [J].刑法论丛, 2010, 21（1）: 377.

② 许维安, 叶芍.我国海上犯罪体系亟需健全与完善 [J].河北法学, 2012, 30（4）: 129.

③ 赵微.海上刑法的理论定位与实践价值 [N].中国社会科学报, 2010-09-07（10）.

知其实与上述广义之海上犯罪概念一样，即"海上"不仅局限于传统之国际法所划定的海域范围，亦可能包含此范围外的内湖、内水等水域。

从上述学者的论述不难看出，海上犯罪概念提出之初衷很显然是为了与"陆上犯罪""陆域犯罪"形成对应的范畴，如果说由于犯罪行为发生的空间环境的差异会导致其犯罪发生机理、犯罪形成原因及对其侦查、预防等方面形成显著差异，那么，海上犯罪作为与陆域犯罪的对应范畴具有当然学理及实践研究价值，但此种研究价值或许更多体现的是犯罪学层面的内容，于刑法教义学本身而言其价值则值得商榷。因为犯罪行为发生的时空环境的差异在多数情形下对刑法规范的适用、刑法教义学的解释运用等并不会有实质影响，例如对于发生在海洋船舶上的船员之间的盗窃、故意伤害甚至故意杀人行为而言，在不危及海上交通安全的前提下，对其适用刑法规范并不会与对应的陆域犯罪有实质差别。无论是从刑事实体规范还是刑法教义学基本理论来看，对此的认知应该不会有任何异议，如果一概将其纳入海上犯罪的范畴进行研究，将陷入刑法教义学价值阙如的困境。就此而言，部分学者提出的"国内海上刑法"与"国际海上刑法"的区分具有相当的学术价值，海上犯罪若要获得独立的学术价值，必然是因为围绕其适用的教义学解释理论体系的差异，或许"海上刑法学"命题能否成立还存在疑异，但通过上述命题揭示了海上犯罪与陆域犯罪应在刑事实体法规范及教义学解释的差异中生成，这对于海上非传统安全犯罪的范围划定具有重要意义。

（二）与海上国际犯罪的同质性证立

如前文所述，纳入非传统安全犯罪范畴的某种犯罪行为意味着其对非传统安全领域的侵害程度已达到"国际化"的程度，即具有侵害国际社会共同利益的特征，而海上非传统安全犯罪作为非传统安全犯罪的下位概念，亦必须具备同样的特质。换言之，海上非传统安全犯罪所指称的应该是涉海的跨国、跨区域性的国际性犯罪类型，在此意义上，海上非传统安全犯罪与"海上国际犯罪"具有高度的同质性，详言之：

一方面，海上非传统安全犯罪的范畴所表达的重点在于"国际犯罪"，即危害整个国际社会共同利益的犯罪。就国际犯罪而言，当下学理上对其涵盖之范围存在广义说与狭义说两种。前者主张将国际犯罪在两种意义上使用，即"严重违背具有根本性的国际性义务，侵害了各国以致全人类共同权益的行为"与"犯罪人或其罪行涉及两个以上国家的行为"，即一般意义上的国际性犯罪与跨国性犯罪两种类型①；后者则出于划分国际犯罪与国内犯罪之意图反对将涉外性、跨国性与违反公约性作为国际犯罪的特征，进而主张仅"由国际法创设或者推动因而被国际社会普遍予以犯罪化并且严重危害国际社会共同利益的行为"②才是国际犯罪，上述观点从根本上而言涉及的是国际犯罪与国内犯罪之分野。如前文所述，非传统安全概念的提出已经证明了国际社会共同利益的存在，这是整个非传统安全犯罪得以证立的根本。与之类似，国际犯罪也应是侵害国际社会共同利益的犯罪，对此，学理上并不存在异议，但国际犯罪与国内犯罪之间的关系或许并非如部分学者所设想的那样呈现泾渭分明之界限。绝大多数的国际犯罪其实是由国内法所创设然后经过国际社会公认最终由国际公约所确立的，而"国际犯罪是由国内犯罪发展而来的"亦可以说是当下学理上的共识③。尽管从历史沿革来看，有部分罪行如"侵略罪（破坏和平罪）""反人道罪"等是由二战后纽伦堡法庭、远东国际军事法庭等国际司法实践所确立，并非来源于国内法之规定，但如果仅以此为据将国际犯罪理解为单纯由国际法所创设的犯罪，导致的结果将是国际犯罪可能仅是上述侵略罪与反人道罪等极少数犯罪形式，这样的范围划定不免失之过狭。从根本上而言，国际犯罪与国内犯罪是因为两者所侵害的利益或曰"社会危险性"的本质差异，进而决定了其违反的禁止性规范与对其适用的制裁性规范呈现出本质性的不同，换言之，两者所面临的法律关系存在不同。有学者针对马克思关于犯罪的经典表述出发，对此问题进行了阐释，"就国内犯罪而言，它们的确是个人反对统治关系的斗争……从本质上讲，国内犯罪就是对国家的犯罪。相应的，国际犯罪就是对国际社会的犯罪，就是对全人类的犯罪"。④

---

① 张旭.国际犯罪刑事责任再探 [J].吉林大学社会科学学报，2001（2）：43.

② 卢有学.论国际犯罪与国内犯罪的关系 [J].现代法学，2012，34（1）：125.

③ 张智辉.国际刑法通论 [M].增补本.北京：中国政法大学出版社，1999：106.

④ 卢有学.论国际犯罪与国内犯罪的关系 [J].现代法学，2012，34（1）：125.

基于以上思考，对于国际犯罪而言，其所谓的国际性主要体现在危害性、违反的禁止性规范及对其制裁规范的国际性。就危害性而言，国际犯罪侵害的是国际社会的共同利益，并非某一个国家及其公民的利益，而其违反的禁止性规范属于国际公约，而其制裁规范则"具有国际性与强制性，前者体现为普遍管辖原则，后者体现为每一个国家都有义务制裁国际犯罪，并且都有义务与其他国家进行刑事合作，协助对国际犯罪行使管辖权的国家完成制裁国际犯罪的任务"。① 国际犯罪的上述特征决定了对其适用的调整方法更多的是国际刑法，从而与国内犯罪适用的国内刑法有别，而国际刑法与国际犯罪的对应亦为学理上所公认。如久负盛名的国际刑法学者巴西奥尼教授曾经指出"过去的经验证明，一项得到相当多的国家承认的多边条约中规定的罪行属于国际罪刑"②，与之对应，"国际罪行就是指国际刑法各渊源所规定的犯罪行为"③的观点在学理上亦不鲜见。在上述认知下，国际犯罪的涉外性、跨国性与违反公约性应予认可，在笔者看来，涉外性与跨国性并非国际犯罪行为发生时空环境上的要求，对此做上述机械式的解读并不符合当下诸多国际犯罪的实然状态，如公认的典型的国际犯罪"战争罪""种族灭绝罪""危害人类罪"完全可能发生在一国领域内，且犯罪的实施者、被害人等完全可能不具有涉外因素。与之类似，恐怖主义犯罪也完全可能是本国人在本国内实施，如果在此意义上将所有的含有涉外因素的犯罪都视为国际犯罪很显然与上述典型的国际犯罪相悖。此处的跨国性与涉外性应理解为国际犯罪侵害法益上的国际性，即为国际社会普遍公认的对国际社会共同利益侵害的犯罪，如此解读就不必纠结于犯罪行为、犯罪对象、犯罪过程是否具有跨国性、涉外性的特征，战争罪尽管可能发生在一国之内，但其危害性为国际社会所普遍公认，故属于国际犯罪。④ 故传统意义上的跨国性、涉外性犯罪可能不属于国际犯罪，

---

① 张智辉．国际刑法通论 [M].增补本．北京：中国政法大学出版社，1999：106.

② 马呈元．国际犯罪与责任 [M].北京：中国政法大学出版社，2001：81.

③ 李寿平．现代国际责任法律制度 [M].武汉：武汉大学出版社，2003：115.

④ 同理，国际犯罪与国内犯罪的分野也并非如一般所理解的那样是基于犯罪发生时空环境上的区别，两种犯罪如果仅从犯罪行为发生的时空环境来看，很多犯罪无法厘清究竟是国内犯罪还是国际犯罪，最典型的是网络犯罪，网络空间作为虚拟空间在互联网时代根本无法界定其是国内还是国外，毋宁说，其与普通犯罪的区别乃在于危害后果的国际性差异。

如仅因为犯罪者是外国人具有涉外因素，但犯罪性质本身难以上升为危害国际社会共同利益的犯罪，自然无法被归结为国际犯罪。相反，部分不具有涉外因素的犯罪，如上述种族灭绝罪、本国人针对本国所实施的恐怖主义犯罪，尽管犯罪行为本身不具有跨国性、涉外性，但其犯罪性质属于危害国际社会共同利益的犯罪，故应归属于国际犯罪。而所谓违反公约性中的"公约"亦不能局限于"条约法"意义上的公约，而是指作为国际刑法渊源的习惯国际法规则与国际条约①，前者经由多数国家长时间的法律实践所确认，后者则直接表现为相关国家签署的条约所产生，两者的表现形式虽有不同，但都体现了对国际罪行的普遍性禁止。总而言之，国际犯罪是国内犯罪的对应形态，它是由习惯国际法规则与国际条约、国内刑法所共同规制的危害国际社会共同利益的一类犯罪。

另一方面，海上非传统安全犯罪属于涉海领域的国际犯罪，其作为国际犯罪的下位概念，自应具备国际犯罪的涉外性、跨国性、违反公约性的基本特征。除此之外，与其他国际犯罪相较，涉海领域的国际犯罪由于发生地域、表现形式的不同，其所具体危害的国际社会利益的内容、范围与程度也不尽相同。具体言之，海上非传统安全犯罪所危害的主要是与海上运输、海洋安全、海洋作业及船舶相关的各种国际海洋秩序的共同利益。如前文所述，对于如何理解"海上犯罪"中的"海域"存在狭义与广义说两种，前者以《联合国海洋法公约》为依据，将海域之范围严格限定在公约所确立的范围内，后者则主张将海域范围扩展至内湖、内水等水域。其实概念界定本身并无绝对对错可言，端视论者的研究目的而定，既然将海上非传统安全犯罪视为涉海领域的国际犯罪，那么其提出的着眼点即在于其危害后果的国际性及其制裁的国际性，如此，对其界定就必然要考量相关国际性条约的规定，"无论是国家完全管辖下的海域，还是处于国家部分管辖下或国家管辖之外的海域，都由海洋法加以调整，适用海洋法的有

---

① 当然，在当下国际实践中，经过联合国与各国际组织的不懈努力，绝大多数的习惯国际法规则已被编纂进相应的国际条约中，从而使得在大多数情形下，将"公约违反性"视为国际犯罪之特征也并不会发生歧义。

关规定"①，故对于海域的理解自然应与公约保持一致。有必要说明的是，尽管学理上笼统地使用"海上犯罪"这样的概念，从而与陆域犯罪对应，但从海洋的物理特性来看，其作为连绵不断、统一的海水水体，对所谓海上犯罪与陆上犯罪的区别是否能单纯依靠犯罪行为发生的时空环境进行区隔也有待商榷。如海洋环境污染类犯罪，由于人类大规模开发、利用海洋时代的到来，针对海洋环境污染的污染源呈现出多样化的特征，其中既有来自陆地上如工农业者任意排放污水，倾倒、弃置废弃物，经由河流等汇入海洋最终危及海洋生态的污染，亦有当今典型的来自海洋工程类的污染，如利用海洋设施从事开采海底资源、输送油及化学物质，因排放污水处置不当等引发化学原料外泄导致海洋污染，还有因海上船舶任意处理废物、排放污水等污染物质造成的海洋污染②。这些表现形式各异的海洋环境污染源囊括了海上与陆地两种不同的时空环境，但都应归属于海上犯罪，这也从另一个侧面佐证了海上犯罪与陆域犯罪的区别不应仅着眼于两者时空环境的差异，更关键的是他们侵害的法益及适用的法律规范上的差异。

（三）"海域"范围划定

由于将海上非传统安全犯罪中的海域范围理解为公约中所划定的九大海域，同时将其视为涉海领域的国际犯罪，故部分学者从国际犯罪与国内犯罪之区别着手提出对后者应实行普遍管辖的观点③，逻辑延伸的结果便是对于海上非传统安全犯罪而言，将局限于"公海"之上的国际犯罪，这样的认识或许需再行斟酌。一者，尽管国际犯罪是对国际社会共同利益甚至全人类共同利益侵害的犯罪，且为相应的国际条约所确立并得到多数国家普遍认可，但在现实的国家主权实践中，刑事管辖权作为其重要体现，不可能将所有的国际犯罪均赋予普遍管辖权，在尊重各国国家主权与打击国际犯罪之间折中的结果便是，将普遍管辖权作为属地管辖与属人管辖原则的补充原则，从而获得多数国家实践的支持。即使如《国际刑事

① 屈广清，曲波.海洋法 [M].北京：中国人民大学出版社，2011：12.
② 周成瑜.国际刑法暨海事刑法专论 [M].台湾：台湾瑞兴图书股份有限公司，2010：213.
③ 何炬，覃珠坚.略析国际海上犯罪刑法适用 [J].广西公安管理干部学院学报，2000（3）：3.

法院规约》这样获得百余个国家支持的旨在设立独立机构对国际犯罪进行审判的条约,亦在条文中载明仅对灭绝种族罪、反人类罪、战争罪和侵略罪四种核心罪行可由设在海牙的常设国际刑事法院直接审理。对于其他国际犯罪则不适用,而且国际刑事法院设立以来的实际效果已可从侧面佐证对国际犯罪适用普遍管辖权仍面临诸多难题①。二者,就涉海领域的犯罪而言,公海自由原则向来是海洋法中公认的原则之一,《联合国海洋法公约》虽将公海上发生的海盗、贩奴、贩毒作为公海自由原则例外进行了规定,并赋予各国可对其行使普遍管辖权,但相较于其他多数海上国际犯罪而言,"船旗国管辖原则是基础,普遍管辖原则是补充,两者相辅相成"②的认知,仍是学理及国际实践中的共识。更为关键的是,上述公约虽然将海盗、贩奴、贩毒等犯罪行为限定为公海之上,但并非意味着发生在其他海域的类似行为不属于海上非传统安全犯罪,更不代表发生在其他海域的犯罪都不属于国际犯罪,毋宁说,上述规定仅是出于规定普遍刑事管辖权的需要。发生在其他海域的类似行为在本质上并无任何不同,如就海盗罪而言,当下的海盗行为表现各异,除海上船舶之外,码头、港口、旅游区乃至居民聚集区亦成为其"光顾"的目标,发生在一国领海之内的海盗行为亦不鲜见,这些行为与发生在公海之上的海盗行为并无本质区别,同样应归属于海上国际犯罪的范畴,只不过囿于国家主权的限制,无法将普遍管辖权一体适用而已③。

总之,海上非传统安全犯罪范围的划定不仅要考量此类犯罪在危害性质上的涉外性、跨国性,亦需关照到对其制裁规范的国际性,此范畴的重点是涉海领域的国际犯罪,但并非所有的涉海领域的国际犯罪都属于海上

---

① 国际刑事法院自2002年设立以来,仅做出4份判决,而美国、俄罗斯、中国等大国未缔约或批准生效《国际刑事法院规约》的现状亦使得其实际运作面临巨大缺陷。近年来相继有不少国家指责国际刑事法院存在司法偏见,没有成为"一个真正独立的,有威望的国际执法机关",进而相继退出该规约,直接引发了国际刑事法院的危机。(刘曦. 俄罗斯退出国际刑事法院 [N]. 新华社,2016-11-18.)

② 邵维国. 论海上国际犯罪的船旗国管辖原则 [J]. 吉林大学社会科学学报,2007(6):74.

③ 事实上,自《联合国海洋法公约》实施以来,针对其中的海盗罪的规定向来存在不同之理解,学理上一直存在"将领海之内的海盗行为也视为国际法意义上的海盗犯罪"的观点。(王秋玲. 国际公约中海盗罪构成要件的修改与完善 [J]. 中国海商法年刊,2008(1):377.)

非传统安全犯罪。例如，战争罪历来被视为典型的国际犯罪，与之对应，部分学者亦将海上战争罪、侵略罪等视为海上国际犯罪①，但由于战争罪之核心乃涉及传统之军事安全问题，宜归属于传统安全而不是非传统安全，故难以将其作为海上非传统安全犯罪看待。综合上述考量因素，海上非传统安全犯罪之范围大体包括海盗罪、危及海上航行安全罪、破坏海底管道、电缆罪、危及大陆架固定平台安全罪、海上贩毒罪、海上走私罪、海上恐怖主义犯罪、海洋环境污染罪等具体犯罪。

## 二、海上非传统安全犯罪的特点

海上非传统安全犯罪作为一类新型犯罪，自应区别于传统犯罪而且具备区别于陆上犯罪的诸项特征。对海上非传统安全犯罪特征的归纳与细化不但有助于海上非传统安全犯罪研究的深入，更有利于以此为基对海上非传统安全犯罪的刑事规制机制的有效性进行检视与完善。具体而言，海上非传统安全犯罪具有如下特征。

（一）侵害法益的整体性与包容性

以法益保护作为刑法的目的，将法益侵害视作犯罪的本质可谓近代刑法教义学中的共识性命题，学理上亦习惯于首先通过分析某种犯罪侵犯的法益种类来界定此类犯罪性质。此一思路下，法益一般被界分为国家法益、社会法益与个人法益，在其下又被具体化为各项法益内容，如生命法益、身体健康法益、财产法益等，而我国刑法分则则是按照犯罪行为所侵害的同类客体之不同划分为十大类。采用此种传统的分析路径对作为涉海领域的国际犯罪的海上非传统安全犯罪进行观察，会发现此类犯罪所侵犯的法益大多无法被具体化为已经形成共识的某一类具体法益。源于海洋面积的辽阔性、海洋资源的丰富性、海上活动主体的复杂性都使得海上犯罪所承载的法益类型较为广泛。如作为海上非传统安全犯罪典型的海盗罪，根据《联合国海洋法公约》之规定，其犯罪行为是针对另一船舶或飞机上的船员、机组成员或乘客实施的暴力、扣留及掠夺行为，海盗罪一直被视

---

① 王赟，赵微，邵维国.海上国际犯罪研究[M].北京：法律出版社，2015：42.

为典型的"国际犯罪"因而得到国际条约的确认。但我国《刑法》中并无惩治海盗罪的相关立法条文，在既有立法框架下，与海盗犯罪行为相对应的犯罪包括故意杀人罪、故意伤害罪、抢劫罪、绑架罪、劫持航空器罪、劫持船只罪、暴力危及飞行安全罪、破坏交通工具罪等，海盗罪是这些犯罪的"集合体"。从这些犯罪所侵害的法益来看，囊括了社会法益与个人法益，而从我国刑法分则犯罪分类标准的同类客体来看，则包含了侵犯公共安全的犯罪、侵犯公民个人权利、民主权利罪、侵犯财产罪等，如果单纯以某一类法益或者犯罪客体考量海盗罪，都难以完整反映其犯罪性质。与海盗罪类似的是，《制止危及海上航行安全非法行为公约》（SUA 公约）中所确立的"非法危及航行安全行为"（Unlawful Acts Against the Safety of Maritime Navigation）中是海上恐怖主义、海盗、武装劫船行为等 10 类行为的集合体，此类犯罪行为更难说其侵犯的法益是某一种具体之法益，将其视为某几类法益的集合体或许更为恰当。换言之，海上非传统安全犯罪所侵犯法益或可抽象为"海洋安全"，而海洋安全本身具有整体性与包容性的特质与"国际犯罪"侵犯法益的特性亦具有直接关联。如前文所述，国际犯罪所侵犯的是国际社会的共同利益，此一共同利益本身就是国际社会普遍认可的人文、经济、社会、国家等利益的集合体，学理上无法单纯用某一类法益对其进行阐明，这就不难理解在国际刑法学界对国际犯罪所侵犯的法益经常提炼为"保护和平方面的国际犯罪""保护基本人权方面的国际犯罪""反人类罪"等抽象表述[①]，此一表述正是着眼于国际犯罪侵犯法益的整体性与包容性。

（二）犯罪行为的多样性与隐蔽性

与海上非传统安全犯罪所侵犯具有整体性与包容性的法益特征相关联的是，海上非传统安全犯罪所涉及的犯罪行为与传统犯罪相较，大都具有多样性的特性，从而与传统犯罪有别。如传统的故意杀人罪之犯罪行为体现为单纯的剥夺他人生命的犯罪行为，故意伤害罪之犯罪行为表现为非法损害他人身体健康的行为，等等。而海上非传统安全犯罪的犯罪行为则复

---

① 李海滢. 国际犯罪的类型研究：回顾、反思与探寻 [J]. 当代法学，2007（6）：33.

杂得多，有学者对海上国际犯罪所涉及的犯罪行为类型进行归纳后，得出其主要包括暴力行为、威胁行为、预谋行为、煽动行为、教唆行为、参与行为、结果行为等八种行为类型[①]。而具体到个罪如海盗罪，则包含故意杀人行为、故意伤害行为、抢劫行为、绑架行为、劫持航空器或船只行为、破坏交通工具行为及其教唆、帮助行为等。与之类似，"非法危及航行安全行为"则包含了海盗犯罪行为、海上恐怖主义犯罪行为等10种犯罪行为，这10种犯罪行为中又各自表现为多种具体之犯罪行为。随着海上贸易的发展以及人类经济中心向海洋的转移，海上非传统安全犯罪行为的多样性亦衍生出犯罪对象的多样性。例如，不仅作为传统海盗罪犯罪对象的船舶、船员、财物等仍是其主要犯罪对象之外，当下的海盗犯罪亦延伸到码头、港口等。与之类似，随着陆域资源的部分枯竭，海洋丰富的资源已经日渐成为人类开发的对象，海洋环境在满足人类资源需求的同时也遭受了破坏，而海洋环境污染则如前文所述，包含了来自陆域、海上、船舶等不同主体、形式的污染。因此，《联合国海洋法公约》中将海洋环境污染界定为"人类直接或间接把物质或能量引入海洋环境，其中包括河口湾，以致造成或可能造成损害生物资源和海洋生物、危害人类健康、妨碍包括捕鱼和海洋的其他正当用途在内的各种海洋活动、损坏海水使用质量和减损环境优美等有害影响"，这样抽象的表述正是与海洋环境污染的行为方式的多样性对应的。

除多样性特征外，海上非传统安全犯罪亦具有隐蔽性，此一特征在行为主体、行为方式与危害结果等方面均有所体现。以海盗与海上恐怖主义犯罪为例，通过对近年来全球范围内海盗犯罪与海上恐怖主义犯罪频发海域进行观察，可以发现东非索马里海域及东南亚马六甲印尼水域海盗猖獗与其特殊的地理环境有直接关系。马六甲印尼水域岛礁众多，海盗与海上恐怖主义犯罪团伙借助海况复杂便于逃匿的海域优势常年潜伏在此伺机对过往船只发动袭击，而后快速脱离犯罪海域。东非索马里水域虽然岛礁较少，岸线较为平直，但此一海域的海盗犯罪主体多具有渔民身份，利用国

---

① 何炬，覃珠坚.略析国际海上犯罪刑法适用 [J].广西公安管理干部学院学报，2000（3）：3.

际水道濒临沿岸的海域优势，当地海盗可以在作案后迅速返回海岸隐蔽于当地渔民聚居点中，这种犯罪主体的隐蔽性给此一海域的海盗犯罪的防范与追责造成障碍。部分恐怖主义犯罪隐匿为普通商船或渔船，然后选择目标发动袭击，使得被袭击对象通常无法阻止。隐蔽性增加了此类犯罪成功的几率，给国际海洋空间的平稳有序造成巨大侵害。海上非传统安全犯罪的隐蔽性还体现在海洋环境污染犯罪中，就海上环境污染犯罪而言，源于污染源头的多样性，污染后果的潜在性给此类犯罪的刑事追责带来诸多困境。诸如海上溢油事故，海上非法倾倒废物、放射性物质、含传染病病原体的废物等有毒有害物质的行为都会给海洋生态环境带来巨大损害，而此种损害并非如同陆地犯罪一样容易为人所发现。源于海洋生态环境的复杂性、多样性也使得部分海上环境污染犯罪危害结果的显化需要经过一段时间，同时，海上环境污染犯罪较陆上环境污染犯罪更为隐蔽，对其刑事责任的确定也更加复杂，认定要求更加严格。

（三）犯罪行为、危害结果的延展性

海上非传统安全威胁较之其他非传统安全威胁更能体现非传统安全之特性。一方面，海洋的流动性与跨区域属性，使得来自海洋的非传统安全威胁"远远超出了政治和军事的传统范畴，并在海洋国家对海洋安全的认知和政策层面体现出了海洋安全内容更加丰富、范围日益扩大、领域不断拓宽、地位不断提高的发展趋势"。[①] 而作为海上非传统安全威胁重要风险源的海上非传统安全犯罪自然也使得其非传统安全特征更为典型，其"超越国家单一主体层面"进而面向人类整体的特性显露无疑。另一方面，海上非传统安全威胁的上述特征具体到海上非传统安全犯罪则突出地表现为其犯罪行为与危害结果具有更强的扩散性，即其犯罪行为与犯罪结果往往能够超越犯罪行为的初始发生地而涉及诸多国家，具有跨国性或跨区域性的特征。在犯罪行为层面的延展性表现得最为突出的是海盗、海上恐怖主义犯罪。海洋的流动性为海上运输行业的勃兴提供了得天独厚的条件，囿于地形复杂、穿越国界等诸多现实原因限制，陆域运输相比海上运输具

---

① 刘中民，张德民.海洋领域的非传统安全威胁及其对当代国际关系的影响 [J]. 中国海洋大学学报（社会科学版），2004（4）：64.

有更高的风险，海洋运输则以其廉价、便捷以及可靠性高的特性成为国际大宗贸易交易的主要承载方式，这亦使其成为海盗犯罪、海上恐怖主义犯罪的潜在袭击对象。在海盗犯罪的演变过程中，很明显地呈现出由一国近海水域向多国濒临海域扩展的态势，这是由于早期的海盗囿于航运技术、设备等因素使得其犯罪活动局限于沿海，而伴随航运技术的发展与国际贸易的频繁交往，海盗犯罪越来越集团化、组织化，其活动范围的跨区域性特征日益明显。当下所公认的五大海盗活跃区域，如东南亚水域、红海和亚丁湾、索马里水域、孟加拉湾、西非海岸等均属于数个国家或地区的濒临海域，海盗活动的危害亦超越了传统安全中一个国家或地区的利益安全；而在危害结果层面的扩散性表现最为突出的当属海洋环境污染犯罪。由于海洋的流动性与联通性，无论是来自陆域的污染、船舶的污染抑或是海上资源开采的污染，都可借助海洋的流动联通属性，将其污染扩散至全球不同海域。短时间来看，其污染状况可能仅局限于某一海域，但从长期来看，大规模的海洋污染，导致海洋生态危机不断加剧，进而威胁到全球的生态系统，这些生态危机可能表现为海湾和封闭海干涸所导致的海洋荒漠化现象，也可能表现为海洋资源的枯竭和珊瑚礁、红树林、湿地等重要海洋生态系统的破坏等[①]。

（四）刑事制裁与应对机制的国际性

一方面，基于海上非传统安全犯罪生成机制的多元性，犯罪行为、危害结果等存在空间的涉外性与跨区域性特征，国际社会对此类犯罪制定了诸多国际性法律文件，形成了较之国内法不同的国际刑事法律规范。而这些国际刑事法律规范又主要通过国际条约这一载体予以呈现，在"条约必须遵守"的国际法理共识下，这些条约必然成为签约国或缔约国之国内法的重要"法源"之一。从当下的国际条约立法来看，涉及海上非传统安全犯罪的立法众多，规制对象亦千差万别，如何将国际条约之内容国内法化，是包括我国在内的各国共同面临的国际化命题。在此意义上，国内立法理应具有国际化视野，国际性法律文件亦应成为形塑国内立法与法理智

---

① 刘中民.海洋非传统安全威胁挑战人类[J].社会观察，2005（3）：26.

识的重要参照。另一方面，很明显，针对非传统安全犯罪的解决对策必然不能局限于某一国、某一区域内部之法律规范，构建有效的海上非传统安全犯罪刑事追责机制必须进行国际协同合作的考虑。较之一般犯罪，其主体、行为以及危害结果都集中在某国领域内，这使得对此类犯罪的侦查、起诉、审判、执行环节均可依据一国国内法持续进行，而海上非传统安全犯罪往往因犯罪主体、行为或及结果涉及不同的国家，简言之，"应对跨国性的共同威胁是各国合作的前提"①。在风险社会与海洋时代的背景之下，海上非传统安全犯罪已经演化成为人类社会必须共同面对的犯罪现象，要求犯罪行为的打击与刑事责任的追诉需要进行国际沟通与合作。目前国际社会针对海上非传统安全犯罪的联合行动已经进行了诸多有益的规则探索并成立了较为成熟的协调机制，具体从国际条约层面的制定与国际组织的建立两个层面展开。首先从国际条约层面来看，以联合国为代表的诸多意见沟通与落实平台通过组织不同国家进行海上非传统安全犯罪问题的磋商协作制定了若干权威且行之有效的国际条约，伴随条约的签署生效，国际或区域范围内的海上秩序得到维护，遏制了海上非传统安全犯罪现象增长与蔓延的不良态势。以《联合国海洋法公约》为例，公约将海洋权利归属予以确定，明确了内水、领海、毗连区、专属经济区等权利概念。这种权利界定依据是海上安全秩序得以有序存在的基石，保障了国际范围内海洋权利纠纷的有效化解。不仅如此，公约还对目前海上非传统安全犯罪的核心问题进行了详尽规定，诸如海上环境污染与环境保护等问题。而对于海盗犯罪与海上恐怖主义的猖獗态势，诸多围绕海盗犯罪而构建的国际条约陆续出台，诸如《制止危及海上航行安全非法行为公约》《制止危及大陆架固定平台安全非法行为议定书》等，这些条约的生效实施为国际范围内的海盗打击提供了规范支持，意义深远。而从应对海上非传统安全犯罪的国际组织构建方面来看，国际社会亦进行了诸多有益尝试。众多国际组织的建立不仅有助于前述国际条约的执行落实，而且有助于不同国家之间对海上非传统安全犯罪进行情报的互通交流、打击活动的组织协

---

① 张湘兰.南海打击海盗的国际合作法律机制研究 [J].法学论坛，2010，25（5）：5.

调，有效化解了追诉海上非传统安全犯罪过程中的司法协助问题。以国际海事组织（IMO）为例，由其协调制定的《国际海上人命安全公约》《防止船舶污染公约》等法律文件已经成为海上非传统安全犯罪权威国际规则。

### 三、海上非传统安全犯罪的类型

与海上非传统安全犯罪在学理上尚未形成公认的概念类似，对海上非传统安全犯罪的类型划分在学理上更是付之阙如，即使是与其相关联的国际犯罪的类型划分亦存在相当大的分歧，但由于此类犯罪与国际犯罪具有同质性，故可从国际犯罪的学理研讨着手分析。

（一）国际犯罪类型划分的启示

大体言之，目前学理上具有代表性的对国际犯罪的类型划分标准主要包括四种[①]。

其一，以侵犯的法益类型为标准的分类[②]。以国际犯罪所侵害的国际利益之具体内容为依据对国际犯罪进行类型划分，可以说是学理上向来采行的通行标准。国外有学者按照此一分类标准将国际犯罪划分为保护和平方面的国际犯罪、保护人权方面的国际犯罪[③]、保护社会利益方面的国际犯罪、保护文化利益方面的国际犯罪、保护环境方面的国际犯罪、保护通讯工具方面的国际犯罪、保护经济利益方面的国际犯罪等九种类型。[④] 在此

---

① 笔者只是选取了较有代表性的四种分类方法进行叙述，其实，除此之外学理上尚有行为标准的分类，国际刑法"两重性"标准的分类，等等，不一而足（李海滢. 国际犯罪的类型研究：回顾、反思与探寻 [J]. 当代法学，2007（6）：33.），这些分类方法均具有一定的合理性，但因其主张的学者较少或可并入其他分类标准，故在此不详加论述。

② 国内部分学者将侵害法益种类与侵害法益程度作为不同的分类标准，进而将其解读为不同之分类主张（李海滢. 国际犯罪的类型研究：回顾、反思与探寻 [J]. 当代法学，2007（6）：33.），其实，如下文所述，在国际犯罪视阈下，其所侵犯的法益类型与法益程度之间存在内在关联，如保护和平与安全的国际犯罪，多数学者视其为最严重的国际罪行，而危害其他国际社会利益的犯罪则与之在危害程度上有别。故此，本文将此"两种分类"均归结为与法益保护相关的分类标准。

③ 此一子项下又根据具体犯罪所发生的时空环境的不同将其界分为与武装冲突相关的保护人权方面的国际犯罪、保护基本人权方面的国际犯罪、与暴力恐怖主义相关的保护人权方面的国际犯罪三种具体类型。

④ PAUST J J. International criminal law: cases and materials[M].Durham N.C：Carolina Academic Press，2000：11-12.

一分类标准下，尽管不同学者的表述各异、具体种类的划分亦存在多种逻辑表现，但大体上结合国内外学理研究现状来看，此种分类标准下的国际犯罪一般包括危害人类和平与安全的犯罪、侵犯基本人权的犯罪、破坏国际公共秩序的犯罪、危害公众利益的犯罪、危害国家利益的犯罪等①。与国际犯罪侵害的法益相关联，主张以侵害法益的严重性程度为基础对国际犯罪进行类型化解读亦是国际刑法学界的一种常见做法。如著名国际刑法学者巴西奥尼教授在其起草的《国际刑法典草案》中即按照此标准将国际犯罪分为违反战争法规或惯例的犯罪行为以及损害国际上受保护利益的行为，两者在法益侵害程度上存在差别，前者是最严重的国际罪行，此后又进一步通过国际犯罪、国际不法行为和国际违法行为的三分法将上述思想进行了贯彻。②与之类似，亦有学者将国际犯罪界分为国际犯罪与国际性质犯罪两大类，前者是指危害国际和平与安全的战争犯罪，后者则指除上述犯罪以外，性质不那么严重的破坏受保护国际利益的犯罪。③我国学者甘雨沛、高格教授则进一步提出按照危害的国际社会利益与严重性程度的不同将国际犯罪分为，严重危害国际社会根本利益的犯罪、较为广泛危害国际社会根本利益的犯罪及危害国际社会局部利益的犯罪三类④，由于国际犯罪所侵害的国际社会利益与其危害性程度之间存在莫大关联，故此种分类标准应该说兼含了法益侵害种类与法益侵害程度两者。申言之，在这些学者看来，危害国际社会和平与安全的犯罪如战争罪是最严重的国际犯罪，而其他危害国际社会共同利益的犯罪则在危害程度上与之有别，故应做出区分。

其二，以国际犯罪所涉的国际刑法规范类型为标准的分类。此种分类标准实际上是按照规定国际犯罪的法律渊源不同进行的类型划分。此一标准的提出来源于战争罪与其他国际犯罪的区别，对于前者而言其国际法适

① 张智辉.国际刑法通论[M].增补本.北京：中国政法大学出版社，1999：146-147.
② BASSIOUNI M C.The Sources and Content of an International Criminal Law：A Theoretical Framework[M]//BASSIOUNI M C.International Criminal Law.New York：Transnational Publishers Inc，1999：96-100.
③ 黄肇炯.国际刑法概论[M].成都：四川大学出版社，1992：99.
④ 甘雨沛，高格.国际刑法学新体系[M].北京：北京大学出版社，2000：179-181.

用依据在于战争与武装冲突法，而后者则为国际公法中的平时法。以这两大类国际犯罪为基础，通过考量其国际法适用渊源，国际犯罪可细分为战争法中的犯罪、国际人权法中的犯罪、海洋法中的犯罪、航空法中的犯罪、国际环境法中的犯罪、国际反恐怖法中的犯罪、危害国际公共秩序的犯罪和国际经济法中的犯罪[1]。

　　其三，以实施国际犯罪的主体不同为标准的分类。此种分类标准来源于对国际犯罪主体的实然观察。尽管目前国际实践中对国家能否作为国际犯罪的主体进而对其追究刑事责任尚未形成一致意见，相关的国际公约亦未见到对国家作为主体的惩治规定，而学理上主张"国家是抽象实体，没有故意或者过失，因而不能构成犯罪主体，亦不能承担刑事责任"[2]"恪守'社会不能犯罪'的格言，而国家是全体人民组成的社会，故其不能作为犯罪主体"[3]等观点亦不鲜见。但与此相对，从国际犯罪的实然状态出发，将国家作为国际犯罪之主体的观点仍是一种有力的主张。如劳特派特在修订《奥本海国际法》中旗帜鲜明地指出："国家责任并不限于恢复原状和惩罚性损害赔偿，如果国家或代表国家的人，做出了国际不法行为……国家以及代表国家作为的人就担负刑事责任。"[4]也正是在上述认知下，部分学者将国际犯罪界分为由国家引起的犯罪和由个人引起的犯罪，抑或"与国家行为或国家政策有关的犯罪和主要由个人从事的犯罪"[5]、"主要以国家为主体实施的国际犯罪和主要以个人（包括组织和团体）为主体实施的国际犯罪"以及"由国家或国家集团实施的犯罪、由国际组织实施的犯罪、跨越国境的个人犯罪和国际逃犯所实施的犯罪"[6]等形式各异、内涵相同的表述。

　　其四，混合分类标准下的类型划分。除上述几种分类标准之外，部分学者提出的国际犯罪类型并不是按照单一之标准进行类别划分，如日本学

---

① 赵永琛.国际刑法与司法协助[M].北京：法律出版社，1994：44.
② 林欣.国际刑法问题研究[M].北京：中国人民大学出版社，2000：15.
③ 高燕平.国际刑事法院[M].北京：世界知识出版社，1999：577.
④ 劳特派特.奥本海国际法：下卷[M].王铁崖，译.北京：商务印书馆，1973：264-265.
⑤ 邵沙平.现代国际刑法教程[M].武汉：武汉大学出版社，2005：140.
⑥ 马进保.国际犯罪与国际刑事司法协助[M].北京：法律出版社，1999：12.

者三本草二将国际犯罪划分为涉外犯罪、国际法上的犯罪和国家的国际犯罪。其中，涉外犯罪是对国内刑法所具有的涉外因素的犯罪的概括，国际法上的犯罪则与违反国际公约的犯罪对应，而因国家违反国际义务构成的犯罪则被视为国家的国际犯罪。这样的分类结果很难说是单纯出于一种划分标准，毋宁说是糅合了犯罪性质、法律渊源及犯罪主体等多个视角。与之类似，威廉姆斯法官依据国际犯罪侵犯的法益种类、处罚依据的法律渊源等因素将之分为构成核心罪行的行为、侵犯国家的重大利益的行为、侵犯国家共同利益的行为、涉及两个或者两个以上国家的行为。①

　　学理上对国际犯罪的分类之所以会形成如上观点聚讼，很大程度是因为各学者对国际犯罪的涵盖范围本身的认识仍无法达成一致，如部分学者将国内刑法中具有涉外性质的犯罪也作为国际犯罪的一种，这就与多数学者主张的国际犯罪"侵犯国际社会共同利益"的特征相冲突，又如对于犯罪主体的分类，国际犯罪能否涵盖国家实施的国际犯罪本身即存在认识上的分歧。也正是基于如此的缘由，学理上即有学者主张"因为对国际犯罪的界定没有相关的国际立法政策，也缺乏一致性和连贯性，理论分类无从着手，因此，除了以一定的方式反映这些犯罪特别的历史演进之外，别无他法"②。在这样的认识下，自然对国际犯罪只能按照相关国际公约或习惯法规则确立的国际犯罪，将其具体犯罪直接表述，而无法对其进行分类。但分类的困难程度并不能作为否定分类本身的理由，作为对海上非传统安全犯罪的基本范畴的认知，类型划分仍然是其重要内容。其实，从上文关于国际犯罪的类型论争来看，学理及国际实践中对于其核心罪行与一般国际犯罪的认识基本是一致的，即对于危及整个人类和平与安全的国际犯罪如战争罪、种族灭绝罪与危害人类罪等被视为"国际核心罪行"，而除此之外的其他国际犯罪则被归属于"一般国际犯罪"③。国际核心罪行与一般

---

① SUNGA L S. The International Community's Recognition of Certain Acts as "Crime under International Law" [M]//International Criminal Law: Quo Vadis?.Ramonville Saint-Agnes, 2004: 304.

② 谢里夫·巴西奥尼.国际刑法导论[M].赵秉志, 译.北京: 法律出版社, 2006: 3.

③ 国际核心罪行与一般国际犯罪的分类标准为笔者所采纳，虽然国际法学界对其分类下的子项及国际核心罪行与一般国际犯罪的具体涵盖范围仍有争议，如国际恐怖主义犯罪是否属于国际核心罪行即有不同的认识，但此一分类标准本身具有相当的合理性。

国际犯罪的分类标准可以认为是一种混合分类标准，它是对国际犯罪侵害法益种类、违反的国际法渊源、国际社会的普遍共识等综合因素考量的结果。在国际犯罪范围本身存在较大争议的理论现实下，较之其他分类方法，核心罪行与一般罪行的分类可以避免前述各种分类方法本身即涉及国际犯罪存在范围这一分歧较大的问题，故较易取得共识。

（二）非传统安全犯罪典型性与不典型性的类型确立

借鉴国际核心罪行与一般国际犯罪的分类概念，笔者主张将海上非传统安全犯罪界分为典型的海上非传统安全犯罪与不典型的海上非传统安全犯罪两大类①。前者包含海盗罪、海上恐怖主义犯罪、暴力危及海上航行安全罪、破坏海底管道、电缆罪、危及大陆架固定平台安全罪、海洋环境污染罪等，而后者则包括海上贩毒罪、海上走私罪、海上贩卖奴隶罪等。采行此种分类标准一方面是对非传统安全犯罪的理论回应。如前文所述，非传统安全犯罪来源于非传统安全之概念，前者是后者的衍生，这一上下位的逻辑关系注定了非传统安全犯罪是对人类社会整体利益的侵害，且对非传统安全领域的侵害程度已经达到"安全化"程度，即超越一国领域之上国际性、整体性的安全程度。故对于某些不属于非传统安全领域的国际犯罪，并不在本书的研讨框架内，如以战争罪为代表的"国际核心罪行"大都属于与军事安全、政治安全相关联的传统安全的范畴，尽管其可能发生于海上进而逻辑上有"海上战争罪"概念的存在余地，但因其无法纳入非传统安全犯罪之范畴，自然也不属于海上非传统安全犯罪。不仅如此，非传统安全概念本身已经限定了只有"危及人类整体某些共识价值的冲突或威胁"才能归属于非传统安全领域，故前述部分学者主张的危害国际社会根本利益与危害国际社会局部利益的国际犯罪分类，在非传统安全视阈下都不成立。因为，既然纳入非传统安全之范畴，则一定是超越国家之上的国际社会的共同利益，此一认知下，就不可能存在"整体利益"与"局

---

① 国内有学者主张将海上国际犯罪界分为典型的海上国际犯罪与非典型的海上国际犯罪，其基本趣旨与本文相同，只不过，论者将其分类的理由简单化为"依据国际犯罪与海洋相关的密切程度之不同"，似乎仍不充分。（王赞，赵微，邵维国. 海上国际犯罪研究 [M]. 北京：法律出版社，2015：42.）

部利益"之分。与之类似，对于国际刑法学界将国际犯罪以侵害法益的严重性程度为基础的类型化建构的观点，在非传统安全框架内亦无法成立。如在非传统安全视阈下，所有的非传统安全在某种程度上均是危及人类和平与安全的，故所有的非传统安全犯罪也都呈现如此的特征，此一范畴下，难以将危害程度量化，"危害人类和平与安全"的国际犯罪作为危害程度最严重的国际犯罪类型，或许在国际刑法学界具有一定的理论与实践价值，但契入非传统安全的思考，则值得商榷；另一方面，对海上非传统安全犯罪进行典型与不典型的区隔亦是对涉海领域非传统安全犯罪法律渊源的关照。如前文所述，除海上战争罪等传统安全领域范畴外的海上非传统安全犯罪与海上国际犯罪具有高度同质性，而几乎所有的国际犯罪均有发生于海上之可能，如贩毒罪、走私罪、劫持人质罪、国际贩卖人口罪等，这意味着涉海领域的国际犯罪似乎都应纳入海上非传统安全犯罪之范畴。但倘若详加思考则会发现，所有的海上国际犯罪尽管都与"海洋"相关，且一般均为国际公约所确认，但其中部分犯罪是由涉海公约所单独确立的，亦即对其惩治的国际法渊源有专门的涉海公约。如对海盗罪的国际刑事立法，从1937年的《尼翁协定》到1958年的公海公约再到1982年的《联合国海洋法公约》等涉海类的国际性法律文件均对海盗罪进行了详细的规定；而危及海上航行安全罪亦有1988年《制止危及海上航行安全非法行为公约》中的专门性规定，危及大陆架固定平台安全罪、破坏海底电缆、管道罪以及海洋环境污染罪等均有专门之涉海国际公约对应。相反，其他涉海国际犯罪，则因为脱胎于相应的国际犯罪，属于其他国际犯罪的下位概念，如海上贩毒罪只是涉海领域的贩毒罪，两者存在种属关系。相应的，作为惩治此类犯罪的国际公约并无专门的针对性，仍以毒品犯罪为例，作为当前规制麻醉药品和精神药品的三个主要国际公约即1961年《麻醉品单一公约》、1971年《精神药物公约》、1988年《联合国禁止非法贩运麻醉药品和精神药物公约》中，关于生产、制造、运输、走私毒品行为之规定，对犯罪行为发生的空间并无限定，海上毒品犯罪自然也同样适用。故惩治海上非传统安全犯罪的国际法渊源层面，由专门涉海国际公约对应的海上非传统安全犯罪具有典型性，而其他涉海领域的国际犯罪则不具有典型性。

正是基于上述因素考量，笔者将海上非传统安全犯罪界分为典型与不典型两大类，前者包括海盗罪、危及海上航行安全罪、危及大陆架固定平台安全罪、破坏海底电缆、管道罪与海洋环境污染罪，后者则囊括涉海领域的其他国际犯罪。而对于典型的海上非传统安全犯罪，可进一步将海盗罪、海上恐怖主义罪等归入危及海上航行安全罪一类，危及大陆架固定平台罪与破坏海底电缆、管道罪可作为一类犯罪，因为两者均是对人造的海洋设施损害类的犯罪，而海洋环境污染罪可单独作为一类犯罪。有必要说明的是，由于典型的海上非传统安全犯罪其国际法适用渊源呈现出单纯的海洋法特性，而对海上非传统安全犯罪进行研究的主要目的就是通过对这些国际法律文件的探究，结合我国刑事法之规定进行刑事规制对策的探寻，故典型的海上非传统安全犯罪是本书的主要研究对象。

## 第二节　海上非传统安全犯罪成因及其对我国的危害

海上非传统安全犯罪以海洋为发生场域，使得此种犯罪在犯罪成因、犯罪样态、刑事规制模式上都有别于陆上犯罪，并随着海洋时代与风险社会的现实情境而形态异化。海上非传统安全犯罪的"涉海"以及"非传统安全"属性成为此类犯罪区别于其他犯罪的典型标签。不论对海上非传统安全犯罪范畴的廓限抑或对其特征的把握终究是为刑事立法的事后介入提供支持。但海上非传统安全犯罪作为一种新型犯罪现象，自有其区别于其他传统安全犯罪的生成原因，探析海上非传统安全犯罪的生成机制、泛化原因、危害样态具有现实意义。同时伴随着我国从海洋大国向海洋强国构建目标的转化，海上丝绸之路的建设必然要求海上秩序的平稳安定。海上防务力量的增强无疑为上述目标的实现提供了现实支持，但刑事立法对海上非传统安全犯罪的打击也不可或缺。对于后者而言，单纯强调对海上非传统安全犯罪的刑事打击固然重要，但对此类犯罪的生成原因与实然危害的解明研讨也不可或缺。

## 一、海上非传统安全犯罪的成因解析

逻辑上只有将海上非传统安全犯罪的成因分析与刑事规制路径进行有效结合，才能使海上非传统安全犯罪的刑事应对机制更加完善、合理，从而实现刑事规制手段的精准有效。借助前文所构建的海上非传统安全犯罪的评价机制，以其划定的犯罪阈界为分析靶标，海上非传统安全犯罪的生成原因包括以下方面。

（一）全球陆域经济向海洋经济的时代转型

海洋世纪的到来将人类的社会、经济以及围绕生产、生活而展开的一系列活动都与海洋建立起了更加紧密的联系。而从陆域经济向海洋经济的时代转型存在现实原因。一方面源于海洋资源的富庶有助于化解人类生存条件的制约。从二次世界大战结束之后，全球进入了相对平稳的发展时期，科技、文化、医疗水平的更新进步使得全球人口总量持续增长，目前，全世界每秒钟大约出生4.3人、每年增长约8296万人，世界总人口已突破70亿人。庞大的人口总量意味着需要消耗大量资源供给才能满足人类生产、生活的正常展开。另一方面，虽然科技进步带来的能源技术突破在一定程度上缓解了资源供应的压力，但从目前世界范围内的能源结构来看传统能源诸如煤炭、石油仍然占据能源结构的绝对比重。据《BP世界能源统计年鉴》分析，二战之后石油在世界一次性能源消费量的比重逐渐取代煤炭成为最主要的能源消费类型。虽然伴随全球科技进步与新兴能源的挖掘，石油在1973年占比达到峰值数（48.7%）后逐渐回落，但从近五年的石油消费量来看，仍维持在30%以上。传统能源占据能源结构较大比重的现象在中国亦十分明显，据2017年统计数据显示，我国仍然是世界上最大的能源消费国，尽管煤炭仍然占据能源消费中的主导地位（占比高达62%），但煤炭产量已出现下降趋势。而石油需求量依然旺盛，消费量继续增长（平均增长40万桶/天）。① 很显然，煤炭、石油等传统能源仍

---

① 参见《BP世界统计年鉴》2017年报告，中文版。不仅如此，我国自2013年起即超越美国成为世界第一大汽油和其他液体燃料进口国，而2017年则成为全球第一大原油进口国，这其中，进口原油数量占比高达68%。（严晖. 石油第一大进口国拥有价格坐标 中国原油踏上国际化征程 [N]. 华夏时报，2018-03-26.）

然在当今世界能源结构中占据相当大的比重，但这些能源类型均为非可再生资源，由于持续的开采部分地区已经面临枯竭。相比之下，辽阔的海洋空间蕴藏着丰富的各类资源。正如希腊哲学家撒尔歇所言，"一切取之于海洋，无穷无尽，一切归到海洋，无影无踪"[①]。目前已经探明的海洋石油储量约占全球总量的45%~50%，地球上约80%的生物资源都存在于海洋之中。而每年来自海洋的水产品供应量就达到30亿吨，足可供养3万亿人口同时，海洋中还蕴藏着丰富的矿物资源，化学资源和海洋能资源，包括海水中所含有的大量化学物质和淡水以及丰富的动力、水力和热能资源。面对陆域资源枯竭的窘境，海洋空间作为一个巨大的资源宝库吸引着人类开发的脚步。但不容忽视的是，随着人类对海洋空间的不当介入导致海洋生态环境的恶化，最典型的就是海洋油气资源的大规模开发，深海石油泄露事故在全球范围内时有发生，如2010年位于美国路易斯安那州的深海地平线海上油井发生爆炸，给墨西哥湾的海洋生态环境造成了巨大的危害。因此，为实现海洋经济的可持续发展必须对危及海上生态环境的行为予以有效的法律规制。这一点对于我国刑法不注重区分海、陆环境污染行为类型的做法具有启示与推动意义。

（二）非传统安全犯罪活动的趋海异动

伴随着风险社会的到来，危险行为已经成为潜藏于人类社会中的一种常态现象。在风险社会之下，诸多社会发展赖以存在的社会行为本身就蕴含着诸多法益侵害的危险，如果将此类存在法益侵害危险的行为一律予以禁止那么社会就将停止发展，如何在保持社会的发展以及风险的有效控制二者之间寻求价值平衡就是风险刑法需要考虑的问题。非传统安全问题在风险社会之下具有泛化性、遍在性，每个国家和地区都不可能独善其身地完全避免全球范围内非传统安全犯罪的侵害可能。非传统安全犯罪借助风险社会的现实环境存在着复杂的生成机制，社会问题与经济问题、环境问题、法律问题等交互作用使得如何对传统安全犯罪进行有效应对一直都是各国以及国际社会需要共同面对的问题。而非传统安全犯罪与其应对机制

---

① 梁西. 国际法 [M]. 武汉：武汉大学出版社，2002：177.

存在着彼此克制的关系，基于近年来各国对典型的陆上犯罪违法性的重视，海上非传统安全犯罪的生成空间被不断挤压。但是部分国家或地区由于自身原因无力组织并实施有效的非传统安全犯罪应对策略，或是没有对此类犯罪进行有效应对的经验。这种对抗能力的薄弱、对抗经验的匮乏在一定程度上导致非传统安全犯罪在当今全球范围内呈现出一种流动趋势，表现为从打击机制全面的地区向打击机制薄弱的地区流动，海上恐怖主义犯罪生成即是此种流动趋势的典型体现。恐怖主义犯罪活动最初以陆上目标为主要袭击目标，但随着国际社会对陆上恐怖主义犯罪组织的联合打击，陆上恐怖主义组织被迫开始向海上转移。海洋经济的平稳发展可以更大限度地惠及全球范围内的国家与地区，其所受侵害也会广泛影响到其他地区的经济以及其他社会领域的发展。海洋利益惠及的普遍性以及危险发生的延展性使得恐怖主义更倾向于选取海上目标作为袭击的对象。诸如以海上船舶、海上油井、海上平台、港口设施为袭击目标通常会产生比陆上恐怖主义犯罪更为严重的危害后果。因此，海上非传统安全犯罪的生成原因一方面源于陆上打击机制的陆续建立对其生存空间的持续挤压，另一方面也源于海上空间应对机制的薄弱，两项因素交互作用在一定程度上成为海上非传统安全犯罪生成的一个原因。

（三）部分国家政局混乱、经济贫困

海上非传统安全犯罪以海洋为依托，海洋面积的辽阔性、海上活动主体的分散性使得各国对此类犯罪的监管难度大大增加。与陆域犯罪相比，海上非传统安全犯罪的刑事预防与打击需要对相关海域拥有管辖权的国家投入更多的行政、司法资源，构建严密的海上非法活动监控组织。只有如此才能降低海洋空间辽阔性、海上活动分散性所导致的海上非传统安全犯罪的监控难度，保证此类犯罪行为的刑事追诉可能。就此而言，海上非传统安全犯罪的刑事预防与刑事规制是否有效更有赖于濒海国家海上监管力量的充分投入，而这在根本上又受制于濒海国家的政治、经济状况。如果对相关海域拥有管辖权的国家政局混乱、经济贫弱，那么意味着该国可能无法充分分配的海上力量以维持并保障相关海域的稳定有序，由此导致的监管疏漏就会为海上非传统安全犯罪的滋生提供宽松的生成土壤。通过对世界主要海域的海上非传统安全犯罪发生数量与犯罪种类的分析可以发现，临近政局混乱、经济贫弱国家的周边海域更容易发生海盗犯罪、海上恐怖主义犯罪。从1991年至今海盗犯罪发生的地域范围来看，海盗多发地一般集中在非洲以及红海地区，美洲和印度半岛、东南亚地区一直也是海盗案件多发地区。但自2003年后印尼海域海盗事件有所减少，尼日利亚和索马里海域海盗活动数量增加，海盗犯罪日益猖獗。根据国际海事局（International Maritime Bureau）的统计报告，2017年全球海盗活动共发生180起，这一数字是自1995年以来的最低数字，但在部分区域海盗横行的情况则有所加剧，如菲律宾南部、非洲西部等，这些区域所涉沿岸国均属国家政局动荡、经济贫困之区域①。以索马里海域为例，此区域海盗犯罪活动数量急剧增加与索马里国内政局动荡、政府管控疲软、经济形势颓弱有着密切关系。20世纪90年代索马里北部和东部地区相继宣布独立，1991年以后掌控索马里全境的政权就已经不复存在。此后国际社会曾试图通过武力方式进行干涉但均以失败告终，在国际社会军事力量退出后周边国家的政治外交斡旋反而加剧了索马里国内局势的混乱无序，最终导致索马里政局的动荡不安。2004年在国际社会的磋商与共同努力之下"索马里过渡联邦政府"得以成立，但1年后才迁入索马里国内。面对索马里国内军阀割据的混乱态势，有效统一的国家建设措施很难持续进行，索马里民众在贫困与饥饿的边缘挣扎，这使得诸多索马里海域沿岸渔民在利益的促使下转行海盗以求一夜暴富。与此同时，宽松的海域监管环境也导致其他域外国家将废物偷运至索马里海域进行倾泻，海洋环境的恶化使得索马里渔业遭到严重破坏。索马里海域同时面临着海盗犯罪以及海洋环境污染等多种海上非传统安全犯罪行为的侵扰。相同的情况也见于马六甲海峡周边海域，马六甲及周边海峡涉及印尼、马来西亚、菲律宾、新加坡等众多沿岸国，但印、菲两国贫弱的国内环境使其很难组织充分的海上警备力量进行有效的海域巡航与监管。加之印尼国内恐怖主义、分裂势力活跃，自该国1949年脱离荷兰殖民统治和吞并亚齐地区以后，该地区就长期活跃

---

① 梁颖. 国际海事局发布《2017年全球海盗活动报告》[N]. 中国海洋报，2018-02-06.

着"自由亚齐分裂运动"并导致印尼国内局势的混乱。而菲律宾国内武装割据的现实状况也使其中央政府管控软弱,菲律宾棉兰老岛地区一些大的家族往往拥兵自重从而成为"独立王国"。现实的国内局势与经济状况很难让印尼与菲律宾对马六甲海峡的监管投入充分的海上力量,这为此一海域海上非传统安全犯罪的滋生提供了宽松的犯罪环境。通过对索马里与马六甲海域两个海盗犯罪猖獗海域的周边国家状况的分析,可以看出政局混乱动荡、经济形式疲软贫弱的国内环境更容易成为海上非传统安全犯罪的间接生成原因。

（四）国际力量分散、合作效能低下

在风险社会与海洋时代的现实背景之下,海上非传统安全犯罪在行为主体、行为方式、危害后果等方面都显示出其异化于传统犯罪的一面。海上非传统安全犯罪具有明显的国际犯罪属性,这要求对其进行预防与刑事打击必须进行国际合作,单纯依靠一国之力很难实现对海上非传统安全犯罪有效的打击效果。首先从行为主体来看,海上非传统安全犯罪的组织者、实施者往往都来自不同的地区或国家,具有跨国涉外性质。其次从行为方式上看,危害海上航运安全类犯罪、海上环境污染犯罪以及海上经济类犯罪,其行为方式都可能跨越不同的海域从而形成跨国犯罪。例如海上环境污染犯罪包括的非法向海洋倾泻废物行为,此种犯罪行为多表现为行为人将废物偷运至另一国海域进行倾倒。犯罪行为的跨地域、跨国性需要刑事责任追诉的国际司法协作。最后从行为结果上来看,海上非传统安全犯罪其犯罪结果具有泛化散播的特点。海上环境污染自不待言,海盗犯罪、海上恐怖主义犯罪的海上袭击活动也会对海上贸易运输产生连锁侵害。有鉴于海盗犯罪行为方式的跨国性、危害结果的全球散播性,其不仅对被劫船只及船员造成生命健康、财产危害,而且会对海上贸易活动产生更为广泛的影响。

构建应对海上非传统安全犯罪有效的刑事应对机制自然离不开国际社会的通力协作,沿用传统犯罪或陆上犯罪的应对策略将无法取得有效的打击效果,这一情形已经在近年来海上非传统安全犯罪的国际应对中显现出来。以东南亚马六甲海域的海盗犯罪为例,从1991年至2008年期间,在印度尼西亚海域附近被海盗袭击的1171艘商船中，拥有印度尼西亚国籍的船舶仅有53艘。由于印度尼西亚海上运输并没有受到此海域海盗犯罪的严重侵扰，其参与国际协作打击海盗的积极性并未高涨。而从马六甲海峡的实际控制来看，印度尼西亚、马来西亚、新加坡三国共同享有对马六甲海峡的主权管辖。基于主权维护等多方面原因的考虑，三国就马六甲海峡的海盗犯罪治理问题并未取得协调一致的意见，大大折损了应对海盗犯罪的国际协作力量。如马来西亚为防止其他国家军事、政治力量对本国以及马六甲海域的过度渗透而威胁其主权稳定，认为海盗犯罪本属于普通犯罪，并没有对国际社会造成严重威胁从而拒绝外国力量对此海域的介入。而新加坡作为马六甲海域最大的贸易枢纽中心，能否彻底清除海盗犯罪关乎其经济发展的国际环境，因此其一直积极推动国际力量的合理进入以及国际合作，以应对此一海域的海上非传统安全犯罪问题。同时，个别国家源于本国利益的考虑试图通过军事力量渗透以期间接实现对马六甲这一国际黄金水道的现实控制，实现或增强其在亚太地区的军事存在或保障其全球战略的推进，此种情形以美国、日本对马六甲海盗犯罪的介入政策为典型。这种各有所图的域外国家积极介入的政治行为引发了东南亚诸国不同程度的政策反弹，非但不利于马六甲海域海上非传统安全犯罪的国际合作机制的顺利建立，也有碍于其长期推进，往往适得其反。如美国将马六甲海峡作为其实现控制全球海域的16个海上咽喉之一，自"9·11"事件之后美国积极介入马六甲海域，继2002年抛出《集装箱安全协议》《防扩散安全协议》之后，其又在2004年4月推出《地区海事安全倡议》，该倡议试图使美国派遣海军陆战队和特种部队进驻马六甲海域，搭乘高速舰艇巡逻海峡。东南亚诸国对美国此种得寸进尺的军事渗透反应强烈。[①]此后新加坡、马来西亚、印尼紧急磋商签署了共同防御马六甲海峡的协议，以抵制美国军事力量的渗透。而日本长期以来就对在马六甲海峡进行本国势力的渗透保持着积极的热情。2000年3月，日本在新加坡举办的"反海盗对策国际会议"的预备会议上提出"海洋维和"的概念，要求与新加坡、印

---

①　王健，戴轶尘. 东南亚海盗问题及其治理 [J]. 当代亚太，2006（7）：29.

尼、马来西亚进行联合巡逻，遭到了与会国强烈的反对。从美、日两国对马六甲海峡海盗犯罪的治理策略来看，积极进行本国军事力量的渗透以期实现对马六甲海域的实力控制才是其最终的考量目标。这种只顾本国利益的做法必然受到国际社会的抵制，不利于促进马六甲海域周边国家展开有效的国际合作从而达成共同打击海盗的良性结果。

（五）文化冲突、国际格局的变迁

海上非传统安全犯罪的产生在一定程度上与部分地区的文化冲突存在潜在关系。此种文化冲突一方面表现为传统犯罪亚文化对现代文明的冲突，另一方面表现为全球一体化进程中不同地域、不同国家之间固有文化之间的冲突。"犯罪亚文化，是指犯罪亚群体在犯罪活动过程中逐渐形成并一体信奉和遵循的，与主流文化相对立的价值标准、行为方式及其现象的综合体。"[①] 海上非传统安全犯罪的产生与此种亚文化的延续存在间接联系。以海盗犯罪为例，虽然在风险社会与海洋时代之下海盗犯罪因其法益范畴的更新与扩增使其在本质上区别于传统海盗犯罪，但海盗犯罪作为一种犯罪现象已经存在数千年之久。在被誉为西方海洋文学源头之作的《荷马史诗》中就有关于海盗行为的介绍，当时海盗行为被视为受人尊敬的职业存在，"我既不爱劳动也不喜欢照顾家庭，船和战争就是我所喜爱的"[②]。亚里士多德也将当时的社会成员生活方式归纳为五种类别，分别是游牧、农作、掠夺、渔捞、狩猎，而此处的掠夺即是海盗行为[③]。由此可见部分海上非传统安全犯罪在一定程度上受到了传统犯罪亚文化的潜在影响，不可否认在一些地区这种亚文化形态仍然有所残留，且随着现实环境的变化以一种新的形式出现并对海上非传统安全犯罪的发生产生促推作用。

## 二、我国面临海上非传统安全犯罪的现状分析

海上非传统安全犯罪作为当下国际社会共同面临的公害犯罪，对于作

---

① 许润章. 犯罪学 [M]. 2版. 北京：法律出版社，2004.

② 荷马. 奥德赛 [M]. 王焕生，译. 北京：人民文学出版社，1997：102.

③ 刘婧. 前城邦时代希腊世界的海盗活动述论 [J]. 历史教学，2006（6）：30.

为海洋大国的中国自然无法幸免。一方面，从我国海域位置来看，地处西太平洋东北侧由两条岛链自北向南围绕，一条为北起日本列岛、琉球群岛，中接台湾岛，南至菲律宾、大巽他群岛的第一链形岛屿带，一条为北起日本列岛，经小笠原群岛、硫黄群岛、马里亚纳群岛、雅浦群岛、帛琉群岛，延至哈马黑拉马等岛群的第二岛链环绕，从而形成"新月形"半闭海，岛礁林立，邻国众多。我国辽阔的海域面积、复杂多样的海域状况、邻国众多的地缘环境，使得我国成为受海上非传统安全犯罪侵害较为严重的国家。另一方面，我国作为世界上屈指可数的贸易大国和世界经济体，对外贸易对于经济增长具有较大的带动作用。这种对外贸易占据主导地位的经济结构使得海上安全对于我国的经济发展而言至关重要。而随着经济的高速发展，我国逐渐成为世界上最大的能源消耗大国，而能源无法完全自给导致对外依存度不断上升的局面已经成为影响我国能源安全的主要因素。为了降低能源供应的外部风险，我国一方面积极推进经济结构的优化转型，另一方面不断加大新型能源的研发利用力度，优化能源结构，增加能源种类的多元化，以降低我国对进口石油的过分依赖。积极与世界诸多国家建立能源供应合作关系，扩宽能源进口的渠道，分散能源供应过于依赖单一地区的潜在风险。但坦诚而言，这些改革措施并不能在较短时间内迅速改变我国经济结构的外向型与能源供应对外依赖较高的现状。海上运输作为当今贸易全球化进程中的主要运输载体，承担着全球经贸交往绝大部分的运输任务。以我国为例，进出口贸易总量的90%需要依赖海洋运输，战略资源如石油总量的30%、铁矿石总量的50%需从海上运输。仅从单一的石油运输来看，中国近80%的进口石油通过海洋运输方式运输，而进口石油的来源渠道又主要集中在中东、非洲地区，这些海上运输通道中，除拉美航道支线之外，90%的海洋运输石油需经过安全隐患严重的马六甲海峡①。

海洋经济的快速发展与运输来源、运输方式的单一化大大增加了我国遭受海上非传统安全犯罪侵害的现实风险。从我国海域区位可以看出，我

---

① 曾燕萍，安振."一带一路"新形势下中国石油运输安全战略研究 [J]. 国际经济合作，2018（1）：68.

国东南沿海为两条环西太平洋的半月形岛链所包围，形成群岛散布、海峡交错的特征。我国船舶不论东出进入太平洋还是西进前往印度洋以及大西洋均要穿越数量众多的海峡，特别是马六甲海峡、巽他海峡、龙目海峡与望嘉锡海峡，它们因扼守海上交通要道而具有重要的战略价值。伴随着东亚与世界贸易交流的活跃以及岛屿、海峡错落散布的海域特征，南中国海海域，特别是马六甲海域成为海上非传统安全犯罪发生的重灾区，尤以海盗犯罪与海上恐怖主义犯罪最为猖獗。据统计，从1984年到2005年，全球3700多起海盗攻击案件中，有500多起发生在马六甲海峡，约占全球同期海盗案件总发案量的13.5%。而在严重的海盗犯罪袭击中我国是受损较为严重的国家，2009年度全球发生的406起海盗袭击事件中，多达32起涉及中国船只（其中大陆8起、中国香港20起、中国台湾4起），中国深受海盗之害。① 如2003年8月9日，我国台湾货轮"东亿号"在途径马六甲海峡时遭受海盗袭击。海盗用机枪扫射船只。袭击过程中海盗发射了2000多发子弹，造成船舶导航设备受损。经过船长与全体船员的共同努力才在袭击发生两个小时后摆脱海盗追击，于2003年8月11日到达新加坡。② 近年来，虽然从全球范围来看，海盗和武装抢劫船只的犯罪呈逐年下降的态势，但发生在东南亚海域的上述袭击事件不降反升。据统计，2014年发生在亚洲海域的海盗事件与武装劫船事件占全球范围内的75%，2016年国际海事组织发布报告称，"一些特定海域的航行安全仍受到威胁，尤其是海洋绑架案件数量激增，令人担忧"，此处所谓"特定海域"即指马来西亚与菲律宾之间的苏禄海③，该区域为海盗多发地带④。近年来，东南亚各国为应对海盗与海上恐怖主义等活动，采取了联合巡航等行动，但总体上述水域的海盗活动并未得到有效遏制，在2017年国际海事局发布

① 南海海盗袭击仅次于索马里海域中国深受其害 [EB/OL]. 新华网，2010-7-5.
② 石家铸. 海权与中国 [M]. 上海：上海三联书店，2003：159.
③ 苏禄海域之上的苏禄群岛因菲律宾南部反政府武装阿布沙耶夫恐怖主义组织的长期盘踞而"闻名"，该区域亦成为海盗、海上恐怖主义活动最为活跃的区域之一，从而成为菲律宾、马来西亚、印尼三国近年来展开联合巡航的重点打击区域。（徐前，朱红霞. 东南亚三国联手打击跨国犯罪 开启"联合巡逻模式"[N]. 人民日报，2017-06-21.）
④ 周超. 去年全球船员遭海盗绑架案件创十年之最 [N]. 中国海洋报，2017-01-17.

的海盗活动报告中，全球范围内总计发生180起海盗袭击事件，较之2016年的191起持续下降，但2017年亚洲区域发生了101起海盗袭击与武装劫船事件，占比高达56%，且与2016年的85起相比增长了近20%。①然而，为人所知并得到司法救济的只是少量个别案件，仍有很多受到海盗袭击的船舶航运公司，因考虑司法追诉耗时漫长、声誉维护、保险费用等原因往往不愿意寻求司法机关的帮助，而直接向海盗团伙交付赎金以求迅速解决勒赎事件。因此得到统计与关注的海盗犯罪与海上恐怖主义犯罪案件只是现实案件总量的很小一部分。海上非传统安全犯罪对东南亚的海上航运安全造成了巨大的侵害与威胁，犯罪的猖獗态势给海上运输带来了极大的安全隐患，成为我国海上运输的"马六甲困局"，我国作为此一区域最大的贸易经济体对海上航运的安全要求更为迫切。伴随着我国"海上丝绸之路"倡议的构建展开，保护我国海上通道安全成为未来我国海上安全维护的重要内容，与之相对，构建完善海上犯罪的刑事规制体系，疏通此类犯罪的追诉障碍具有紧迫性与重要性。

与海上交通安全面临的危机相较，我国所面临的海洋环境污染现状亦十分严峻，海洋经济的时代转型使得人类的海上活动与过往相比不论从范围还是从深度上都有了前所未有的拓展与深化。伴随着海洋时代的来临，内陆人口不断向滨海地区迁徙，沿海地区人口迅速聚集，沿海工业设施规模也不断扩容。我国作为海洋大国拥有海域面积300万平方公里，海岸线长度达到1.8万公里，在20世纪70年代末我国进行改革开放以来，我国已经形成了外向型的整体经济结构，贸易总量位居全球第一。这种外向型的经济结构使得我国沿海经济较内陆地区更为活跃，沿海人口较内陆地区更为稠密，人类活动对海洋生态的频繁干涉造成海洋生态维护压力巨大。尽管近年来环境保护课题成为政府各个层面工作的重中之重，海洋环境质量在各种行政、法律举措下得到明显提升，但从总体上看，我国的海洋环境

---

① 梁颖.国际海事局发布《2017年全球海盗活动报告》[N].中国海洋报，2018-2-6.

污染现状仍形势严峻，主要体现在以下几个方面[1]。其一，近岸局部海域海水污染严重，水质标准较低。从近三年官方公布的权威数据来看，我国近岸局部海域污染程度持续较为严重，冬季、春季、夏季和秋季劣于第四类海水水质标准的海域面积平均数在4万平方公里以上，所监测河流入海监测断面水质劣于第四类海水水质标准所占比例维持在50%左右。与之类似，在2016年的统计数据中，在所监测面积大于100平方公里的44个海湾中，17个海湾在一年四季中均出现劣于第四类海水水质标准的海域[2]。其二，典型海洋生态系统脆弱，亚健康、不健康比率高。从国家海洋局对河口、海湾、滩涂湿地、珊瑚礁、红树林和海草床等典型海洋生态系统的检测数据来看，2016年典型海洋生态系统的健康率为历年最高，达到24%，但处于亚健康和不健康状态的比例仍高达76%。与之相关联的是，一年四季中呈富氧化状态的海域面积平均超过9万平方公里[3]。其三，入海排污口超标排放严重，邻近海域环境质量差。从近三年的统计数据来看，在所监测的数百个排污口的排污情况统计中，全年各次监测均达标的比率平均为25%左右，一次或多次超标排放的比率仍达到75%左右，其中，全年各次均超标的比率维持在20%左右。超标排放对邻近海域的海水质量造成严重影响，从2011—2016年的监测数据来看，历年邻近海域劣于第四类水质标准的排污口占比超过78%，2016年更达到90%，这些海域的水质从历年统计数据来看并无明显改善，且从某些污染源来看如沉积物质量等级均较上年有所增加。其四，海洋生态灾害频发。自20世纪末以来，我国管辖海域出生赤潮、绿潮、水母旺发等灾害性生态异常现象呈逐年增

---

[1] 下文中的相关数据均来源于国家海洋局网站的各年度《中国海洋环境状况公报》。但必须说明的是，即使就目前的统计数据而言，也还存在相当数量的"污染黑数"问题，如2017年国家海洋局依据国务院批准同意的《海洋督查方案》进行的海洋督查所发现的共性、突出性问题就包括"排查出的各类陆源入海污染源，与沿海各省报送入海排污口数量差距巨大"。（思遥．对破坏海洋行为"零容忍"[N]．人民日报，2018-01-18（9）．故海洋环境污染的实际状况或许较官方数据更为严重。

[2] 从其他统计口径得出的统计数据更加触目惊心，"我国海上各种溢油事故每年发生约500起，某些沿海地区海水含油量已超过国家规定的海水水质标准的2~8倍"。（高晓莹．海洋环境污染的刑法调控[J]．中国刑事法杂志，2011（10）：51.）

[3] 水体富氧化程度是目前观测人类活动对水体质量影响的主要数据指标，富氧化会影响水质，造成水的透明度降低，进而影响水中植物的正常光合作用，最终对水生生物造成不利影响。

加的态势，"21世纪前10年，赤潮发生次数和累计面积均为20世纪90年代的3.4倍"[①]。从国家海洋局披露的数据看，近五年我国管辖海域累计发现赤潮280余次，累计面积29000余平方公里，而从最近的2016年统计数据来看，赤潮发生次数较平均值增加12次，累计面积则增加1559平方公里。虽然目前关于赤潮的发生机理仍无明确之结论，但海水富氧化是其发生的物质基础与首要条件则获得了公认，而工农业废水排放、海水养殖污染、船舶排放污染等人类活动亦为造成海水富氧化的"罪魁祸首"，故从根本上而言，上述生态灾害的发生频率是海洋环境质量与人类活动造成海洋环境污染的一个重要评价指标[②]。

海洋经济的时代转型使得海上空间成为新生经济载体，海上经济增长模式成为全球经济发展的又一引擎。海上空间开放性、流动性，加之海上活动主体的分散性使得海上经济活动在迅速发展的同时也受到不同层面的侵害，海上走私行为、海上贩毒行为在海洋时代之下更为猖獗。西太平洋沿海国家众多，不同国家管辖海域密接的区位特征使得这一地区成为海上走私案件的高发地带。据统计，仅南海海域每年国际贸易遭受的损失就高达160亿美元。我国也面临着严峻的海上走私犯罪的威胁，走私内容繁多，不一而足。这些严重扰乱了我国的边境管理制度，且造成了国家关税的流失，而非法进境的走私物品如废旧电子垃圾、衣物、毒品等还会给国民的身体健康带来严重侵害。以走私贩运毒品为例，传统的贩运毒品渠道与我国接壤的东南亚缅甸、泰国、老挝三国边境形成的"金三角"地区，以及西南亚地区由阿富汗、巴基斯坦、伊朗三国边境构成的"金新月"地区，前者经由我国西南地区形成流向世界其他区域的重要"国际通道"，后者则主要对我国西北边境地区造成严重影响。但近年来随着我国加大毒

---

[①] 叶良芳. 海洋环境污染刑法规制研究 [M]. 杭州：浙江大学出版社，2015：27.

[②] 除上述指标之外，海洋环境放射水平，尤其是我国与其他国家海域空间密接的地理状况又极大地增加了我国遭受其他海洋环境污染的可能性。如众所周知的2011年日本福岛第一核电站事故，该事件造成机组中含高浓度辐射物质积水通过混凝土墙壁的裂缝渗入反应堆，直接流入太平洋，引发了太平洋海域的核泄漏危机。危机发生后，中国大部分地区相继在空气中检测出微量的放射性物质碘和铯，在一些蔬菜中也检测出微量辐射物质。（刘幸，杜鹃. 京津冀菠菜检出微量辐射物 [N]. 广州日报，2011-04-07.）

品堵截力度，严控毒品犯罪的态势，这些区域通过传统的陆运、空运方式贩毒的行为"难以为继"，贩毒分子逐渐转向载货量更大、空间更为广阔、隐蔽性也更强的海上贩毒。虽然，目前"金三角""金新月"等地区出产的海洛因、冰毒仍以陆路、航空为主要入境渠道，但海运所占比例近年来不断攀升，并逐渐围绕我国东南海域形成了多条海上贩毒路线的交汇地①：如广东海港成为"金三角"地区、"金新月"地区产出的可卡因以及尼日利亚产出的大麻的主要入境口岸；朝鲜制造的冰毒则经由我国山东、浙江、江苏等地港口转运至日本、印尼等区域；另外，相当一部分国际贩毒集团在我国购买制毒原材料如醋酸酐、麻黄碱等化学品，通过我国东南沿海港口报关出海，后转运至其他区域。② 不仅如此，从司法实践近年来所查处的海上贩毒实际案例来看，海运已成为大宗毒品走私贩运的主要方式，单案缴获的毒品数量急剧攀升。比较典型的对比数据是，2005年以前我国实践中破获的海上毒品走私案件所涉毒品数量多为几十公斤左右，之后则迅速攀升至数百公斤甚至上千公斤。③ 例如2006年粤、鲁、港三地警方联合破获的"8·01"特大跨国毒品走私案，共缴获毒品氯胺酮1010公斤，被视为新中国成立以来涉案数量最大的毒品案件，而这一数字嗣后又不断被新查处的毒品案件所"刷新"。④ 随着中国更高层次的对外开放，以及与世界各国海上联系的日益密切，便利的进出境制度可能会进一步"推升"走私类犯罪案件的数量。

总体而言，伴随全球经济贸易一体化态势及我国经济社会的快速发展，未来对海洋领域的拓展无疑占据了更加重要的地位，而与之相伴而生的海上非传统安全犯罪必然如影随形，其对我国经济社会的危害是全方位

---

① 海上走私贩运毒品活动亦成为近年来政府高层所关注之焦点问题，在中国国家禁毒委员会首次发布的《2014年中国毒品形势报告》中，已经出现"海上毒品走私活动明显增多"的表述。

② 张黎. 我国海上贩毒活动现状及打防对策研究 [J]. 中国人民公安大学学报（社会科学版），2012, 28（5）：135.

③ 张黎. 我国海上贩毒活动现状及打防对策研究 [J]. 中国人民公安大学学报（社会科学版），2012, 28（5）：135.

④ 例如，2015年12月广东警方破获的广东通往东南亚的特大海上走私贩毒通道，共缴获冰毒1320公斤，冰毒半成品1210千克；2017年9月，天津警方破获的特大跨国走私、非法买卖制毒物品案，缴获制毒物品原料醋酸酐7000公斤，管制易制毒化学品160余吨。

的，合理应对此类犯罪不仅是我国经济社会发展所必须，亦是对我国所缔结之相关国际性法律文件的遵守。

## 第三节 海上非传统安全犯罪提出之意义

出于地缘以及历史文化原因，我国自古就形成了"重陆权、轻海权"的传统治理思维。基于这种思维惯性，海权维护与陆权相比在过去较长的一段历史时期一直处于关注旁落的尴尬地位。但历史的车轮前进不止，在当今全球化的时代背景之下陆权的维护固然重要，而海洋权利的实现与保障也不容丝毫轻视。早在2000多年前，古罗马哲学家西塞罗就指出，"谁控制了海洋，谁就控制了世界"，围绕海权而展开竞争的这一情形在当今海洋时代的背景之下只会更加现实、激烈。在海洋时代与风险社会的交互作用下，海上非传统安全犯罪问题已经成为当今全球范围内各国需要共同面对的时代难题，如何构建有效的预防、打击海上非传统安全犯罪的刑事制裁路径不仅对于维护我国的海洋权益，实现海洋安全，保障海上经济的发展具有举足轻重的作用，更可通过多学科之研究视角对传统刑法学的更新、完善提供借鉴路径。

### 一、完善涉海法律体系的现实需要

伴随着世界范围内海洋意识的崛起，我国更应积极推进海洋战略的推进与落实，扩宽海洋权益的存在空间，争取海洋经济发展的时代先机，从而保证我国在海洋时代之下拥有充分的主动性、控制性。进入21世纪以来，随着海权意识的觉醒，海洋战略逐步获得最高决策层的认可并形成国家战略，中共十八大报告中亦提出，"发展海洋经济，保护海洋生态环境，坚决维护国家海洋权益，建设海洋强国"。在此背景下，我国海洋经济取得了卓越的成果，海洋经济在国内生产总值中的占比逐年提高。据2017年我国国家海洋局公布的《中国海洋经济统计公报》资料显示，2017年全国海洋生产总值达到 7.8 万亿元，比上年增长 6.9%，海洋生产总值占国内生产总值的 9.5%。[①] 海洋强国战略的实现不仅有赖于海洋思维的转变、海洋资源勘探开发能力的提升、海洋安全保障力量的拓展、海洋生态环境水平的提高，更有赖于海洋法律体系的完善，而这些均是以维护我国的海洋权益为旨归。

我国的海洋权益是指我国海洋权利和海洋利益的总称，海洋权利与海洋利益内容不同且具有不同的承载来源。海洋权利依据我国法律体系中涉及海洋的规定以及我国加入的《联合国海洋法公约》与诸多国际条约依法行使。而海洋利益以海洋权利为载体，包括我国在海洋权利行使过程中所能够获得的诸多具体收益。"海洋利益是指国家在开发、利用和管理海洋过程中所获得的便利和实际好处，是海洋权利的具体体现和实际享有状态。"[②]

以海洋经济的时代转型为现实，面向我国海洋战略的推进落实与海洋权益的保护具有形式与内容的关系：

一方面，海洋战略的实现应以海洋权益的维护作为实质内涵，同时海洋权益的行使也应以海洋战略的推进为实现方式。我国复杂的海域状况加之历史遗留的海域划界问题一直未能得到彻底解决，使得海洋权益维护需要克服诸多困难。海洋权益的国家间冲突使得东南亚海域存在监管真空，为海上非传统安全犯罪的生成提供了土壤，成为严重侵害我国海上权益以及阻碍我国海洋战略顺利布局的现实问题。伴随着美国亚太战略再平衡的推进，我国周边海上局势更为复杂，海洋权益的维护面临诸多挑战。近年来东南亚部分国家无视我国既有海上权利，在域外国家的怂恿之下认为海洋空间属于"大家有份"的无主之地，企图从我国海域攫取利益。此类行为频繁发生对我国海上权利的行使以及海上利益的实现构成了严重的威胁。我国作为亚洲最大的经济体，海洋权利的有效维护与国家经济的平稳持续发展要求我国必须拥有良好的海上环境，而这要求我国必须对危及海上权利的行为进行有效打击。在此意义而言，建设强大的国家海上力量，

---

① 刘超. 去年中国海洋经济统计公报发布 海洋经济稳中向好 [N]. 人民日报，2018-03-02.

② 许维安. 略论维护我国海洋权益的法治建设 [J]. 广东海洋大学学报，2008（5）：7.

形成以海上军事力量为主导，海上警卫力量为辅助，海上民防力量为支援的多元多层海上权利维护主体具有积极意义。与此同时，完善我国的海上权利体系，具体而言就是构建完善的海上非传统安全犯罪的制裁体系。只有将海上军事力量、执法力量、司法力量予以结合贯通形成合力，才能将我国的海洋战略从形式层面转化为现实利益，从而真正构筑起海洋时代的中国海上长城。

　　另一方面，海洋权益的实现应以海洋权利为具体的载体，而海洋权利的具体行使又必须诉诸于我国海洋法律的具体规定以及我国加入国际条约的具体内容。面对我国海洋区位特殊的海域状况以及复杂多变的周边海洋国际局势，我国的海上权利行使面临着海上秩序的维护、海上生态环境维护、海上经济保障等多方面的难题。此种现实在体现我国海洋权益内涵范畴丰富，为我国未来海洋经济发展提供巨大空间与推动引擎的同时，也要求我国在海洋时代之下对于威胁我国海上权利行使与海洋利益实现的海上非传统安全犯罪进行审慎思考与积极面对。而不论海上权利的行使抑或海上权益的实现终究要回归于我国海上法律体系完备构建之上来。在此意义而言，海上法律的完善与否关系到我国海上权利的行使与海上权益的实现，进而影响到海洋时代之下我国海上战略的具体进展。反观我国目前的海洋法律体系仍然存在诸多不完善之处，在一定程度上影响到我国海洋权利的行使。从宏观层面看，我国现有的法律体系仍然以陆法体系为主，海法体系与陆法体系呈现出明显的不对称性，造成我国的法律体系"跛足前行"：有学者对我国涉海法律体系的不足进行了归纳，总结出目前法律体系的缺陷包括诸如宪法对海洋法律关系规定的缺位、海洋基本法缺失导致的海法体系缺乏协调性与系统性、部分重要的海洋法律制定层级过低、调整范围狭窄、现行的涉海法律规定抽象，可操作性不强以及程序立法滞后五个方面。[①] 而从微观层面看，就海上非传统安全犯罪而言，源于我国长期陆权为重，海权为辅的传统思维，涉海类犯罪行为并未能获得立法的应有关注。海上非传统安全犯罪作为海洋时代与风险社会之下的新型犯罪样

---

① 汤喆峰，司玉琢. 论中国海法体系及其建构 [J]. 中国海商法研究，2013, 24（3）：6.

态，其危害内容、归责必要性以及相应的归责模式都欠缺全面的考量。这造成我国海上犯罪罪状体系无法实现体系协调，以及海上犯罪特征忽视造成归责困境。如我国许多附属刑法中都有涉海犯罪的规定，并以刑法相关规定处罚，但究竟以刑法的何种具体罪名进行认定存在困惑。如海盗犯罪源于罪名的缺失，在我国只能有赖于故意杀人罪、故意伤害罪、抢劫罪、绑架罪、非法拘禁罪等罪名进行分解判断。这无疑稀释了海盗犯罪的真实法益类型，造成此类犯罪行为在追责过程中的司法障碍。更为关键的是，海上非传统安全犯罪的国际性属性要求国内法与国际条约直接相协调，但目前存在海上犯罪的国际条约与国内法之间的接轨错位。我国目前加入的国际条约为数众多，这些条约中不乏对危害海上公共安全的海上非传统安全犯罪行为的具体规定，但是我国虽然作为上述条约的缔约国，但还存在相当数量的国际性犯罪在国内法中规定模糊或无规定的情形。这种国内法与国际法对接的失准造成执法机关面对此类严重侵害我国海洋权益的犯罪行为无法进行准确的刑事罪责，从而导致我国海上权益保护真空地带的产生。不仅如此，在国际条约中对诸多国际罪行赋予缔约国普遍管辖权是一种常见做法，"普遍管辖原则的基础是为了保护国际社会的整体利益或者共同利益"①。而我国国内法对此类罪名的缺失在一定程度上阻碍了我国对此类犯罪行为本应具有的普遍管辖权的行使。这在某种程度上也解释了为何我国虽然自2008年就派遣海军前往东非索马里海域进行海盗护航②，但时至今日仍未进行一例海盗犯罪案件审判的现象。与此同时，部分涉海犯罪的特殊性并未在刑法中得到体现，如我国并没有对海上环境污染予以对应规定，而借助污染环境罪对包括陆地、水体、空气等诸多领域之内的环境污染行为一体规定的做法无疑不利于海上环境污染犯罪行为刑事责任的准确判定。综言之，"海上犯罪在犯罪主体、客体、对象、手段、时间和空间以及犯罪后果等方面，均与陆上犯罪存在明显差异"③，因此，完善我

---

① 倪征燠.国际法中的司法管辖问题[M].北京：世界知识出版社，1985：15.

② 学理上更是有学者指出，如果中国在上述护航行动中抓获海盗，也将面临难以审判的尴尬。（马呈元.论中国刑法中的普遍管辖权[J].政法论坛，2013，31（3）：88.）

③ 许维安.海洋发展战略背景下我国海洋刑事立法若干理论问题探讨[J].北方法学，2016，10（6）：97.

国海上非传统安全犯罪体系必须注重对此类犯罪的特殊性予以充分把握，从而构建与其行为样态、现实危害相契合的罪责体系。

总体来看，在海洋时代的现实背景之下，我国从海洋大国向海洋强国的转化是历史所向、时代所驱。这一转换不仅要求国家海上力量的构建，也涉及海上战略的布局与海上法律规制体系的完善。海上非传统安全犯罪作为海洋时代与风险社会的"副产品"，其对我国海上战略的推进、海洋权利的行使与维护都构成了严重的威胁。海上非传统安全犯罪的有效化解关系到未来我国的海上经济发展与安全。因此通过海上执法力量对其予以强力打击责无旁贷，而通过构建完善的海上非传统安全犯罪刑事法律体系，实现对其事前预防与事后追责的有据可循更应是一种长远有效之策。

## 二、海洋时代面向下刑事政策适时更新的需要

法律文化的孕育形成必然同特定地域内一定历史时期中的社会文化有着千丝万缕的联系。回视人类文明的演进历程，大陆文明一直占据着人类社会的中心，不论是西亚两河流域的城邦文明、尼罗河冲积平原的古埃及文明、恒河流域的印度文明，还是发端于黄河流域的中华文明。这些大陆文明的兴衰历程并未和海洋建立诸多关联，传统陆域文明的统治地位必然要求法律规制对象以陆域为中心。而随着航海技术的进步以及由此带来的财富流动进一步推动了海洋经济的发展，使海洋文化被逐渐纳入主流文明范畴之中。因此可以说，人类文明的进化史可以浓缩概括为从陆域文明一家独大到海域文明与其平分秋色的变迁历程。将目光转归现代，海洋时代的到来、海洋经济的时代转型完全依赖海洋空间的有效利用。而海洋空间又内含丰富的生物资源、隐形的交通资源以及关涉国家主权安危的战略通航资源。海洋资源的获取与维护对任何一个濒海国家来说都是关系国家主权安危、经济发展布局的首要考察事项，而其完全区别于传统的陆域安全问题。因此应将对海洋安全构成威胁的部分行为均纳入海上非传统安全犯罪的考察视阈，研究构建区别于陆域犯罪的犯罪应对策略与安全维护机制。回归刑法智识本身，刑法罪状体系的构建与完善固然有其严密的逻辑

体系，但并非一个封闭的"逻辑王国"从而能够"与世隔绝"。刑法体系的变动以立法活动为载体，而立法活动又为刑事政策所不断渗透与推动，因此刑事法立法活动是勾连刑法教义学与刑事政策学之间鸿沟的桥梁。在海洋权利意识全球觉醒的影响之下，如何构建对于本国有益、有效的海洋权益维护刑事政策愈加受到关注，同时以传统陆域犯罪为考察中心的刑事政策内容向海洋空间的适度倾斜也就成为必然的结果。具体而言即是，基于海洋秩序安全、海洋环境安全、海洋资源安全、海洋经济安全、海洋通行安全等海洋安全项目的考量，濒海国家对于海洋安全维护的现实诉求在其刑事政策之中得到显现。

21世纪是海洋世纪，伴随海洋意识在全球范围内的兴起与传播，海洋权益的维护势必成为濒海国家需要长远考虑的问题。而面对当今海上非传统安全犯罪行为对海洋权益、海上秩序的破坏，以陆地犯罪为主要规制对象的传统刑事制裁体系就应进行对象的更新与扩容。而产生这一变革的动因就必然要求各国的刑事政策做出因时而动的策略调整，及时将海上安全的维护作为考察目标纳入刑事政策的思考范围。通过对给海洋权益、海洋资源、海上秩序造成损害、形成威胁的具体行为样态进行细致考量，总结归纳具体犯罪类型的特征与形成原因，从而内化形成为具体的海上犯罪刑事政策，并在其推动之下进行海上非传统安全犯罪刑事制裁体系的建构。建立以海洋权益、海洋资源、海洋生态、海上秩序为具体保护对象的，体系化、规范化、类型化的海上非传统安全犯罪入罪路径。通过构建层次分明、体系完善的海上非传统安全犯罪的罪状体系，对危害海上非传统安全的犯罪行为进行入罪处理，密织海洋法益保护法网的同时实现海洋权益的周延维护。"刑事政策在宏观上表现为一种抽象的思想观念、原则策略，在微观上表现为一种具体的司法规范方式、操作技术，所以它不仅是现代刑事立法和司法活动的风向标，还是现代刑事立法和司法活动的重要依据之一。"[①] 由此可知，刑事政策并不是空洞的抽象原则，相反，对立法与司法活动具有重要的指导意义，在海上非传统安全问题的时代特殊性与风险

---

① 孟昭武，张仁秀. 论我国刑事政策的未来走向 [J]. 法治研究，2011（5）：38.

社会的现实镜像下，海上非传统安全问题犯罪化的技术控制手段必然需要寻求新的建构路径。

如前文所述，非传统安全风险与风险社会具有内在的同质性，与之对应、包含海上非传统安全犯罪在内的整个非传统安全犯罪范畴自然与风险刑法观具有内在关联。风险社会的到来使得潜在风险不断泛化，而风险向实害结果的转化通常会引发巨大的侵害结果。作为刑法教义学对风险社会的理论回应、风险刑法观所倡导的前置刑法防线，扩大刑法规制范围的要求就成为其应有内涵。鉴于海上非传统安全犯罪侵害结果的蔓延泛化特性，为避免此种犯罪实害结果的扩张对海上秩序、海运航行、海洋生态带来侵害，风险刑法观所倡导的刑法制裁策略也就应该一体适用于海上非传统安全问题的解决。因此海上非传统安全犯罪的入罪路径建构应选用具有犯罪圈延展属性的立法模式，诸如预备行为实行化、参与行为共犯化、抽象危险犯的构罪模式，同时对于隐含严重危害结果的抽象危险行为可以考虑适用严格责任作为主观责任原则在风险社会之下的例外存在。[①] 预备行为实行化、共犯行为正犯化、抽象危险犯构罪模式的共同特点是扩大了刑法的规制范围，通过刑法介入触角的前伸增强刑法的预防功能，以期提前抑制危险向实害结果的转化，为法益保护提供更加充足安全的存在空间。当然，必须引起重视的是，上述立法模式可能导致刑法保护法益的稀薄化，前置的刑法处罚界限也可能过度挤压行为自由的活动空间从而导致国民行为萎缩的不适结果。但风险社会的到来要求我们必须在法益保护与人权保障之间做出一定的价值权衡。而且二者之间并非只存在张力，还存在自由保护的共同目标。因此运用预备行为实行化、参与行为正犯化、抽象危险犯立法模式具有风险社会之下非传统安全犯罪刑事应对的现实意义，而更具现实意义在于，思考如何发挥上述立法模式优越性的同时妥适降低其固有的制度缺陷。通过立法模式的合理适用有效化解风险社会之下非传统安全犯罪对法益保护产生的新型问题，限定合理的处罚界限。

---

① 尽管目前国际条约中所设置的国际罪行尚未见到严格责任的相关表述，但不排除未来国际社会在达成共识的前提下在相应国际性法律文件中进行规定。

### 三、海上非传统安全犯罪法益内核的扩张需要

"法益是在以个人及其自由发展为目标进行建设的社会整体制度范围之内，有益于个人及其自由发展的，或者是有益于这个制度本身功能的一种现实或者目标设定。"① 与之对应，法益保护作为刑法的目的成为刑法教义学中的共识，此种思维反映在立法活动中即是法益对犯罪圈扩张抑或缩限的指导与批判机能。能否将某类行为规范化为一项具体的犯罪首先必须解明设置此类犯罪所需保护的法益的实在性与合理性。海上非传统安全犯罪的入罪考量也必须从法益概念出发寻求构罪的实质合理根基，而这必须结合海上非传统安全犯罪产生的现实背景与此类犯罪的罪行样态加以考察。如前文所述，非传统安全犯罪与风险社会的内在关联决定了海上非传统安全犯罪行为存在的实质合理根基就源于风险社会之下部分传统法益类型的更新扩容，这使得以原有法益类型作为保护模型的传统刑法出现规制脱靶现象，导致海上非传统安全犯罪刑事规制的疲软。因此，破解海上非传统安全犯罪制裁困局的有效路径应首先厘清海上非传统安全犯罪新型法益的范畴，为海上非传统安全犯罪罪状体系的构建形成提供实质的合理根基。唯有如此，才能廓清此类犯罪的外围界限，保障刑法打击目标的精确化，缝合海上非传统安全犯罪规制欲求与处罚疏漏之间的缝隙。通过对风险社会的法教义学解析以及对海上非传统安全问题内核的限定，海上非传统安全犯罪的法益范畴在两个层面发生变动：

一方面，部分海上非传统安全犯罪由于存在样态的变化导致其所侵害的法益类型发生变化。风险社会之下部分原有海上犯罪行为所侵害的法益样态发生更新从而形成新的法益类型，虽然此类法益从传统法益基础之上脱胎生成，但在经历风险社会的现实再塑后已经具有了完全异于传统法益的本质与样态。这使得以原有法益类型作为保护目标的传统刑法罪状模式无法有效应对，海盗犯罪即是典型。海盗犯罪自古有之，部分国家的海盗史甚至超过海军的成立时长，而其侵财性亦在传统视阈下被视为一种当然，但于风险社会之下的海盗犯罪已蜕变为新型犯罪，成为风险社会之下

---

① 克劳斯·罗克辛.德国刑法学总论：第1卷[M].王世洲，译.北京：法律出版社，2005：15.

海上非传统安全犯罪亟待破解的现实难题。伴随着冷战结束后国际秩序趋于平和，区域贸易与国际贸易的一体化进程获得空前发展，以海上航运安全为侵害对象的海盗犯罪也悄然兴起。但在风险社会之下，全球贸易一体化进程中的海盗行为较之传统海盗行为发生了异化。此一异化体现为现代海盗区别于传统海盗，其犯罪主体规模、团伙分工协作、武器装备质量都发生了改变，这使得单次海盗活动的成功概率大幅升高。单次海盗犯罪行为的危害结果通过贸易体系的联系被放大，给作为直接受害者的远洋船员、船舶公司、贸易双方，以及作为潜在受害者的关联经济受益人都带来了巨大的损害。不仅如此，当下海盗犯罪的上述变化，使得传统海盗单纯侵犯人身法益、财产法益的情形无法用来合理评价现在的海盗犯罪，无论从当今的相关国际条约、公约以及各国的刑事立法规定来看，海盗犯罪都已经被视为危及海上航行安全等类似危害"公共安全"类的犯罪。显然，海上非传统安全犯罪中的部分犯罪行为虽然与传统犯罪中的部分犯罪行为样本存在关联，但在风险社会之下，部分传统海上犯罪行为已经异化变形并呈现出完全不同的犯罪性质，从而形成新型法益侵害。海盗犯罪只是这一异化类型中的一个样本。与之类似的还有海上贩运毒品行为，海上贩卖人口行为。不可否认，上述行为均演化于传统犯罪中的一些原始罪行，但在风险社会的形塑之下此类原始犯罪行为已经异化成为新型犯罪，为了更为有效地实现刑法的法益保护机能，国际社会必须对此类犯罪行为予以充分的刑事立法关照。通过对此类行为进行实证解析，并于教义学视阈下进行入罪路径的构造，织密海上非传统安全犯罪的刑事制裁法网。

另一方面，部分海上非传统安全犯罪也衍生了新的法益类型。风险社会的现实影响使潜在风险泛化的可能性大大增加，通过对风险社会现实特征的梳理可以发现，风险社会中的危险行为与风险社会相伴而生，此类危险行为在风险社会到来之前要么尚未出现，要么虽有类似危险行为但并不会造成巨大危害结果。新型危险行为的出现有别于前风险社会中危险行为在风险社会中的延续与变种，因此并不是传统危险行为或实害行为在风险社会之下获得了新的行为特征。事物特征的发现与归纳会源于观察角度的不同而有不同的结论，但就特征类型所形成的结论不同并不会影响事物本质的一致性。反观部分风险社会中的海上非传统安全犯罪行为虽然可在前风险社会之下存在与其特征类似的犯罪样态，但二者是性质完全不同的两类犯罪行为。风险社会的到来使得新型危险行为泛化增加，而非对前风险社会中部分危险的简单包装。因此，作为此类危险行为威胁对象的法益类型就是一种新型法益。对于传统安全问题射程范围之内的法益侵害或危险行为，刑法教义学抑或形势政策学均形成了较为成熟的应对机制，而作为此类新型危险行为所威胁的法益，抑或此类危险行为异化为侵害行为后对关联法益产生的实害结果，尚未得到传统刑事制裁体系的细致考量。风险社会之下的海上非传统安全犯罪中多数犯罪行为即属于新型危险行为抑或侵害行为，为有效应对此类犯罪行为的出现与刑事规制的迫切需要，就必须通过对行为的侵害法益予以明确，并在此基础上完成入罪路径合理建构。此类犯罪的典型体现是危及大陆架固定平台安全罪。在人类大规模开发利用海洋之前，大陆架的概念尚未形成，自20世纪中期起，对大陆架自然资源进行勘探、开发形成了一股热潮，而通过人工岛屿、固定设施进行大陆架自然资源开发就成为必然，大陆架固定平台由此形成。随之而来的便是破坏大陆架固定平台的犯罪行为时有发生，按照《制止危及大陆架固定平台安全非法行为议定书》之规定，此种犯罪行为可能表现为以武力威胁控制固定平台、毁坏固定平台及对固定平台的人员实施暴力伤害或者杀害的行为。很显然，如果仅将上述行为作为侵害人身法益、财产法益的犯罪对待，则对此种犯罪行为的评价并不全面，亦未充分认识到此种犯罪行为的危害性，更无法解释为何国际社会将其作为国际犯罪对待的共识，也因此，将此种犯罪理解为破坏航海及公海秩序的行为成为当下学理上的通行解读。[①] 与之类似的是海上恐怖主义犯罪，细究起来，此类犯罪虽然与陆上恐怖主义犯罪均属同类犯罪，其生成机制留存了陆地传统恐怖主义犯罪的部分因素。同时海上恐怖主义犯罪脱胎于陆上恐怖主义犯罪，因此二者存在部分相似的社会、历史的原因，"从全球已经发生的恐怖主义犯罪来看，民族的、宗教的因素还是最主要的因素之一"。[②] 但不可否认的

---

① 赵秉志.新编国际刑法学[M].北京：中国人民大学出版社，2004：263.
② 童伟华.海上恐怖主义犯罪及海盗犯罪的刑事规制[M].北京：法律出版社，2013：31.

是，源于风险社会的现实情境与海上空间的犯罪场域又使得海上恐怖主义犯罪与陆地恐怖主义犯罪存在巨大差别。第一，随着陆上恐怖主义犯罪行为的危害为各国所认知，世界范围内联合反恐行动逐渐成熟并对恐怖主义犯罪形成了沉重的打击。这也使得陆上恐怖主义的生存空间受到极大压缩而被迫向海上迁徙。然而海上恐怖主义的应对环境与陆地相比较为缓和，目前世界各国还未能形成有效的海上恐怖主义犯罪的打击机制。第二，部分恐怖主义组织基于海上船舶、港口易于侵害，影响范围广等特点，逐渐将港口、海上船只、海上平台、海底电缆列入攻击目标。目前海上航运担负了全球贸易总量的绝大比重，船只与港口的建设均围绕海运产业的便捷高效目标展开。从世界范围内来看，大型港口与海上货轮应对突发恐怖活动袭击的防御设施都较为薄弱，单次海上恐怖主义犯罪的影响力比陆上恐怖主义犯罪影响力更大。在上述原因的交合作用之下，日益增多的海上恐怖主义犯罪对海上秩序的维护造成了巨大的冲击与破坏，这一新法益的形成显然是陆上恐怖主义犯罪所不具备的。

　　总之，风险社会之下新增的海上非传统安全法益类型与固有法益类型异化形成的新型法益，二者合并构成了海上非传统安全犯罪保护法益的核心范畴，通过对此类犯罪的研究不仅有助于对此类犯罪进行有效的刑法规制，更可丰富传统刑法教义学之体系。

# 第三章 海上非传统安全犯罪的国际性与区际性实体规范

海上非传统安全犯罪危害的延展性使得如何预防和惩治海上非传统犯罪已成为世界各国面临的共同性难题,而侵犯国际社会共同利益的特征亦从根本上说明构建完善的海上非传统犯罪国际法规范体系是打击海上非传统犯罪的前提。故此,本部分拟以现存涉及海上非传统安全犯罪的国际条约作为研究靶向,廓清条约中存在的问题,从而为下一部分与国内法的衔接奠定基础。①

## 第一节 从《联合国海洋法公约》到《SUA 公约》:危害海上航行安全犯罪的国际立法变迁

危害海上航行安全罪是海上非传统安全犯罪的一类典型犯罪形态,其范围不仅囊括了历史最为久远、特征最为典型的海盗罪,亦包含现代意义上的海上恐怖主义犯罪、暴力劫船等危及海上航行安全的犯罪行为,正如学者所言,"危害海上航行安全犯罪,几乎与航海的历史同源并同步发展,最初只是海盗,到现代又出现了攻击船体和船上人员、破坏导航设备等危

---

① 如前文所述,笔者将海上非传统安全犯罪界分为典型与不典型两大类,限于本书篇幅同时为避免论题失焦,本部分重点选取典型的海上非传统安全犯罪为逻辑切入点,梳理相关之国际与区际性实体规范。

害航海安全的恐怖主义行为"。<sup>①</sup>与之对应，以《联合国海洋法公约》与《SUA公约》为代表，惩治此类犯罪的国际公约亦呈现出从单一的规制海盗罪到以整体的危及海上航行安全的犯罪为对象的立法变迁。

## 一、《联合国海洋法公约》<sup>②</sup>框架下海盗罪的国际法规制

海盗犯罪可谓历史最为悠久的国际犯罪，相较于其他海上国际犯罪而言，海盗罪与海上交通及海洋贸易的发展相伴而生，其危害性亦广为人知。尽管"海盗是人类社会的公敌，对这种人任何国家都有权出于全人类的利益而予以逮捕和惩罚"<sup>③</sup>的观念，早在17世纪的国际法学界便成为一种共识，但遗憾的是，对于这种危害范围甚广、危害后果甚巨的国际犯罪在20世纪之前尚未形成相应的国际法规范。在航海时代早期，一些海洋强国如荷兰、英国、法国等国家甚至允许经授权的私人船只进行海上掠夺财物的行为，彼时，海盗行为以一种合法的形式出现，直至1856年《巴黎海战宣言》才将"私掠船制度"予以废除。<sup>④</sup>宏观上来看，20世纪之前，对海盗行为的惩治仍停留在习惯法范畴，缺乏真正意义上的国际公约，直至《尼翁协定》《公海公约》与《联合国海洋法公约》的出现才终结了此种局面。

（一）《尼翁协定》——前海洋法公约时代海盗罪的规制

《尼翁协定》被视为世界上最早的关于海盗犯罪的刑事立法，此协定的出台与1936年西班牙内战爆发有直接关联。在西班牙内战期间，连续发生苏英等国商船在地中海遭遇潜艇攻击的事件，为保护不属于西班牙内战参战国的船只免遭地中海水域潜艇的袭击，1937年9月14日，英、美、法等九国在瑞士尼翁签订了第一个专门规制海盗犯罪的法律性文件——《尼翁协定》。协定要求西班牙内战参战国在交战时不得威胁到缔约国商船

① 赵秉志，赫兴旺.略论危害海上航行安全犯罪的惩治与防范 [J].中外法学，1993（6）：39.

② 基于行文表述的便利，以下简称海洋法公约。

③ 刘楠来.国际海洋法 [M].北京：海洋出版社，1986：270.

④ 陈荔彤.论万国公罪海盗罪之修法研议 [J].台湾海洋法学报，2005，4（1）：31.

的航行安全，各缔约国亦可采取行动对商船给予保护，必要时可视情况下摧毁潜艇。①《尼翁协定》第一次以国际条约的形式对海盗行为进行了规定，按照此协定，任何潜艇违反 1930 年在伦敦签署生效的《限制和裁减海军军备国际条约》之第四部分的规定，也就是"除经适当召唤而仍坚持拒绝停驶或积极抗拒临检搜索外，军舰无论为水面船舶或潜水艇，不得在预先安置旅客、船员和船舶文书于安全地方以前击沉商船或使其不能航行"的规定即构成海盗行为。在此基础上，各协议签订国建立了加强打击海盗犯罪的合作机制，各协定国在各自的领水内保护商船安全，公海领域由英法舰队分区负责。英法舰队可在缔约国领水水域采取行动和使用指定港口。为便于发挥合作机制的效用，该公约对潜艇在地中海海域活动做出了严格的限制。②《尼翁协定》生效后，为进一步扩大适用范围，各签署国同年订立了《尼翁补充协定》，将反击潜艇海盗行为的条款一并适用于水面舰艇和航空器。③

《尼翁协定》及《尼翁补充协定》终结了之前海盗罪单纯依赖习惯法调整的局面，开创了规制海上国际犯罪的新纪元，但是，由于该协定的历史背景所限，其立法初衷仅在于保护中立国商船的运输安全，故其设定的海盗行为与习惯法中的海盗行为内涵相去甚远。《尼翁协定》其实是将执行军事或者政府机关任务的船舶、航空器实施了的海上掠夺行为规定为海盗行为，即"国家海盗行为"，这种主体上的扩张，并未得到国际刑法学界的支持，亦为后来的国际条约所否认。相应的，《尼翁协定》的设置目的在于通过单一的军舰打击行为来遏制海盗犯罪，故其规定，条约缔约国应使用本国海军力量对商船安全予以维护，借助海军力量固然可以提供打击海盗的武力保障，但单一的海军力量显然无法应对不断涌现的新型海盗犯罪，说明对打击海盗的国际合作机制尚未形成。

---

① 王秋玲 . 国际公约中海盗罪的修改和完善 [J]. 中国海商法年刊，2008，18：376.

② 《尼翁协定》规定："除在指定区域演习和事前通知其他参加国外，任何参加国的潜艇均不得在地中海活动；除紧急避难或预先通知外，各参加国也不准任何外国潜艇出现在各自的领水内。"

③ 高翠 . 英国与尼翁会议 [J]. 首都师范大学学报（社会科学版），2002（5）：21.

（二）《公海公约》与《海洋法公约》下的海盗罪规制

1958年《公海公约》与1982年《联合国海洋法公约》在当下国际实践中，构成了惩治海盗犯罪最重要的国际法律文件，与《尼翁协定》和《尼翁补充协定》相比，两者对海盗罪的规定更为系统、具体，也更具操作性。

1. 1958年《公海公约》

为编撰有关公海的国际法规则，第一次联合国海洋法会议于1958年在日内瓦召开，并于当年4月27日签署《公海公约》，该公约首次对公海自由原则、船旗国管辖、勘探开发海洋资源等问题进行了系统性规定，其中，关于海盗罪的规制尤为引人注目，涉及海盗之概念、海盗船舶航空器之国籍归属、海盗罪受害者之保护、海盗执法主体的赔偿责任等几个方面，此处对海盗罪实体要件分析如下。

首先，《公海公约》第15条将海盗行为定义如下。（1）私有船舶或私有航空器之船员，机组成员或乘客为私人目的，对下列之人或物实施任何方法之强暴行为、扣留行为或任何劫掠行为：（a）公海上对另一船舶或航空器，或其上之人或财物；（b）不属于任何国家管辖之处所内之船舶，或其上之人或财物。（2）明知使船舶或航空器成为海盗船舶或航空器之事实而自愿参加其活动。（3）教唆或故意便利本条第一款或第二款所称之行为。由此观之，原则上该公约将执行军队或者政府职务的船舶或者航空器排除出海盗犯罪圈，但通过第16条、17条两个条款设置了例外情况。[①] 其次，公约对海盗犯罪船舶、航空器的国籍归属做出了规定。根据该公约第18条之规定，船舶或航空器虽已成为海盗船舶或航空器，仍得保有其国籍。国籍之保有或丧失，依给予国家之法律定之。因此，实施海盗犯罪的船舶或者航空器并不必然丧失国籍，具体国籍由国内法规定。可以说，《公海公约》的这一规定在当时打破了将海盗视为逐出法外之人，视为人类公敌的国际惯例。再次，公约还对海盗犯罪的受害者保护做出了规定，该公约

---

[①] 《公海公约》第16条：军舰、政府船舶或政府航空器之船员或机组成员叛变并控制船舶或航空器从事第十五条所称之海盗行为者，此等行为视同私有船舶所实施之行为。第17条：船舶或航空器，其居于主要控制地位之人意图用以实施第十五条所称行为之一者，视为海盗船舶或航空器。凡经用以实施此项行为之船舶或航空器，仍在此行为之人控制之下者，亦同。

第19条规定，各国得在公海上或不属任何国家管辖之其他处所逮捕海盗船舶或航空器，或以海盗行为劫取并受海盗控制之船舶，逮捕其人员并扣押其财物。逮捕国之法院得判决应处之刑罚，并得判定船舶、航空器或财物之处置，但须尊重善意第三人之权利。因此，被害人财产权利的归属并不因为海盗的掠夺行为而改变，亦不受善意第三人的限制。扣押国无权没收上述财产或做其他处置，必须将其归还财产的合法所有人。可以说，对海盗犯罪涉案财产的上述规定不仅提高了被害人的权益保护力度，而且切断了海盗犯罪涉案财产的销赃市场，有利于挤压海盗犯罪的存在空间。①最后，公约将执法主体的违法职务行为及后果归责于该国家，按照公约第20条之规定，逮捕涉有海盗行为嫌疑之船舶或航空器如无充分理由，对于因逮捕而发生之任何损失或损害，逮捕国应向船舶或航空器之隶籍国负赔偿之责。此一规定，增加了海盗犯罪执法主体在打击海盗的同时不当侵害合法主体利益的赔偿渠道，有利于海上航行主体权益的全面维护。

2.1982年《联合国海洋法公约》

伴随着二战后海洋经济的迅速发展，国际社会越来越需要一部全面、系统的国际条约来为海洋权益的维护以及解决纷争提供具体指引。在此背景下联合国经过15次会议的讨论终于在1982年通过了《联合国海洋法公约》，我国亦于1996年5月15日正式加入该公约②。因为首次对各海域法律制度进行了系统、完善的规定，该公约获得了"海洋法宪章"的美誉，相比于之前的《公海公约》，对海盗犯罪的内涵和外延做出了更加完整的界定。同时该公约在尊重过往条约中涉及海盗犯罪惩治之规的同时做出符合适时修正，形成了较为完善的海盗犯罪刑事责任的追责规定。

根据《联合国海洋法公约》第101条第1款规定：私人船舶或私人飞机的船员、机组成员或乘客为私人目的，对下列对象所从事的任何非法的暴力或扣留行为，或任何掠夺行为：包括在公海上对另一船舶或飞机，或

① 吴慧.打击海盗行为的国际法规范 [J]. 人民公安，2000（12）：13.

② 第八届全国人民代表大会常务委员会第十九次会议决定批准中国加入《联合国海洋法公约》，同时提出了200海里的专属经济区及大陆架的主权权利和管辖权。因此，中国加入《公约》可以说是附条件加入。

对另一船舶或飞机上的人或财物和在任何国家管辖范围以外的地方对船舶、飞机、人或财物。根据公约的上述规定，可将海盗罪构成要件分解如下：

其一，客观要件。在客观行为方面，海盗犯罪行为被规定为一艘船舶或者航空器对另一艘船舶或航空器及其成员或乘客非法实施搜查、扣押及掠夺行为。这里的非法要素要求该行为不符合国际法的规定，未得到国家及法律的授权，而搜查、扣押或掠夺表明了行为一般要具有暴力性。依据公约的规定，海盗的行为对象必须是另一船舶或者航空器，即海盗罪的成立必须存在实施掠夺行为的船舶或者飞机以及被侵害的船舶和飞机。换言之，在同一船舶或者航空器上实施的暴力抢掠行为并不属于海盗。除上述实行行为之外，公约还规定了诸如"明知船舶或飞机成为海盗船舶或飞机的事实，而自愿参加其活动"（第101条第2款）及"教唆或故意便利"（第101条第3款）海盗的共犯行为。除客观行为的规定之外，公约还对海盗罪客观行为或者结果的发生地点做出了限制，即必须在公海或者任何国家管辖范围外（无管区）。如果海盗行为或者结果发生在一国管辖水域范围之内，则只能由该国政府管辖而不适用该公约。很显然，此项规定从空间上限定了海盗罪的范畴，同时亦属于国际法对公海自由原则的例外。公海自由原则要求在公海上的船舶或航空器由其所属国排他管辖，如果将此项原则贯彻到底，则无法有效打击海盗犯罪。出于保护海上航行安全的目的，《联合国海洋法公约》设置了公海自由原则的例外性规定，使各缔约国可在公海上对实施海盗犯罪的船舶或者航空器实施扣押逮捕。因此，海盗行为必须发生在公海上或无管区，即任何国家管辖范围以外或者两个以上国家的海域上。按照国际法惯例，专属经济区、领海或内水或群岛国的群岛水域内的全部海域不属于公海则属于该国国内法管辖的问题，而不构成海洋公约意义上的海盗罪。

其二，主体要件。海盗罪的犯罪主体包括私人船舶或飞机上的船员、机组成员以及乘客，故军队及政府使用的船舶及航空器不属于私人船舶，因而不纳入海盗犯罪的范畴。但同时公约第102条设置了例外规定，即军舰、政府船舶或政府飞机由于其船员或机组成员发生叛变并控制该船舶或飞机而从事海盗行为，视同私人船舶或飞机所从事的行为。就海盗罪的行为主体而言，在学界及实务界产生争议的是叛乱团体是否可以作为此罪的主体。有观点认为叛乱团体可以实施上述行为进而破坏海上秩序，完全可以成为海盗罪的主体。①笔者认为，叛乱团体可能会成为合法政权，如果一味认定为海盗犯罪可能会引发过分干涉他国内政事件。鉴于此，如果叛乱团体成为合法政府，应该视为国家船舶或飞机实施的暴力行为，进而由该国家承担责任。

其三，主观要件。很显然，构成海盗罪主观上要求行为人必须是故意，即行为主体必须明知自己正在对另一船舶或飞机实施掠夺行为并对该行为采取希望或放任的态度。鉴于此，海盗犯罪必须是自愿加入，如果是被迫加入则不属于规制范畴。当然，行为人刚开始被迫加入海盗组织，后面积极参与实施海盗犯罪行为的，其行为属于海盗犯罪。除此之外，上述公约对海盗犯罪的成立还要求犯罪人"以私人目的"实施客观海盗行为，意在将基于"政治目的"实施的同种类行为排除在海盗罪之外，后者一般被视为海上恐怖主义犯罪，而与海盗罪有别。显然，公约对海盗罪主观目的的限定仍是对传统海盗罪"获取财物"目的取向的典型立法反映。②

（三）海洋法公约规制海盗罪的局限性

尽管《联合国海洋法公约》对海盗犯罪的内涵和外延做出了较为详细的规定，在《公海公约》构建的海盗犯罪刑事责任体系基础上进行了完善，为各国打击海盗犯罪提供了法律上的依据。在现今国际社会缺乏一部专门的规制海盗犯罪的刑事法典或单行立法，而《尼翁协定》囿于当时的时代背景在打击海盗犯罪上难以提供有效的刑事制规范指引的背景下，上述公约的存在就成为制裁海盗犯罪最为权威的国际法律文件。但海洋法公约对海盗罪的构成要件设定在诸多方面仍有不足：

首先，海盗罪主观目的的限定不利于海盗罪的打击。无论是《公海公约》还是《联合国海洋法公约》，在规定海盗罪构成要件上都设置了"私

---

① 张湘兰.南海打击海盗的国际合作法律机制研究[J].法学论坛，2010，25（5）：11.

② 此外，《联合国海洋法公约》还就海盗犯罪的船舶或航空器的国籍、被害人的保护、无充足理由扣押船舶或航空的责任做出了与《公海公约》相一致的规定。参见《联合国海洋法公约》第104~106条。

人目的"要素，要求实施海盗行为的犯罪人必须主观具有私人目的，否则不属于海盗行为。此一限制性规定广受诟病。一方面，由于上述公约皆未对"私人目的"做出解读，故而在学界存在争议，以此形成了狭义和广义两种观点的聚诉。前者将私人目的缩限为主观上存在掠夺财物或劫持人质勒索赎金的意图，此种解读必然将一些夹杂着公共目的的破坏海上秩序的行为排除出海盗犯罪的犯罪圈；后者则主张私人目的不只是包括勒索财物，还包括造成公共恐慌或者打击第三方的目的。① 笔者认为，"私人目的"要素的设置主要是为了将基于"政治目的"实施的危及海上航行安全的行为类型排除在犯罪圈之外。但对于造成社会恐慌等"社会公共目的"是否必然被排除在外，值得深究。虽然实施海盗行为的目的在于勒索赎金等私人目的，但不排除对方以利用绑架国民来达到对抗、打击政府、制造公众恐慌的目的去实施海盗行为。例如，索马里叛军参与海盗的武装程度极高，甚至会对行进在他们"领土"上的船只开火攻击，在劫持船只的同时提出政治要求。在处罚的必要性层面，完全可以将"社会公共目的"纳入海盗犯罪的范畴，从而打击此类犯罪。但从规范层面，是否可以将"私人目的"解读为行为人以达到个人目的的要求而实施危及海上航行安全的行为，如果可以做出此种解读便可将以实现社会公共目的的个人要求行为纳入海盗犯罪的范畴。另一方面，从公约的立法本意来看，"私人目的"的设置表明了行为人主要是根据勒索财物的目的去实施海盗犯罪行为，即使是行为人在实施对船员的绑架行为时存在扣押人质的目的，但海盗最终的目的是勒索财物或者实现获取其他个人利益的目的。而行为人以造成社会公众恐慌、打击政府的目的去实施危及海上航行安全的行为完全不符合"私人目的"的要求。以抢劫财物等私人目的为目标可以说是传统海盗罪的典型体现，但现代海盗早已突破了这一界限，他们在抢劫财物的同时出于政治或者军事目的的情形并不鲜见，但按照海洋法公约的规定，此类行为论以海盗罪存在障碍。因此不得不说，公约在海盗罪的构成要件层面添加"私人目的"要素不当缩限了此罪的犯罪圈，不利于有效防止和惩治海

---

① 张湘兰 . 南海打击海盗的国际合作法律机制研究 [J]. 法学论坛，2010，25（5）：12.

盗犯罪。

其次，将海盗罪局限于公海或无管区会放纵海盗行为。海洋法公约明确规定，海盗行为必须发生在公海上或无管区，即任何国家管辖范围以外或者两个以上国家的海域上，在此范围外的同类行为将无法构成海盗罪。这样的规定显然与当下海盗犯罪的实然状态存在不协调，事实上，活动范围广正是现代海盗的典型特征，有学者统计，"目前70%~80%的海盗行为发生于一国领海之内"，[①]而将军舰、码头、港口、旅游区乃至居民聚集区作为袭击目标亦可以说是当代海盗的常态。发生在这些地域的海盗行为与发生在公海或无管区海域的海盗行为并无本质区别，将这些行为一概排除在海盗犯罪之外，不仅无法应对当代海盗犯罪的实然状态，亦会放纵海盗罪，如在一国领海内实施海盗犯罪后逃亡公海的船只，因其不属于海洋法公约中的海盗罪，其他国家无法将其视为海盗船进行适时的打击。海洋法公约做出这样的限定或许是出于最大程度地保障各国海域主权的初衷，但显然在权利保障与打击国际犯罪两者之间存在不协调之处。

最后，对海盗行为的犯罪对象设定存在缺陷。无论是公海公约还是海洋法公约均强调，海盗行为的对象是"另一船舶或者另一船舶上的人或财物"，学理上将其概括为"两船原则"[②]。两船原则意味着实施海盗行为者与被害船舶必须分属两只船舶，发生在同一船舶内的非法暴力等海盗行为不构成海盗罪。这与当今海盗犯罪的现实情形有所出入，如发生在公海船舶上的人员使用暴力掠夺本船舶财物或绑架、杀害船员的情形，以及海盗集团实现派遣人员"潜伏"在目标船舶上，通过"卧底"人员里应外合，共同实施海盗犯罪的情形，在当下治理海盗实践中并不鲜见，对这些情形在论以海盗罪方面都会形成障碍。对此，部分学者提出对于"里应外合"式的海盗犯罪模式并不妨碍海盗罪的成立，"因为按照共犯理论，犯罪的客观方面特征主要是由实行犯所决定"，[③]故此种情形完全可以视为从另一条船只攻击目标船只，在海盗罪的适用上并无逻辑障碍。从实质解释的角

---

① 赵微，王赞.海上国际犯罪研究 [M].北京：法律出版社，2015：185.

② 马惊鸿，韩立新.国际社会治理海盗问题的法律对策 [J].中国刑事法杂志，2011（11）：90.

③ 赵微，王赞.海上国际犯罪研究 [M].北京：法律出版社，2015：187.

度做出上述解释结论或许并无问题，但一方面，论者的上述结论是以"卧底"海盗人员实施非实行行为为前提的，而事实上此类人员完全可能实施非法暴力、绑架、杀害等作为海盗犯罪的实行行为，在此情形下，实行犯的认定标准仍会发生前述的逻辑障碍；另一方面，实行犯决定犯罪的性质与犯罪客观方面特征或许对于与我国相类似的大陆法系国家具有理论上的合理性，也宜获得实践认同，但海洋法公约所面对的150余个缔约国，其法律传统、法律体系、法律思维等必然千差万别，上述逻辑前提能否一体适用显然存在很大疑问。或许真正的解决之道在于，海洋法公约按照海盗犯罪的现实情形做出必要的修改，以周全全部海盗犯罪的实然情形。

## 二、《SUA 公约》与危及海上航行安全罪的提出

### （一）海上恐怖主义的兴起与公约出台背景

自海盗这一古老的国际犯罪出现伊始，海上航运安全问题一直是困扰世界各国的难题，特别是进入20世纪以来，除海盗这一传统的危及海上航行安全的犯罪之外，由于世界对陆地和航空器恐怖主义打击力度的不断加大以及海上恐怖主义防卫理念的忽视，恐怖分子将活动方式逐渐转移至海上，国际海上运输安全与国际贸易均面临严峻挑战。为了应对新的海上恐怖主义犯罪类型，国际海事组织于1988年3月10日在意大利罗马主持制定了《制止危及海上航行安全非法行为公约》（简称 SUA 公约），并于1992年3月1日正式生效，我国在1991年8月20日正式加入该公约成为缔约国。随后，为了使《公约》适应处于不断更新状态的犯罪事实的变化，更好地预防和打击海上恐怖主义犯罪，美国代表团于2002年7月经国际海事组织法律委员会第八十五届会议递交了修改《议定书》草案，历经三年六届会议的反复讨论，2005年10月国际海事组织召开会议通过了《议定书》。《制止危及海上航行安全非法行为公约》与《制止危及海上航行安全非法行为公约》2005年议定书构成目前关于惩治危及海上航行安全罪的主要国际法律文件。

SUA 公约的出台背景与海上恐怖主义活动密切相关，"9·11事件"

之后，全球恐怖主义活动不断加剧，国际社会虽对恐怖主义的全球危害有共识，但囿于传统恐怖主义主要发生于陆地与空中，对于海上恐怖主义的认识明显不足。海洋运输作为全球国际贸易的最主要表现方式，成为恐怖主义的袭击目标是必然的，1985年10月16日发生的"阿基莱·劳伦"（Achille Lauro）号事件最终促成国际社会对海上恐怖主义的重视。在此次事件中，几名来自巴勒斯坦解放阵线（PLE)的男子劫持了该意大利游轮，胁迫以色列政府释放被其关押的50名巴勒斯坦囚犯，当船只按照绑架者要求航行至叙利亚港口遭到拒绝入港时，劫船者立即枪决了一名乘客，他是一名犹太裔美国公民，此次事件最终经意大利代表与武装分子谈判得到和平解决①。此事件案发时正值《联合国海洋法公约》出台但尚未生效期间，按照该公约对于海盗罪之规定，上述事件中出于政治目的的劫船者之行为无法构成海盗罪，而适用当时已经生效的1979年《反对劫持人质国际公约》则仅能规制其劫持人质行为，对其犯罪行为的评价并不完整。此次事件的发生暴露了海洋法公约对海盗犯罪评价的局限性，亦暴露了国际社会对海上恐怖主义这一新型国际犯罪力有未逮的现实尴尬。此事件发生后不久，联合国大会即于1985年12月9日就此案涉及的问题通过了第40/61号决议②，在此决议中明确指出，"无论什么人在什么地方所从事的恐怖主义的一切行动、方式和做法，都是犯罪行为，应予以断然谴责"，同时敦促国际海事组织对涉海领域的恐怖主义犯罪进行研讨，提出适当措施，在此背景下直接催生了1988年《制止危及海上航行安全非法行为公约》。

（二）危及海上航行安全罪之解构——公约之实体内容梳理

SUA 公约第三条通过列举的方式对危及海上航行安全罪的行为类型做了详细表述，而其后通过的2005年《议定书》补充了公约之相关规定，拓展了相应的行为类型，根据以上两个法律文件之规定结合相关学理阐释，对危及海上航行安全罪之实体要件分析如下：

---

① 赵霞. 现代国际法对海上恐怖主义的界定 [J]. 世界海运，2007（5）：48.

② 刘笑晨，王淑敏. 打击海上恐怖主义的法律机制问题初探：置于全球治理视野下 [J]. 社会科学文摘，2017（2）：24.

其一，法益要件。在 SUA 公约出台之前，危及海上航行安全罪只是零星地出现于部分学者的文献中，国际社会对此概念并未形成共识，对于其所侵犯的法益类型亦未达成一致意见。对此，公约文本在正式条文之前特别说明，"考虑到危及海上航行安全的非法行为危及人身和财产安全，严重影响海上业务的经营并有损于世界人民对海上航行安全的信心"。由此可见，此类犯罪所侵害的是国际航运安全，通过危及人身和财产安全的攻击行为仅是其外部表现，由此亦可以看出，其与传统海盗罪往往以获取财物为主要目的取向的不同。

其二，客观行为要件。按照 SUA 公约第 3 条第 2 款之规定，危及海上航行安全罪的客观行为表现为：（a）以武力或武力威胁或任何其他恐吓形式夺取或控制船舶；或（b）对船上人员施用暴力，而该行为有可能危及船舶航行安全；或（c）毁坏船舶或对船舶或其货物造成有可能危及船舶航行安全的损坏；或（d）以任何手段把某种装置或物质放置或使之放置于船上，而该装置或物质有可能毁坏船舶或对船舶或其货物造成损坏而危及或有可能危及船舶航行安全；或（e）毁坏或严重损坏海上导航设施或严重干扰其运行，而此种行为有可能危及船舶的航行安全；或（f）传递其明知是虚假的情报，从而危及船舶的航行安全；或（g）因从事（a）至（f）项所述的任何罪行或从事该类罪行未遂而伤害或杀害任何人。随后第 2 款对该罪的犯罪未遂、共犯等行为亦做出了规定，即任何人如从事下列活动，亦构成犯罪：（a）从事第 1 款所述的任何罪行未遂；或（b）唆使任何人从事第 1 款所述的任何罪行或是从事该罪行者的同谋；或（c）无论国内法对威胁是否规定了条件，以从事第 1 款（b）项（c）项和（e）项所述的任何罪行相威胁，旨在迫使某自然人或法人从事或不从事任何行为，而该威胁有可能危及船舶的航行安全。①

就公约的上述规定来看，危及海上航行安全罪之犯罪圈划定是较为广泛的，从犯罪类型上分析，其中既有行为犯（以武力或武力威胁或任何其他恐吓形式夺取或控制船舶），亦有危险犯（对船舶或其货物造成有可能

---

① 除公约的上述规定外，2005 年《议定书》亦将本罪犯罪工具扩展到了除物理性能的装置以外的生化武器。

危及船舶航行安全的损坏），还有实害犯（毁坏船舶、毁坏或严重损坏海上导航设施或严重干扰其运行）之规定，且行为犯与实害犯乃本罪的主要行为类型，不仅如此，这些犯罪行为的未遂形态都予以处罚，无形中将处罚范围大大前置。

与上述公约之行为类型对应，2005年《议定书》出于防范生化武器被用于恐怖袭击的目的，将恐怖分子利用生、化、核等现代武器劫持船舶实现相关目的的行为类型纳入海上恐怖主义构成要件范围，防止和打击针对船舶的恐怖主义犯罪和提高船上和岸上的保安，从而减少对船上和港区旅客、船员和港口人员、船舶及货物的风险。按照《议定书》的规定，下列行为亦构成危及海上航行安全罪：（1）针对船舶或在船上使用或从船上释放任何爆炸性或放射性材料或生、化、核武器，造成或可能会造成死亡、严重伤害或损害的；（2）从船舶上排放未列入上述武器范围的油类、液化天然气或其他有害或有毒物质，且其数量或浓度会造成或可能造成死亡、严重损伤或损坏的；（3）使用船舶造成死亡或严重损伤或损坏的；（4）无论国内法是否对威胁规定了条件，威胁实施上述罪行的；（5）在明知的前提下，在船上运输上述物质的行为。

与客观行为相关联的是本罪的行为对象，本罪行为对象为船舶，按照公约第1条之规定，就本公约而言，船舶系指任何种类的非永久依附于海床的船舶，包括动力支撑船、潜水器或任何其他水上船艇。第2条亦明确指出，军舰、国家拥有或经营的用作海军辅助船或用于海关或警察目的的船舶，已退出航行或闲置的船舶不能成为本罪之对象。

其三，主体要件。公约对本罪的主体并无任何限定，"任何人"的表述暗含了本罪主体是适格的自然人主体，只不过，由于对船舶的限制性规定，军舰、公务船舶、海警船等船舶上的自然人无法构成本罪主体。

其四，主观方面要件。根据公约第3条"任何人如非法并故意从事下列活动，则构成犯罪"的表述可知，构成危及海上航行安全罪，其主观方面只能出于故意，而不能是过失。

（三）危及海上航行安全罪提出之意义

SUA公约及其议定书作为目前为止专门针对危及海上航行安全罪的国

际公约，是"在新的科技条件下、在新的情况下，填补了《联合国海洋法公约》中一项空白，是海洋法的一项新发展"。①该公约对危及海上航行安全罪刑事管辖权的确定、犯罪人的引渡条款、登临权以及合作机制的构建等方面的规定均具有开创性意义，当然，对于该公约最重要的实体意义则在于危及海上航行安全罪的提出。

从前述公约对危及海上航行安全罪的行为类型之规定可以看出，本罪涵括了部分海盗犯罪、海上恐怖主义犯罪等犯罪类型，是对危害海上航行安全犯罪行为的统称。与海洋法公约相比，SUA 公约的规定避免了传统国际法中对海盗犯罪规定的诸多局限性。首先，对犯罪行为的类型化上，公海公约与海洋法公约均是以传统之海盗行为为规制蓝本，故将海盗船与被害船舶分立形成所谓的"两船原则"，即从文义解释的角度看海盗犯罪只能是从另一船只上实施的非法行为，而 SUA 公约则突破了此一局限，无论是同一船只还是不同船只发生的非法暴力行为，危及海上航行安全的都构成犯罪。其次，在犯罪地点的选择上，海洋法公约将海盗罪严格限定在公海或无管区，此种规定或许最大程度地关照到各国敏感的海域主权难题，但却放纵了海盗罪的打击效果，SUA 公约与之相比进行了拓展，将危及海上航行安全罪适用于国家内水、领海以外的一切海域，尽管这一犯罪地域的划定仍存在不足，但较之海洋法公约对海盗罪的规定其进步意义是显而易见的。再次，在犯罪主观要件方面，海洋法公约将海盗罪的主观目的限定为"私人目的"而备受诟病，或许出于劫掠财物等私人目的的海盗是最为常见、最为典型的海盗罪，但正如前文所述，当下海盗罪早已突破了这一局限。海盗行为与海上恐怖主义相结合所呈现的"海盗行为恐怖主义化"已被实践所证实②，"私人目的"的局限已经暴露无遗。SUA 公约对此进行了适时的修订，危及海上航行安全罪的构成在主观方面只要出于故意即可，无论是私人目的抑或政治目的都不影响本罪构成。最后，对于行为模式的设定，危及海上航行安全罪较之海洋法公约中的海盗罪在行为外延上要广

① 周忠海.国际法学述评[M].北京：法律出版社，2001：346.
② 胡铭，徐莹.海盗行为恐怖主义化：三种模式与双重规制——以国际法与国内法关系为视角[J].中国高校社会科学，2016（1）：90.

泛得多，海洋法公约中的海盗罪在客观方面表现为非法扣留、掠夺或其他暴力行为，而危及海上航行安全罪不仅包括部分海盗罪的客观行为，而且增加了诸如放损毁导航设备、"传递虚假信息""利用船舶运送危险武器"等无法被归类为传统意义海盗范畴内的危害海上航行安全之行为。

　　危及海上航行安全罪不仅涵盖了传统之海盗罪的部分行为，亦将典型之海上恐怖主义犯罪囊括在内。进入21世纪以来，海洋与网络作为恐怖主义的新兴场所是恐怖主义犯罪的新发展，海上恐怖主义犯罪对海运安全造成极大破坏，亦成为非传统安全领域的典型危险源。但由于既有之传统观念将海上恐怖主义视为恐怖主义之海上衍生概念，加之犯罪活动的隐蔽性导致其现实危害性未能像其他恐怖主义犯罪为人们所重视，故以往之涉海公约并未将海上恐怖主义作为议题纳入。与之相应，学理上对海上恐怖主义之定义、其与海盗犯罪的关系等亦存在诸多争议，无法统一。有学者直接将海上恐怖主义定义为政治性的海盗罪，"旨在影响政府或群体的任何针对船舶、货物、船员或港口的非法行为"，[①]另有学者将海盗视为海上恐怖主义的根源，只是动机不限于经济因素，还增加了政治、宗教目的等，两者存在"转化"关系[②]，与上述学者不同，从犯罪主体、犯罪行为类型与犯罪目标场所等方面严格区分两者的观点亦有之[③]。纵观学理及相关国际组织对海上恐怖主义的定义来看，虽然表述上略有差异，但对一般是从政治目的、暴力手段、对船舶、港口设施的毁灭性攻击并危及海运安全等几个方面进行说明，内涵上具有一致性[④]。其实，如果严格贯彻海洋法公约中的海盗罪构成条件，那么海盗罪、海上恐怖主义犯罪、危及海上航行安全罪之间是存在较大差异的，上述部分学者也正是依此为据主张对他们进行区分。但海洋法公约对海盗罪设定的局限性在国际法学界和实践过程中

---

① 张湘兰，郑雷．论海上恐怖主义对国际法的挑战与应对 [J].武汉大学学报（哲学社会科学版），2009，62（2）：152.

② 刘笑晨，王淑敏．全球治理视角下打击海上恐怖主义的法律机制问题初探 [J].中国海商法研究，2016，27（4）：98.

③ 童伟华．海上恐怖主义犯罪和海盗犯罪中的普遍管辖权与登临权 [J].福建警察学院学报，2011，25（2）：60.

④ 张丽娜．海上反恐与国际海运安全制度研究 [J].河北法学，2008（2）：148.

已获得共识，且海盗与海上恐怖主义活动在当下实践中的转化与内在关联也无法否认，故 SUA 公约所提出的危及海上航行安全罪正是综合考量上述因素下在"危及海上航行安全"的实质基础上整合了之前的海盗罪、海上恐怖主义犯罪。这一做法不仅避免了认识上的无谓分歧，亦可为国际社会规制此类犯罪提供合作平台，注重打击犯罪的实际效果。

总体而言，《制止危及海上航行安全非法行为公约》和《议定书》作为专门维护航行安全的国际法律文件，与过往涉及航行安全的国际规约相比更为全面，适用范围更加广泛，在预防和惩治海上恐怖主义犯罪上取得了不错的效果①。

### 三、区域性公约——《亚洲打击海盗及武装抢劫船只的地区合作协定》

针对国际犯罪的规制，除了上述以联合国为主导制定的全球性、国际性公约之外，在国际实践中通过州际性、区域性条约对相关犯罪达成打击的合意亦是当下国际社会中的一种普遍做法。对于危及海上航行安全类的犯罪，《亚洲打击海盗及武装抢劫船只的地区合作协定》是区域性公约的典型代表。2004 年 11 月 4 日东盟十国及中国、日本、韩国等 16 个国家在东京通过了《亚洲打击海盗及武装抢劫船只的地区合作协定》（下文简称《协定》），该协定在 2006 年 12 月 4 日正式生效。《协定》设定的目的旨在加强亚洲各国合作以防止和惩治严重危及马六甲海峡和新加坡海峡的航运活动的海盗犯罪。

《协定》的出台其出发点是针对东南亚海域猖獗的海盗问题。其第一条第一款将海盗行为界定为："a. 任何私人船舶或飞机的船员、机组人员或称可谓私人目的对下列对象而进行的任何非法的暴力行为或扣押行为，或任何掠夺行为；（1）在公海上对另一船舶或船舶上的人或财物；（2）在任何主权国家的管辖范围外的地方对另一船舶或船舶上人或财物。b. 在明

---

① 《议定书》在《公约》的基础上就管辖权的设定、国家之间的司法协助等方面做出了更加细化的规定，登临权的设置也极大加强了对海上恐怖主义的打击力度。这些具体制度笔者在第五章中详述。

知其为海盗船舶或飞机的情况下，自愿参与船舶或飞机的任何行为。c.教唆或故意便利 a 或 b 项所述行为的任何行为。"[1]可以说，《协定》在解读海盗罪的违法要件和责任要件方面基本与《联合国海洋法公约》和《公海公约》并无太大区别，仅将航空器排除在海盗犯罪行为对象之外。换言之，飞机不再作为海盗犯罪的行为客体。照此逻辑，海盗罪的适用范围被进一步缩限。当然，《协定》之所以做出此项规定的初衷在于当时南海地域的海盗行为针对的主要是船舶，航空器甚少涉及。

不过，《协定》为了弥补国际条约所设定海盗罪的不足，在海盗行为之后设置了"武装抢劫船只行为"，按照《协定》第一条第二款规定："在缔约国对这些违法行为拥有管辖权的地方，为私人的目的针对船舶，或船舶上的人员或财产所进行的任何非法的暴力行为或扣押行为，或任何掠夺行为、在明知其为武装抢劫船舶的情况下，自愿参与其活动的任何行为。"如此，《协定》通过规制海盗犯罪与武装抢劫船只行为来共同维护海上航行安全。海盗犯罪与武装抢劫船只行为在对象范围、行为方式以及管辖范围上存在不同。第一，在对象范围方面，武装抢劫船舶的适用更加广泛，包括"以私人目的对船舶或船舶上的人员或财产"。而海盗罪的对象只能是"另一私人船舶或飞机上的人员或者财物"。第二，在行为方式上，武装抢劫船舶也比海盗行为更加多样。前者行为方式包括对自己乘坐的船舶或者船舶上的人或财物实施任何非法的暴力行为或者扣押行为，或任何掠夺行为；而后者的行为方式仅包括对另一船舶或者船舶上的人或财物实施的非法暴力行为。可以说，武装抢劫船只的行为方式更加多样化。第三，在管辖权范围方面，二者存在不同。武装抢劫船舶规定缔约国对自己具有管辖权的范围都可以对此种危及海上航行安全的行为进行规制。缔约国对海盗罪的管辖一般只能在公海上。可以说，武装掠夺船只的规定弥补了前面"海盗"规定的不足，扩张了沿海国对危及海上航行安全的打击范围，从而避免了有些国家在本国享有管辖权的海域对"武装抢劫船只"行为进行包庇、纵容。很显然，"武装抢劫船舶"在本质上与国际法意义上的海

---

[1] 杨翠柏.《亚洲打击海盗及武装抢劫船只的地区合作协定》评价 [J]. 南洋问题研究，2006（4）：28.

盗罪并无区别，《协定》正是基于国际条约在实践操作中的不足做了相应的修正，也基本与《SUA 公约》保持了一致。

总体而言，《协定》是国际社会第一个专门规制危及海上航行安全犯罪的区域性国际法规范，给亚洲各国有效打击海盗犯罪提供了规范指引。"武装抢劫船舶"罪的设置在一定程度上弥补了《联合国海洋法公约》对海盗犯罪规定的不足。

## 第二节  《罗马议定书》与危及大陆架固定平台安全罪

自人类开发、利用海洋资源以来，大陆架就因其特殊的地理位置及所蕴藏的丰富的矿藏资源、生物资源与海洋能源而成为沿海国勘探和开发的焦点，但在1958年联合国《大陆架公约》出台之前，对于大陆架的法律地位、国家对大陆架所拥有权利的性质等问题一直纠缠不清，对大陆架权属的争议亦不鲜见。与之对应，各国围绕大陆架开发所搭建的人工岛屿、设施和结构等固定平台在为世界贸易互通交往提供运载平台和动力支持的同时，亦被一些不法分子利用而成为滋生犯罪的温床。危及大陆架固定平台罪不仅严重威胁相关国家在相关海域进行的经营活动，亦对他人的生命、财产安全形成威胁。但是，在20世纪80年代并没有专门规制危及大陆架固定平台的恐怖行为的国际条约。为了对危及大陆架固定平台的海上恐怖主义规制提供专门的法律文本，国际海事组织于1988年3月在罗马召开国际会议讨论并最终通过了《制止危及大陆架固定平台安全非法行为议定书》（以下简称《罗马议定书》），该公约是迄今为止专门针对危及海上固定平台安全非法行为惩治的国际法律文件[①]。

### 一、《罗马议定书》的出台背景

《罗马议定书》的形成与《SUA 公约》关系密切，上文提及的发生在

---

[①]  1991年6月29日，第七届全国人民代表大会常务委员会第二十次会议决定批准中国加入《罗马议定书》，成为其正式缔约国。

1985年的"阿基莱·劳伦"号游轮案劫船事件促使联合国开始意识到，之前国际社会仅针对航空领域反恐怖主义的若干国际公约诸如《关于在航空器内的犯罪和其他某些行为的公约》（1963年）、《关于制止非法劫持航空器的公约》（1971年）、《关于制止危害民用航空安全的非法行动的公约》（1971年）等，无法对海上恐怖主义行为进行有针对性的规制。以"阿基莱·劳伦"号游轮事件为导火索，联合国通过第40/61号决议，敦促国际海事组织"研究在船上发生或针对船舶的恐怖主义行为的问题，以便就适当措施提出建议"，《SUA公约》正是在此背景下得以签订。在《SUA公约》草案审议过程中，美国曾提出将该公约一体适用于大陆架固定平台，但日本、荷兰等国以"大陆架固定平台无法归属于船舶范畴"为由提出反对，最终国际海事组织经过讨论，决定单独草拟一项议定书以适用于大陆架固定平台。[①]1988年3月1日至10日，82个国家、6个国际组织在罗马外交大会上不仅签署了《SUA公约》，亦同时签订了《制止危及大陆架固定平台安全非法行为议定书》。[②]也正是《罗马议定书》与《SUA公约》的上述密切关联，使得两者之间在内容上存在诸多相似之处，如危及大陆架固定平台安全的非法行为与危及海上航行安全的非法行为在行为类型、方式、手段等方面的规定极为相似，而其他如管辖权、国际合作等问题的规定正像《罗马议定书》第1条所表述的那样，"《SUA公约》第5条、第7条及第10条至第16条的规定在做必要的修改后应同样适用于本议定书第2条所述的在大陆架固定平台上或针对大陆架固定平台所犯的罪行"。

不过，从《罗马议定书》的出台背景来看，尽管其与《SUA公约》一样是出于对海上恐怖主义规制的现实需要所制定的国际法律文件，《SUA公约》制定的理由同样适用于大陆架固定平台似乎也是国际社会的一种共识。但之所以对针对危及大陆架固定平台安全的非法行为要单独制定法律规则，恐怕不只是上文提及的"船舶无法容纳大陆架固定平台"这样流于

---

① 王赟. 危及大陆架固定平台安全罪国内法化研究[J]. 中国海洋大学学报（社会科学版），2014（5）：25.

② 其后，2005年国际海事组织在修订《SUA公约》的同时亦对《罗马议定书》进行了修订，对前者的改动同样适用于大陆架固定平台，并且延伸至开采近海石油和天然气之类的固定平台。

表面的理解，毋宁说，危及大陆架固定平台的非法行为与危及海上航行安全的行为本身所侵害的利益具有差异。国际海事组织之所以基于同样的理由对两者进行规制，主要还是基于"劫持人质"作为国际社会对恐怖主义基本形态共识的认同①，尽管可以说两者均属于海上恐怖主义活动的范畴，但《SUA 公约》侧重的是对"海上航行安全"之保护，而《罗马议定书》则侧重于对大陆架固定平台安全的保护。申言之，大陆架固定平台本身所承载之功能是为大陆架所属自然资源提供勘探、开发所需的便利的人工设施，虽然理论上不排除劫持大陆架固定平台及其人员的犯罪行为发生，但此种行为所侵害之法益与危及海上航行安全罪所侵害之"海上航行安全"应属不同之概念，在此意义上，两种犯罪似不应作为"危害海上航行安全类犯罪"同等看待。也正是基于如此的原因，从域外国家的相关立法例来看，对此种犯罪行为多进行特别之规定，如《加拿大刑事法典》将国际条约直接转化为国内法之规定，其在第二章违反公共秩序的犯罪中直接援引《罗马议定书》之规定，将危及大陆架固定平台安全的行为基本囊括在内。②而采用间接转化模式的法国虽将危及大陆架固定平台安全的犯罪界分为"劫持"与相关之恐怖活动两种，但在具体规定上仍将"以暴力或暴力相威胁，强行夺取或控制大陆架之固定平台的""针对大陆架固定平台实施的恐怖活动罪"等与相应的针对船舶、航空器等的劫持与恐怖主义行为相区别③。基于如上思考，笔者将危及大陆架固定平台安全罪与危及海上航行安全罪分别进行阐释。

## 二、危及大陆架固定平台安全罪④的实体要件

---

① 根据联合国 1999 年通过的《制止向恐怖主义提供资助的国际公约》之规定，危及大陆架固定平台安全罪属于国际法上的恐怖主义罪行。

② 罗文波，冯凡英.加拿大刑事法典 [M].北京：北京大学出版社，2008：46.

③ 罗结珍.法国新刑法典 [M].北京：中国法制出版社，2003：141.

④ 对于本罪的罪名表述问题，国内部分学者曾将其表述为"危害公海固定平台罪"，但从《罗马议定书》的规定来看，一方面，危及大陆架固定平台安全行为发生的空间环境并未限定在"公海区域"，另一方面我国已批准加入《罗马议定书》，表明"危及大陆架固定平台安全罪"亦得到官方的认可，故"危害公海固定平台罪"的表述不宜主张。

《罗马议定书》主要内容涉及危及大陆架固定平台安全罪的认定、刑事管辖权、引渡等规定，其中，关于本罪的实体要件通过第2条两款进行规定，其实体要件包括如下。

其一，法益要件。我国学者对本罪所侵犯客体或法益的理解多表述为"破坏公海秩序"①或"破坏航海及公海秩序"②等类似之内容，由于《罗马议定书》对危及大陆架固定平台安全罪的规定并未局限在公海领域，故"破坏公海秩序"的说法有待商榷，而航海秩序的提法过于宽泛，所有的海上犯罪或许都可以说是侵犯航海秩序的行为。如上文所述，本罪与危及海上航行安全非法行为的规制理由相同，亦可视为抽象的海上恐怖主义的下位概念，但本罪规制的重点在于大陆架固定平台安全的保护，而非海上航行安全之保护。

其二，客观要件。按照《罗马议定书》第2条第1款之规定，本罪客观行为按照是否夺取或者控制大陆架固定平台为标准可界分为强行控制大陆架固定平台的行为与危及大陆架固定平台安全的行为两种。前者是指"（a）以武力或武力威胁或任何其他恐吓形式夺取或控制固定平台"的行为，很显然，该种行为包含了暴力、胁迫两种手段，暴力针对的是他人的身体，而胁迫则是精神控制，有学者进一步指出"胁迫行为既可以直接以实施某种可以造成严重危害结果的行为相要挟……也可以是在已经实施了某种非法行为的基础上，以进一步实施某种更严重的加害行为相要挟"③；后者则包括（b）对固定平台上的人员施用暴力，而该行为有可能危及固定平台的安全；或（c）毁坏固定平台或对固定平台造成可能危及其安全的损坏；或（d）以任何手段将可能毁坏固定平台或危及其安全的装置或物质放置或使之放置于固定平台上的行为。这些行为与强行夺取或控制大陆架固定平台的行为相比，其目的并非出于控制大陆架固定平台，其可能是出于人身伤害、获取财物等目的，但其行为在客观上危及了大陆架固定平台安全，毫无疑问，强行夺取或控制大陆架固定平台的行为也一定

---

① 张智辉.国际刑法通论[M].北京：中国政法大学出版社，1999：218.

② 赵秉志.新编国际刑法学[M].北京：中国人民大学出版社，2004：263.

③ 张智辉.国际刑法通论[M].北京：中国政法大学出版社，1999：116.

危及了大陆架固定平台安全，但此种行为具有典型性，故议定书将其单独作为一项进行规定具有合理性。值得注意的是，危及大陆架固定平台安全的行为可能是实害犯，如"毁坏固定平台"，亦可能是危险犯，即"可能危及固定平台的安全""可能毁坏固定平台或危及其安全"的行为。值得注意的是，与强行夺取、控制大陆架固定平台行为类似，对危及大陆架固定平台安全的行为，议定书在第2款亦设定了"胁迫"行为，即"无论国内法对威胁是否规定了条件，以从事第1款（b）项和（c）项所述的任何罪行相威胁，旨在迫使某自然人或法人从事或不从事某种行为，而该威胁有可能危及该固定平台的安全"的行为。但胁迫之内容显然不是夺取或控制大陆架固定平台，而是以对固定平台上的人员施用暴力，或毁坏固定平台或对固定平台造成可能危及其安全的损坏为胁迫之内容。

除上述"主体"行为之外，议定书还规定了诸多"附随"行为，即在危及大陆架固定平台安全的典型行为之外，仍可能包含的附随发生之行为。这些行为包括非实行行为，如"唆使任何人从事任何该类罪行或是从事该类罪行者的同谋"的共犯行为，此项规定将所有危及大陆架固定平台安全的教唆、共谋行为均囊括在内；还包括"从事第1款所述的任何罪行未遂"的行为，这与《SUA公约》的规定是一致的。其实，从各国刑法典规定来看，刑法分则所规定的犯罪基本是以既遂为模式，犯罪预备、未遂等未完成形态均规定在刑法总则中，而国际公约中国际犯罪之规定亦体现了此一规律，这样看来，公约的这一规定似乎有些多余。《SUA公约》与《罗马议定书》之所以单独设置此一规定，是因为这两个公约在对危及海上航行安全与危及大陆架固定平台安全的非法行为设定中，均有"因从事相关项所述的任何罪行或从事该类罪行未遂而伤害或杀害任何人"之规定，很显然，与犯罪未遂相比，此项规定属于结果加重犯之加重情节，上述规定显然意在将两种不同情况进行区隔，以提示各缔约国在国内法规范的量刑中引起注意。

本罪的行为对象是大陆架固定平台，对此，有必要做进一步阐释。"大陆架"在国际社会制定专门的国际公约之前，仅是"自然"概念而非法律概念，在地质地理学意义上，大陆架是一国大陆向海洋的自然延伸，作为环绕大陆的浅海地带通常被认为是陆地的一部分。[①] 由于大陆架蕴藏丰富的矿藏、石油与海洋资源，20世纪中期以来，各国掀起开发利用大陆架的热潮，对大陆架自然资源的权利主张成为各国竞相追逐的焦点，国际社会急需关于大陆架的国际法律制度。1958年联合国在第三次海洋会议上通过了《大陆架公约》，对大陆架概念、沿海国权利主张、资源勘探与争议解决等问题进行了规定，其后的《联合国海洋法公约》在吸收《大陆架公约》的基础上，构建了完整的大陆架法律制度。按照该公约第76条之规定，"沿海国的大陆架包括其领海以外依其陆地领土的全部自然延伸，扩展到大陆边外缘的海底区域的海床和底土，如果从测算领海宽度的基线量起到大陆边的外缘的距离不到二百海里，则扩展到二百海里的距离"。很显然，国际公约中的大陆架概念虽以自然意义的大陆架概念为基础，但其边界范围存在差别，前者终止在大陆边外缘的海底区域的海床和底土，而后者则到大陆坡为止。而对于大陆架固定平台，按照《罗马议定书》第1条之规定，是指"用于资源的勘探或开发或用于其他经济目的的永久依附于海床的人工岛屿、设施或结构"。与《联合国海洋法公约》所规定的大陆架上的人工岛屿、设施和结构等概念相比，《罗马议定书》对大陆架固定平台范围的划定排除了用于大陆架资源勘探开发的浮动设施结构。

其三，主体要件。本罪主体为自然人，实践中危及大陆架固定平台安全罪的犯罪主体多表现为有组织犯罪，且逐渐呈现出由规模较小、组织结构松散的地区性团伙向黑社会犯罪组织、"恐怖主义组织"发展的规律，这些有组织犯罪团体内部多有明确的分工，无论是实行者、教唆者、共谋者都构成本罪。

其四，主观方面要件。如《SUA公约》对危及海上航行安全行为的规定一样，《罗马议定书》亦明确规定"任何人如非法并故意从事下列活动构成犯罪"，这意味着构成本罪主观方面只能出于故意，过失并不构成本罪。同时，对实施犯罪行为的主观目的并无限制，但由于在客观行为方面被界分为强行夺取、控制大陆架固定平台的行为与其他危及大陆架固定平台安全

---

① 郑义炜.陆海复合型中国"海洋强国"战略分析 [J].东北亚论坛，2018，27（2）：76.

的行为两类，故前者主观上是基于"夺取或控制大陆架固定平台"的目的，而后者的主观目的并无限制，既可以是政治目的，亦可以是个人目的。

### 三、《罗马议定书》之审视

总体而言，《罗马议定书》的签署生效填补了危及大陆架固定平台安全行为刑事责任的国际性法律文件的空白，为构建保护大陆架固定平台的法律体系提供了范例，有助于对在海洋经济时代发挥重要作用的大陆架平台的维护提供全面的法律支持。但是《罗马议定书》内容设置较为简单，对缔约国之间的合作机制、刑事司法援助等内容均援引《SUA 公约》之规定，同该公约一样存在普遍刑事管辖权的缺失、登临权制度构建不完整等缺陷。① 除此之外，对危及大陆架固定平台安全罪的实体要件设定亦存在值得商榷之处。

首先，大陆架固定平台不属于"船舶"，亦难言"交通工具"，国际海事组织虽将危及大陆架固定平台安全的非法行为以《罗马议定书》的形式单独对其进行规定，以区别于危及海上航行安全的《SUA 公约》，但两者在违法行为类型、手段、成立条件以及管辖权设置、登临权设置、国际合作法律制度等方面的规定基本相同，并未关照到大陆架固定平台的特殊性。尽管两种违法行为在当下国际社会中均将其视为"恐怖主义活动"，但如前文所述，大陆架法律制度与海上航行安全法律制度存在差别，《联合国海洋法公约》对大陆架的权利建构与各国在海上航行方面的权利建构亦存在明显差别，作为典型的危及海上航行安全的犯罪行为如海盗罪被单独进行规定就是最好的佐证。故对于危及大陆架固定平台安全的犯罪似不应完全比照危及海上航行安全的非法行为进行设置，应体现出其特殊性。

其次，如前文所述，《罗马议定书》基于提醒各缔约国注意之初衷，将实施危及大陆架固定平台安全罪的未遂与"从事该类罪行未遂而伤害或杀害任何人"分别进行了规定。其实，犯罪未遂作为某类犯罪的未完成形态在各国刑法典总则中均有体现，就某罪的实体要件而言，将犯罪未遂进

---

① 这些不足同样适用于《SUA 公约》。

行单独规定实践意义有限，而"从事该类罪行未遂而伤害或杀害任何人"之规定尽管具有提示意义，但既然国际公约不可能对犯罪行为的量刑进行具体设置，只能留待各国国内法进行规定，那么，国际公约对某罪的规定就应将重点放在实体要件的行为上，而非其"加重情节"上，犯罪未遂本身构成犯罪，根据"举轻以明重"的原则，犯罪未遂而伤害或杀害任何人更应构成犯罪。①

最后，《罗马议定书》对作为典型的非实行行为的教唆与共谋行为进行了规定。在采用正犯、共犯区分制立法例的国家，典型的共犯行为包括教唆犯、帮助犯、共同正犯，而像我国刑法采用主从犯式的立法规定的国家②，主犯、从犯之规定自然囊括了上述参与类型。既然议定书对教唆与共谋行为进行规定，显然不是采纳主从犯式的参与立法模式，而是以正犯、共犯区分立法模式为对照，但显然议定书"遗漏"了帮助犯这一重要的犯罪参与类型。当然，在各国刑法典均在总则中规定共同犯罪这一立法现实下，议定书遗漏帮助犯的问题并不太大，但在规定教唆与共谋的前提下，却不对帮助行为进行规定不免使人产生歧义，帮助危及大陆架固定平台安全的行为是否就不值得处罚。很显然，教唆、帮助等非实行行为在共同犯罪中均与法益侵害结果之间具备因果关联，他们的危害性不存在必然之程度差别，教唆犯、帮助犯既可能在共同犯罪中起主要作用也可能起次要作用的现实说明，议定书"遗漏"帮助行为的立法缺乏实质根据。另一方面，对共谋行为的处罚边界在各国立法及实践中也不宜达成共识，对于公约中设定的同谋行为可以划分为两类。一类是既参与犯罪谋划也参与犯罪实行，另一类是只参与犯罪谋划而未实行犯罪。对于前者，运用共犯原理进行归责并无太大争议。但是，后者并未实行构成要件行为，一味将其纳入刑事规制范畴可能存在不当扩大犯罪疆界从而限制国民自由之嫌。尽管日本刑法学界早已承认共谋共同正犯的存在，并在区分

---

① 其实，国际性法律文件中对国际犯罪在规定实行行为之外，基本都有如共犯、未遂甚至预备之规定，这些规定或许更多是基于各国法律传统、立法技术的折中。

② 当然，目前学理上对我国共犯立法模式的争议颇大，立法论与解释论层面都有学者主张我国共犯立法模式应归属于正犯、共犯区分制的立法例。(阎二鹏.扩张正犯概念体系的建构：兼评对限制正犯概念的反思性检讨 [J]. 中国法学, 2009（3）：115.)

正犯和共犯标准上采取重要作用说，即以在共犯关系中的作用大小来区分二者。① 可是，"作用大小"因素在刑法评价上缺乏明确性，致使在某些情况下正犯和共犯的区分标准处于模棱两可的状态。例如，行为人仅参与犯罪计划的部分制定且未直接实行犯罪，是否将其纳入正犯范畴便成为问题。如果认为行为人在共同犯罪中并非处于核心地位，在通说"正犯主犯论，共犯从犯论"观点支配下只能作为帮助犯处罚。帮助行为的归责限度在刑法学界属于方兴未艾的研究主题，因此，如何界定公约中帮助型同谋者的可罚性便成为一个问题。

## 第三节　破坏海底电缆、管道罪国际规约梳理

伴随人类开发利用海洋资源以及科技水平的提升，铺设海底电缆与油气管道逐渐成为世界各国满足远距离通信与油气资源运输载体的重要渠道。海底电缆较之卫星、微波等信道有限的通信手段，因其高质量、低成本、大容量的传输特性而日益受到青睐，自1850年世界上第一条海底电缆于英吉利海峡铺设成功之后，海底电缆技术获得迅速发展。目前全球海底电缆共有39000公里长，共连接33个国家和四大洲。与之对应，随着20世纪50年代中期人类发现海洋油气资源的同时，如何完成油气资源运输成为首要问题，而海洋管道的作用正是"将海上油气田所开采出来的石油或天然气汇集起来，输往系泊油船的单点系泊或输往陆上油、其库站"②，与油轮、汽车等传统油气资源运输方式相比，海洋管道具有承载量大、稳定安全及不易受天气影响等不可替代的优势，故成为当今世界各国海洋油气资源的主要运输载体与重要的能源支撑。海底电缆、管道不仅会受到礁石、急流等自然环境因素影响，亦可能被人类的海洋作业活动如挖沙、养殖、船舶作业等所破坏。近年来，破坏海底电缆、管道的事件时有

---

① 大谷实 . 刑法总论 [M]. 黎宏，译 . 北京：中国人民大学出版，2008：389-390.
② 赵华 . 海底油气管道的泄漏及预防 [J]. 油气田环境保护，2009（2）：54.

发生，如2001年的"中美海底电缆断裂事故"①、2003年的"东海大桥海底电缆赔偿案"②、2007年的"全国首例海底盗油案"③等案件不仅给我国造成巨额经济损失，更间接危及海上安全。如何构建有效维护海底电缆与管道之安全畅通，如何制定合理的国际法律文件对破坏海底电缆、管道的行为予以刑事制裁成为国际社会必须直面正视的现实问题。

## 一、国际立法沿革

迄今为止，国际社会对破坏海底电缆、管道罪的国际性立法规范主要包括1884年《保护海底电缆的巴黎公约》、1907年《陆战法规与惯例公约》、1928年《布斯塔曼特法典》以及1958年《公海公约》和1982年《联合国海洋法公约》。这些公约或专门针对破坏海底电缆、管道罪行进行了翔实之规定，或在部分条款中涉及此一罪行，从而形成了保护海底电缆、管道的系统性的国际法规范体系。

围绕海底电缆、管道安全维护的国际法律文件最早可以追溯至1884年3月14日签署的《保护海底电缆的巴黎公约》（以下简称《巴黎公约》），在此之前，虽有部分国家提出将一切故意干扰或破坏公海上电缆的行为视为海盗行为加以惩处的建议，但并未被国际社会所认同，1882年和1883年在法国的倡议下，包括英美等国在内的26个国家在巴黎举行国际会议，

---

① 2001年9月20日，联系亚洲和北美的中美海底电缆中断，使亚洲部分地区同北美之间的互联网连接受到影响。中美电缆断裂的大致位置在距汕头电缆登陆站20公里的地方。中国电信集团公司在调查后，认为是上海新海天航运有限公司的"安达海"轮走锚时钩断了电缆。9月27日，中国电信集团公司向广州海事法院提起诉讼，请求判令轮船所属的这家上海航运公司赔偿经济损失4000万元。（叶然.中美海底电缆断裂事故一案在广州开庭审理[EB/OL].新华网，2002-06-19.）

② 东海大桥于2002年6月26日始建，上海同盛大桥建设有限公司为东海大桥投资建设单位，中港第三航务工程局为东海大桥基础工程施工单位，2003年8月28日，嵊泗电力经营和管理的极Ⅱ电缆发生故障，造成停电事故。（高远.东海大桥海底电缆赔偿案终审判决[N].中国青年报，2005-12-08.）

③ 2007年7月27日，全国首例海底盗油案在山东省东营市一审公开宣判，两名主犯被一审法院判处死刑。此外，涉及该案的其他3名罪犯，分别被判处死缓和无期徒刑。在这起海底盗油案中，胜利油田海底输油管道被非法打孔，盗走原油10吨，原油同时大量泄漏，造成附近海域严重污染。据统计，直接经济损失近4亿元。（王晓易.东营海底盗油案适用重典[N].民主法制报，2007-08-06.）

专门讨论海底电缆的保护问题，这些准备工作直接促成了1884年《巴黎公约》的签署，该公约于1885年5月1日正式生效。[①]

《巴黎公约》是第一个将破坏海底电缆行为纳入国际犯罪的国际性公约，其对破坏海底电缆罪的成立条件、法律责任、刑事合作等方面的规定具有开创性意义。首先，《巴黎公约》对破坏海底电缆罪的犯罪构成从积极与消极两方面进行了规定，按照该公约第2条的规定，"故意或因重大过失切断或损害海底电缆，导致电讯完全或部分中断或受阻的行为，均为应受惩罚的犯罪行为"，这是构成破坏海底电缆罪的积极条件。从公约的上述规定可以看出，破坏海底电缆的行为不仅包括故意行为亦包括重大过失的行为。这是破坏海底电缆行为同其他海上非传统安全犯罪行为的最大不同。例如，海盗犯罪、危及海上航行安全犯罪、危及大陆架固定平台安全犯罪都是以犯罪故意作为主观罪过形态的犯罪类型。《公约》之所以将重大过失作为破坏海底电缆、管道罪的罪过形态，这与其客观形态具有联系。从现实情况来看，一定数量的破坏海底电缆的行为均由海上船舶的航行疏忽所致，捕鱼作业、海底施工、海上通航的不当操作都可能导致海底电缆的破坏。因此，将重大过失作为破坏海底电缆行为的主观形态符合现实要求。同时，该条文亦从消极方面对不构成破坏海底电缆罪的情形进行了规定，即"本规定不适用于犯罪方只是为了救助其生命或其船舶的合法目的，在采取避免海底电缆断裂或损害的一切必要预防措施后仍发生的海底电缆断裂或损害"。这是在立法层面对出于紧急避险情形而实施的破坏海底电缆行为的免责规定。其次，《巴黎公约》对破坏海底电缆罪的法律责任亦进行了设定。按照该公约第4条之规定，"某一电缆所有人如在铺设或修理其电缆时，造成另一电缆断裂或损害，应支付对此种断裂或损害进行必要修复的费用；但是，如果存在实施本公约第2条的理由，这种支付并不妨碍此种实施"。这是对刑事责任附带民事赔偿责任的立法确认。当然，按照《巴黎公约》第7条之规定，如果船舶所有人为了保护电缆不受损害而牺牲自己的锚等财产，上述损失应由电缆所有人承担，但损失财

---

① 王赞. 增设破坏海底电缆和管道罪之必要性 [J]. 大连海事大学学报（社会科学版），2008（5）：10.

产的举证责任由船舶所有人承担。最后,《巴黎公约》确认了对破坏海底电缆罪的船旗国管辖原则,按照该公约第8条之规定,"有权审理在船上发生的违反本公约的行为的法院,应当是该船所属国的法院。此外,兹认为,如果前款规定不能实施,各缔约国应根据本国的特殊法律或国际条约所确立的刑事管辖权的一般原则,阻止其国民或公民违反本公约的行为"。

在《巴黎公约》将破坏海底电缆、管道的行为作为国际罪行进行规定之后,禁止破坏海底电缆、管道之规定开始出现在不同的国际公约中。如作为规定战争法规基本原则和规范的《陆战法规与惯例公约》于1907年在海牙会议上通过,其中亦涉猎海底电缆的维护规定,即"占领地与中立领土相连接的海底电缆除在绝对必要的情况下不得予以夺取或毁坏。同样,这些海底电缆必须于媾和时予以归还,并且给予补偿"。此一规定的特色在于针对战争状态时对海底电缆的破坏情形进行了除外规定,也即承认特殊情形下电缆破坏的可能,此种情形通常出现在战时期间。也正因为情况的特殊性,所以《公约》在允许破坏的情况下进行了电缆修复、归还、赔偿的必要规定;而1928年的《布斯塔曼特法典》中则规定"对于在公海及在其上空以及在尚未组织成为国家的领土内所犯的海盗罪、贩卖黑奴罪、贩卖白奴罪、破坏或破坏海底电缆罪以及一切其他类似性质违反国际公法的罪行,均应由逮捕者依其刑法予以惩处"。从而将破坏海底电缆、管道的犯罪视为与海盗、贩奴等类似的国际罪行。

上述公约构成了对破坏海底电缆、管道罪进行规制的国际立法规范的雏形,具有重要意义,但同时亦存在缺憾,如《巴黎公约》囿于当时人类科技水平的局限,海底管道尚未得到实践运用,故将本罪的对象仅规定为海底电缆。而《陆战法规与惯例公约》虽申明了战时对海底电缆保护的必要性,但作为一部战争法规的国际法典不可能对破坏海底电缆罪的实体要件、刑事责任等诸多问题进行细化规定。与之类似,《布斯塔曼特法典》虽首次提出了破坏海底电缆罪与海盗、贩奴等国际罪行性质类似的主张,但对其具体刑事责任追究的规定亦属空白。

真正对破坏海底电缆、管道罪的实体要件、刑事管辖等问题进行细化规定的国际公约是1958年的《公海公约》和1982年的《联合国海洋法公约》，前者基于国际社会共同保护海底电缆和管道的现实需要①，在重申之前的国际公约中"禁止破坏海底电缆"的基础上，将保护范围进行了调整，使之囊括海底电缆和海底管道，同时对犯罪成立主观方面亦做出了部分调整。根据该公约第27条之规定，每一国家均应制定必要的法律措施，规定悬挂该国旗帜的船舶或受其管辖的人故意或因疏忽行为而破坏或损害公海海底电缆，致使电报或电话通信中断或受阻的行为，以及类似的破坏或损害海底管道或高压电缆的行为，均为应予处罚的行为。此项规定不适用于个人基于保全其生命或船舶之正当目的，虽曾为避免破损做一切必要之预防而仍发生之任何破坏或损害情事。此一规定不仅对破坏海底电缆、管道罪的实体要件、阻却犯罪事由进行了细化，亦确定了船舶的船旗国及犯罪人的国籍国作为管辖依据。不仅如此，公约亦对海底电缆或管道的所有者的损害赔偿责任以及因电缆造成的损害赔偿责任进行了规定。即第28条："各国应采取必要立法措施，规定凡受该国管辖之公海海底电缆或管线所有人因敷设或修理此项电缆或管线致有破坏或损害另一电缆或管线之情事者，应偿付其修理费用"。第29条："各国应采取必要立法措施，确保船舶所有人之能证明其为避免损害海底电缆或管线而捐弃一锚、一网或其他渔具者向电缆或管线所有人取得赔偿，但以船舶所有人事先曾采取一切合理之预防措施为条件。"《联合国海洋法公约》对破坏海底电缆管道罪的实体要件、法律责任等方面的规定基本继承了《公海公约》的相关条款，但在其实体要件中增加了"此项规定也应适用于故意或可能造成这种破坏或损害的行为"的所谓"危险犯"之规定，这无疑扩充了本罪的实行行为范畴。

---

① 《公海公约》赋予所有缔约国在公海海床铺设电缆和管道的权利。但是，各缔约国在行使权利时应当注意保护已有的电缆和管道，避免造成不必要的损害。根据第26条规定：1. 所有国家均有权在公海海床上铺设海底电缆和管道。2. 除行使为勘探大陆架及开发其自然资源而采取合理措施的权利外，沿海国不得妨碍此种电缆或管道的铺设或维护。3. 在铺设此种电缆或管道时，有关国家应充分注意海底已有的电缆或管道，特别是不得妨碍对现有电缆或管道进行修理的可能性。

## 二、破坏海底电缆、管道罪的实体要件梳理

如前文所述，《联合国海洋法公约》是目前最具代表性、最权威的规制破坏海底电缆、管道罪的国际立法文件，故笔者主要围绕其中的立法规定提炼破坏海底电缆、管道罪的实体要件。

（一）客体要件

对于本罪所侵犯的法益，学理上一般将之笼统地表述为"海上公共安全以及秩序"[①]、"海上公共秩序"[②]等类似之用语，其实，对任何海上国际犯罪而言，海上公共秩序均可作为其被害法益予以囊括，就像将犯罪客体提炼为"社会主义社会秩序"一般，作为整个犯罪所侵犯客体的最上位概念自然是成立的，但显然这样的归纳失之宽泛，在将破坏海底电缆、管道罪作为个罪进行分析时，必须指出其具体所侵害之法益作为犯罪客体才是合适的。显而易见的是，海底电缆和管道所承载的功能与本罪的犯罪客体之间存在密切联系，如前文所述，海底电缆所承载的功能主要是远程通信，故与其直接关联的法益应是通信方面的公共安全，而海底管道的主要功能是海洋油气资源的运输载体，故与其对应的法益是能源运输乃至海洋环境污染方面的公共安全。通过上述分析可以看出，破坏海底电缆、管道罪虽在《联合国海洋法公约》中被作为一种国际罪行进行规定，但由于海底电缆和管道两种不同的犯罪对象决定了其侵害法益有所差别，虽然从世界范围及各国关于海底电缆、管道的国际立法与行政管理立法来看，海底电缆、管道总是作为一种法律地位相同的对象对待，但从其承载的功能来看确有差别，而与其直接关联的被害法益亦存在不同。

（二）本罪客观要件

按照《联合国海洋法公约》第113条之规定，本罪客观方面表现为两种行为类型。其一为"破坏或损害公海海底电缆，致使电报或电话通信停顿或受阻的行为"以及"类似的破坏或损害海底管道或高压电缆的行为"。显然公约对此类客观方面行为的规定聚焦在"破坏或者损害"，其不仅涵

---

[①]　杜晓君.略论破坏海底电缆管道罪[J].太平洋学报，2009（9）：13.

[②]　赵微，王赞.海上国际犯罪研究[M].北京：法律出版社，2015：293.

盖了直接针对海底电缆和管道的"毁坏、割裂、击穿、碰撞、中断、妨碍、转移"等行为，亦囊括了针对海底电缆附件使用和性能所实施的其他行为，换言之，破坏或者损害最终指向的是妨害海底电缆和管道正常使用的任何行为。对于此类行为发生的时空环境，包括公海及专属经济区，只不过对于破坏或者损害公海海底电缆的行为，构罪还要求"致使电报或电话通讯停顿或受阻"，即必须出现实害结果。其二为"故意或可能造成这种破坏或损害的行为"，与上一种行为类型相较，此类行为是海洋法公约在之前的国际公约中新增加的行为类型，公约的规定较为模糊，学理上一般做如下解读，即此种行为是指"企图毁坏、击穿、损害、破坏、妨碍或者转移海底电缆及其附件、管道，而进入标有海底电缆禁区的行为"。[①]此一解读与公约的规定相比，对犯罪对象进行了限缩，因为公约的上述规定针对的是故意实施的可能对海底电缆和管道造成破坏或者损害的行为，而学理上的解释则仅将"进入海底电缆禁区"的行为纳入其中，海底管道因为不存在所谓的"海底管道禁区"，故可能破坏或者损害海底管道的行为将无法入罪。所以，上述解释结论仅是对"故意或可能造成这种破坏或损害的行为"的典型样态的说明，所有的海上作业活动要避开标有"海底电缆禁区"的区域是一种国际惯例，并为绝大多数国家国内立法所规定[②]。但从学理关于此类典型行为的描述来看，"故意或可能造成这种破坏或损害的行为"从根本上而言，应属于第一种行为类型的预备行为，即"为实行犯罪制造条件"的行为，很显然，明确此种行为类型亦应受到处罚较之第一种行为类型扩大了其处罚范围。

从《巴黎公约》至《联合国海洋法公约》，对破坏海底电缆、管道罪的客观行为除上述积极构罪条件之外，亦均规定了消极要件即"免责事由"。按照海洋法公约第113条之规定，"对于仅为了保全自己的生命或船舶的正当目的而行事的人，在采取避免破坏或损害的一切必要预防措施后，仍然发生的任何破坏或损害"的行为不构成本罪。学理上一般将此项

---

① 杜晓君.略论破坏海底电缆管道罪[J].太平洋学报，2009（9）：13.

② 我国相关行政法律、法规等亦有类似之规定，参见《海底电缆管道保护规定》《铺设海底电缆管道管理规定》等法律文件。

规定的实质根据解读为"紧急避险",即行为人在"紧急"状态下,为了保护生命或者船舶的正当目的而不得已实施了导致海底电缆、管道破坏或者损害的行为,①主观上的避险意图与客观上的避险行为似乎符合紧急避险之实质。倘细加分析,本条之规定与紧急避险之间仍存有差异:因为在紧急避险的场合,行为人是基于保护价值较大的法益而不得已损害价值较小的法益的意图而实施的"法益侵害"行为,就行为人主观而言,除了其目的正当性之外,对于所侵害的法益认知是确定的,同时在客观面的"不得已"所对应的是,行为人除了实施侵害行为之外别无他法。但就本项规定而言,客观上却要求行为人"在采取避免破坏或损害的一切必要预防措施后",这是紧急避险情形所不具备的,在紧急避险的场合并不需要行为人采取一定的防范措施,只要证明此种造成法益侵害的行为是不得已实施的即可,故此,笔者更倾向于将海洋法公约的上述规定理解为基于"期待可能性"所衍生的免责事由。与紧急避险所秉持的"紧急时无法律"的理念不同,期待可能性理论是基于"法律不强人所难"的理念,在"紧急"情况下,当行为人基于正当目的且采取避免破坏或损害的一切必要预防措施后,仍发生法益侵害结果的行为,很显然无法对行为人进行归责,这正是"法律不强人所难"的应有之义。不仅如此,将本项规定的实质根据理解为"期待可能性"的法理适用,意味着本项规定仅是行为人的阻却责任事由,从而与将本项规定解读为"紧急避险"所认可的"违法阻却事由"不同,由于紧急避险属于违法阻却事由,故行为人在紧急状态下的行为是因为其属于"合法"行为从而阻却犯罪成立,而阻却责任事由则是因为行为人的行为欠缺责任要件从而不构成犯罪。两相对比,紧急避险意味着本项规定中的行为属于合法行为,在"一体化"的思维下,不仅是刑事意义上的合法行为,亦是其他法意义上的合法行为,但海洋法公约在第114条和第115条关于赔偿责任的规定中间接肯定了此种状态下的民事责任。基于上述考量,将上述规定理解为阻却责任事由更为妥当。

---

① 杜晓君.略论破坏海底电缆管道罪 [J].太平洋学报,2009(9):13;王赞.增设破坏海底电缆和管道罪之必要性 [J].大连海事大学学报(社会科学版),2008(5):10.

### （三）主观要件

本罪主观方面按照海洋法公约之规定为"故意或因重大疏忽"，学理上一般认为本罪主观方面既可以由故意构成，亦可以由过失构成。尽管公约条文的表述"重大疏忽"与大陆法系国家刑法中所形成的"犯罪过失"的表述不尽相同，但笔者仍支持一般之解读，即这里的重大疏忽应理解为过失。从现实情况来看，一定数量的破坏海底电缆的行为均由海上船舶的航行疏忽所致，捕鱼作业、海底施工、海上通航的不当操作都可能导致海底电缆的破坏。因此将过失作为破坏海底电缆行为的主观形态符合现实要求。如前文所述，破坏海底、电缆管道罪作为一种国际犯罪，一旦发生损害结果，通常会造成巨大的人身伤亡、财产损失，同时也会对海洋生态造成严重污染。相应地，与国内刑法中危害公共安全相关犯罪如破坏广播电视设施、公用电信设施罪，破坏易燃、易爆设备罪形成对应的，是过失损坏广播电视设施、公用电信设施罪，过失损坏易燃、易爆设备罪之法条设定。与上述犯罪情形对比，过失损害海底电缆、管道的犯罪行为所造成的法益侵害结果其严重性程度至少是相当的，故将"重大疏忽"与过失对应存在合理性。当然，对于犯罪过失而言只适用于公约所确定的破坏海底电缆管道罪的第一种行为类型即"破坏或损害公海海底电缆，致使电报或电话通信停顿或受阻的行为，以及类似的破坏或损害海底管道或高压电缆的行为"，而对于第二种行为类型即"可能造成这种破坏或损害的行为"的危险犯类型则只能由故意构成。同时亦必须明确的是，过失犯罪无论是疏忽大意的过失抑或过于自信的过失，均以实际发生危害结果为必要条件。

### （四）本罪主体要件

破坏海底电缆、管道罪的主体为自然人，公约条文所表述的"悬挂该国旗帜的船舶或受其管辖的人"虽将船舶与自然人均作为本罪的主体，但显然，作为刑事责任主体的只能是自然人。

### 三、破坏海底电缆、管道罪的国际立法审视

随着保护海底电缆、管道安全在国际社会达成共识，世界各国就此订立的条约逐渐增多，条约体系日益完善。这从上述一系列涉及此类罪行的国际法律文件中可窥一斑。但其中仍存在一些不足之处，具体体现在以下几个方面。

其一，破坏海底电缆、管道罪的罪名设置问题。从设置本罪最早的《巴黎公约》到晚近的《联合国海洋法公约》，国际公约对本罪的犯罪构成要件方面有所调整，但对本罪之罪名即"破坏海底电缆、管道罪"却无任何之改变。国际公约将本罪视为国际罪行，意在对国际海底电缆与管道进行一体保护，因为海底电缆与管道均是人类海洋开发利用活动的产物，且均位于海底，两者具有相似的属性，从此一层面看，海洋法公约围绕铺设海底电缆、管道的权利，海底电缆、管道的损害及赔偿责任等进行一体性规定具有合理性。但正如前文所述，海底电缆与管道毕竟承载的功能不同，前者主要负担的是通信功能，后者则承担能源输送渠道的功能。相应的，针对前者的破坏活动仅会对通信安全造成影响，而后者则直接关涉能源安全、海洋生态环境等法益，两者同在海洋公共秩序或安全这一上位概念之下，但又有不同的表现内容。国际公约将破坏海底电缆和管道的行为一体把握作为同样的罪名进行规定，很显然没有顾及两者所侵犯的具体法益内容的差别。与之相关联的是，国际公约对国际罪行的规定一般仅确定其罪名，而对其刑罚设定则只能委诸各国刑法进行确定，虽然公约对破坏海底电缆和管道的行为一体适用"破坏海底电缆、管道罪"的规定，这似乎意味着破坏海底电缆和破坏海底管道的行为其量刑也应采用相同之标准，但这样的立法设置不仅与当下各国刑法典的规定存在冲突，亦与破坏海底电缆、管道罪的实然情形不符。纵观当下各国刑法典的规定，鲜见在刑法中直接规定破坏海底电缆、管道罪的立法例，而与之相近的破坏公用电信设施类犯罪[①]显然无法容纳破坏海底管道的犯罪行为，为惩治破坏海

---

① 如德国刑法第317条规定的扰乱电信事业罪，瑞士刑法典第239条规定的危害公共交通设施罪，意大利刑法典第433条规定的危害电话通信安全罪等即是例证。

底管道的行为必须另立如我国刑法第118条所规定的"破坏易燃易爆设备罪"等相似罪名。上述立法通例的形成不仅与破坏海底电缆、管道罪的保护法益对应，亦与两者的危害性程度对应。与破坏海底电缆罪相比，破坏海底管道罪很显然侵犯的是复合法益，而实践中破坏海底管道的犯罪行为更可能引发人身伤亡、大范围海洋环境污染等较之"妨碍通信"更为严重的后果，故破坏海底管道犯罪对应的犯罪其法定刑也比破坏海底电缆犯罪更重，这些都是两种犯罪法益侵害实然状态的立法体现，从这一层面看，国际立法对两种被害法益性质不同、危害性程度亦有明显差异的犯罪行为进行一体性规定似有不妥。

其二，战时破坏海底、电缆管道行为的认定有待明确。学理上不少学者提出，《巴黎公约》《公海公约》与《联合国海洋法公约》关于破坏海底电缆、管道罪之规定，均适用于和平时期，而非战争时期的法律规则。对于战时破坏海底电缆、管道行为的法律认定上述公约并未明确，虽然1907年第二次海牙会议通过的《陆战法规与惯例公约》中亦明确提出，禁止夺取或破坏联结被占领的敌国领土和中立国领土的海底电缆，如认为在绝对必要的情况下可以破坏但在媾和与战争结束后必须予以恢复或必要的赔偿。这些含混不清的国际立法规定造成了学理上的困扰，对于战时破坏海底电缆、管道的行为是否构罪、构成何罪均存有争议。部分学者提出，《陆战法规与惯例公约》中尽管有禁止战时破坏海底电缆、管道的规定，但并未明确将其作为一种国际犯罪进行规定，从国际刑法的罪行法定原则出发，此种行为并不构成犯罪[1]；另有学者主张，海底电缆、管道担负着不同国家之间通信、电力和油气运输等任务，这些设施事关人类的福祉，因此对其的破坏会损害到人类的基本利益，故上述行为应以战争罪进行处罚。[2] 很明显，战时破坏海底电缆、管道的行为与和平时期破坏海底电缆、管道的行为在法益侵害性程度上并没有本质差别，此种行为不构成犯罪的观点显然有量刑失衡之嫌。尽管在相应的战争法规则中并未明确确立"破坏海底电缆、管道罪"这样的罪名，但不代表此种行为当然不构成

---

① 赵微，王赞 . 海上国际犯罪研究 [M]. 北京：法律出版社，2015：295.
② 杜晓君 . 略论破坏海底电缆管道罪 [J]. 太平洋学报，2009（9）：14.

犯罪，因为战时破坏海底电缆、管道的行为可能已经构成战争罪，其只不过作为战争罪的其中一项内容，用战争罪对其进行评价已经足够。与此同时，与危及整个人类和平与安全的诸如谋杀、虐待战俘、杀害人质、使用生化武器、大规模毁灭人类的武器等典型战争罪的表现形态相较，破坏海底电缆、管道的行为并不典型，且在很多情形下，战争罪本身并不成立的前提下，破坏海底电缆、管道的行为无法按照战争罪追究刑事责任。上述将破坏海底电缆、管道的行为视为损害人类疾病利益的行为，进而类比战争罪的做法过于宽泛，因为正如前文所述，国际犯罪的概念本身就是以侵害人类社会、国际社会共同利益为前提的，按照论者的解读，所有的国际犯罪都构成战争罪，这样的解读显然不合适。故笔者主张，对于战时破坏海底电缆、管道的行为，当其作为战争行为的一部分且构成战争罪时，以战争罪对其进行评价是合适的，相反，战争罪本身不成立时，即可适用其他国际公约之规定认定为破坏海底电缆、管道罪。

其三，管辖权设置的冲突。对于破坏海底电缆、管道罪的管辖权问题，《巴黎公约》与《联合国海洋法公约》均是围绕船旗国管辖与属人管辖进行规定①，但前者确立了船旗国管辖优先的原则，即第8条之规定，"有权审理在船上发生的违反本公约的行为的法院，应当是该船所属国的法院。此外，兹认为，如果前款规定不能实施，各缔约国应根据本国的特殊法律或国际条约所确立的刑事管辖权的一般原则，阻止其国民或公民违反本公约的行为"；而后者则规定"每个国家均应制定必要的法律和规章，规定悬挂该国旗帜的船舶或受其管辖的人"，这意味着船旗国管辖与属人管辖不存在位阶性，根据国际法的一般理解，船旗国管辖权针对整条船舶，包括船舶上的人、物和事件，为此，船舶上的外国人应当属于船旗国管辖范围之内，对此类人员船旗国可适用船旗国管辖原则对其进行管辖，但根据属人管辖原则，此类人员的国籍国亦可对其进行管辖，当船旗国与国籍国分属不同国家时，便面临管辖权竞合的问题。对此问题，海洋法公

---

① 与《巴黎公约》和《联合国海洋法公约》不同，《布斯塔曼特法典》确立了对破坏海底电缆、管道罪的普遍管辖原则，即缔约国均有逮捕、审判、惩罚此种罪行的权力，但此一法典由于只是洲际性的立法公约，适用范围有限。

约并未明确如何处理，虽然学理上将"船旗国管辖视为最高管辖原则"的学者不乏其人，但此种学理意见并未被国际立法实践完全承认。不仅如此，从《联合国海洋公约》的相关规定来看，对于诸如发生于公海之上的海盗、贩奴、贩运麻醉药品等行为适用普遍管辖权，但同样是发生于公海之上的破坏海底电缆、管道的行为却适用船旗国管辖与属人管辖原则，两者均属于国际犯罪之类型，在管辖权的设置上却存在如此差别，就国际海底电缆、管道的保护而言似有不足。

## 第四节　海洋环境污染罪的国际立法实践

自环境问题引发世界各国关注以来，海洋环境污染问题就成为国际社会关注的重点，海洋环境犯罪亦被视为危害国际环境犯罪的下位概念，如国际刑法学家巴西奥尼教授对危害国际环境犯罪所做的定义，即"一国违背了国际义务，对空气、海洋和河流造成重大的污染，导致其他国家或另一国家的毁坏和损害，或严重影响了空气、海洋和河流的生存性和洁净性，或毁坏了全部或一部分环境，或严重危害了海洋和国际水道中的植物群和动物群，以及希望或放任对遭到危害的物种的破坏环境的行为"①。但与陆地污染、大气污染相较，海洋的流通性决定了海洋环境污染具有跨地域性、危害结果的扩散性等国际属性。因此，仅靠某个国家的力量难以实现对海上环境污染犯罪的有效控制，国际社会从20世纪60年代开始，逐渐形成了一系列规制海洋环境污染的国际立法文件，有学者以时间为谱系将从1954年的《国际防止海上油污公约》到1992年联合国里约热内卢环境与发展大会，关于海洋环境污染的国际立法分为四个阶段，以《国际防止海上油污公约》《联合国海洋法公约》等标志性法律文件为节点，界分为海洋环境污染立法的萌芽时期、法律制度形成时期、繁荣时期、成熟时期四个阶段。②这样的阶段划分对于理解海洋环境污染的相关国际立法当

① 王秀梅．国际环境犯罪惩治的理论与实践 [J]．外国法译评，1999（3）：3.
② 范晓莉．海洋环境保护的法律制度与国际合作 [D]．北京：中国政法大学，2003.

然具有借鉴意义，不过，笔者认为，按照海洋环境污染的来源不同进而形成的国际立法内容之不同为标准进行类别性的划分，或许更为适宜。如前文所述，海洋环境污染源包含陆源污染、船舶污染、海上事故、海洋倾倒废物以及海岸工程建设等形式各异的污染样态，而污染物有包含石油、重金属、酸碱、固体废物等各种差异较大的物质，如果根据污染源之具体内容划分，则海洋环境污染的国际立法包含三类：第一类是以海洋石油污染为重点的立法文件，如《防止船舶污染国际公约》《防止海洋石油污染国际公约》《国际干预公海油污染事故公约》等；第二类是以海洋倾倒废物为重点的国际立法，以《防止倾倒废弃物及其他物质污染海洋的公约》为代表；第三类则是以《联合国海洋法公约》为代表的全要素海洋环境污染国际立法。从针对上述污染样态的国际立法来看，以1982年《联合国海洋法公约》为时间节点，明显呈现出两个阶段，在海洋法公约之前的立法阶段主要是针对船舶污染，且主要集中于船舶油污污染，《联合国海洋法公约》则囊括了实践中的绝大多数污染形态，可谓"全要素"海洋环境污染国际立法。这种立法规律显然与人类开发利用海洋的技术手段不断强化直接关联，在早期，船舶是造成海洋环境污染的主要污染源，而伴随人类大规模开发利用海洋时代的到来，造成海洋环境污染的因素必然增多，规制其的立法必然因应改变。

## 一、国际立法规范梳理

如前文所述，目前惩治海洋环境污染的国际立法规范为数众多，笔者拟以海洋环境污染源不同为基本分类标准，做出如下梳理。

（一）船舶污染类的国际立法——以《MARPOL73/78公约》为代表

如前文所述，早期国际社会对海洋环境污染的关注重点是船舶本身对海洋造成的油类污染，早在1926年即在美国华盛顿召开过"航行水域石油污染"（Conference on oil Pollution of Navigable Waters）的国际会议，并且提出防止船舶燃料油污的倡议，此次会议虽未形成任何法律文件，但为国际社会共同治理海洋环境污染问题提供了某种先机。第一个保护海洋环境的国际性公约诞生于1954年4月26日至5月12日在伦敦召开的防止海洋污染第一次国际外交会议，此次会议通过的《国际防止海上油污公约》是防止船舶油类污染海洋的第一个国际性公约，亦是整个海洋环境问题的第一个国际性公约。该公约首次提出"造成海洋污染是一种应受惩罚的违法行为"的理念，并在公约中重点对船舶排放油类污染进行了类型化规定。按照公约之规定，海域沿岸设立禁止排放油类和油性混合物的禁区，同时就不同的类型和不同吨位的船舶设置了不同的禁止制度。禁止油轮在禁区内排放油类或油性混合物，非油轮排放时应尽可能远离海岸12海里以外，载运2万吨或以上散装货油的船舶无论在禁区内还是禁区外都不得排放油类和油性混合物。公约要求各缔约国政府采取一切必要措施，在港口配备接收船舶废油、残油和油性混合物的装置要求使用燃油的船舶及油轮备有油类记录簿，以记载油轮排出的含油污水、事故或偶然排放油类等情况。公约签订之初所适用的船舶类型应是不小于150吨的油轮以及不小于500吨的其他类型船舶，经过1962年的修正，不仅将原先的50海里禁区扩大到100海里，同时，亦将适用于500吨位以上的其他船舶修改为150吨以上。总体来看，该公约对船舶油污类污染的规制主要集中在技术层面，如根据船舶吨位确定其排污设备的设置、技术参数、排油率、排放的混合物排油量等技术指征，1969年的补充修正更是将"顶装法"的油轮排污方式进行了明确设置。[①] 这些技术手段的设置固然可为国际社会共同防止船舶油类污染提供可资参考的统一标准，但是，在海洋大规模开发利用的现实背景下，上述公约的局限性则暴露无遗。第一，当今海洋活动的污染行为呈现出纷繁多样的形式，单纯将石油污染作为海洋环境污染的规制目标已然不能满足需要。第二，《国际防止海上油污公约》在管辖权问题上仅规定了船旗国的专属管辖。但海洋污染行为基于海域的流动性特征蔓延至其他海域，仅赋予船旗国专属管辖权无视沿海国对其管辖海岸的污染管辖权，不能很好地实现海洋环境保护。[②] 第三，《国际防止海上油污

---

① 顶装法是指通过洗舱和压舱油性混合污水引入船上的油柜加热，经过一段时间的沉淀，油水将自然分离的排污方式。

② 杜大昌. 海洋环境保护与国际法 [M]. 北京：海洋出版社，1990：42.

公约》对于污染行为仅设置了单一的民事处罚措施，并未就相关船舶及人员刑事责任做出规定，且将具体处罚措施委诸各缔约国国内法，各国仅有向海事协商组织报告处罚结果的义务，此一法律责任的设定较为空泛，且处罚力度有限，公约的实际适用效果必然大打折扣。

正是由于《国际防止海上油污公约》的若干不足，直接催生了针对船舶污染全面技术管理的最重要的公约，即《防止船舶污染国际公约》。1973年10月8日至11月2日，政府间海事协商组织（现已更名为国际海事组织）于伦敦召开了由70余国参加的防治海洋环境污染的国际会议。此次会议在1954年《国际海上油污公约》及其后的各项修正案的基础上起草了《1973年防止船舶污染国际公约》，其后1978年国际油轮安全和防止污染会议上，讨论并通过了《1973年防止船舶污染国际公约1978年议定书》，将公约的附件一进行了补充修改。对船龄在10年及10年以上的油轮，规定了更为严格的检查、检验和发证要求。此相互补充的两个法律文件构成一个整体，被统称为《MARPOL73/78公约》，其后再经1997年议定书修订，形成了一个具有六个附则的专门技术性公约，迄今为止，该公约已成为几乎遍布全球的港口国监控组织的必查项目。较之《国际防止海上油污公约》，《MARPOL73/78公约》对于船舶污染的规定更为详尽：

其一，对于本公约之立法目的，正如公约第一条所言"防止由于违反公约排放有害物质或含有这种物质的废液而污染海洋环境"，在此一立法目的下，公约不仅适用于船舶操作性污染以及非由于船舶或设备损害而造成的事故性污染，也适用于因股东、船长故意或明知损害很有可能发生仍轻率行为且船舶或设备损害而造成的船舶事故性污染。对于公约的如上规定，一般认为，所谓非由于船舶或者设备损害而造成的事故性污染，如船员卸载原油完成后忘记关闭阀门造成泄露，通常均可由船长和船员主动控制和避免，事故一旦发生，均可归因于船长和船员的主观故意。[①] 故此，对船舶污染的责任主体的主观罪过心态明确为故意，即"故意实施污染行为的可给予制裁"，对于过失且船舶或设备损害而造成的事故性污染，不

---

① 马亚东.国际条约中船舶污染刑事责任要件在国内的严格化适用[J].中国人民公安大学学报（社会科学版），2014，30（1）：149.

要求缔约国追究其法律责任。

其二，在管辖权设置方面，该公约对船舶污染规定了沿海国的属地管辖权条款。这是对《国际防止海上油污公约》的突破，具体言之，沿海国可以通过检查过往船舶的相关证书是否与船舶登记设备不符的情况来判断是否可能存在船舶污染发生的可能性。当然，《MARPOL73/78公约》对沿海国属地管辖的规定附加了一定的条件，即如果存在上述情况，沿海国可以采取措施限制该船舶出港，并对该船舶采取暂时性的制裁措施，但该国应将相关的证据提交至船旗国，由船旗国对该船舶实施最终的司法措施，换言之，该公约在确立沿海国属地管辖权的基础上，又与船旗国的专属管辖权进行了一定程度的折中。

其三，公约对船舶污染物范围的设定更为广泛。按照公约之规定，"任何进入海洋后易于危害人类健康、有害生物资源和海生物，损害休憩环境或妨害对海洋的其他合法利用的物质，并包括应受本公约控制的任何物质"。与此对应所建立的污染物管理制度，包括因油类物质、包装物质、污水和垃圾等物质所造成的污染。当然，公约的主体仍然关注船舶的油类污染，因此，对油轮的技术性管控仍是其重点，相比《国际防止海上油污公约》中对于油轮规格的要求，该公约要求总载重量超过70000吨的新油轮必须设有隔离舱，并且禁止油水管道进行混用。4000吨以上的非油轮禁止使用燃油箱储水。对于油水分离、管道系统、油槽排列、过滤系统等具体油轮建造规格等在公约附件中进行了详细规定。

《MARPOL73/78公约》目前已取代1954年《国际防止海上油污公约》，成为防止船舶污染的最重要的国际性条约，"主管国际组织制定的一般接受的船舶污染防控国际规则和标准"亦成为其代名词[①]，当然，该公约的法律责任设定仍有不足，如未明确船舶污染的刑事责任设定，不免影响船舶污染的制裁力度等。

（二）海洋清废类的国际立法——以《1972年伦敦公约》为代表

20世纪70年代初期国际社会一直存在向海洋倾倒废物的问题，海洋

---

① 马亚东.国际条约中船舶污染刑事责任要件在国内的严格化适用 [J].中国人民公安大学学报（社会科学版），2014，30（1）：142.

污染事件频发，在一些遭受海洋污染的沿海国强烈谴责和要求下，《防止倾倒废弃物及其他物质污染海洋的公约》（简称《1972年伦敦公约》）首次于1972年在瑞典斯德哥尔摩举行的联合国国际环境会议上被提出，后进行过多次协商，最终于1972年12月在伦敦召开的第三次政府间海上倾倒会议上通过，并于1975年8月30日正式生效。①之所以单独研讨该公约，是因为此公约乃目前为止唯一的专门针对海洋倾倒废弃物的国际公约，与海上油污、船舶污染等国际公约均存在不同之处。该公约签署后经过多次会议协商形成若干补充修正，共计22项条正文，3个附件，2个附录。其主要内容涉及以下几个方面：

其一，公约对"倾倒"的含义做出了明确的界定，即任何从船舶、航空器、平台或其他海上人工构筑物上有意地在海上倾弃废物或其他物质的行为；任何有意地在海上弃置船舶、航空器、平台或其他海上人工构筑物的行为。显然，与之前的海洋环境污染以防止船舶污染为重点不同，该公约将海洋环境污染源的范围进行了扩大，"船舶、航空器、平台或其他海上人工构筑物"都可能构成海洋环境污染源的主体。相反，"船舶、航空器、平台或其他海上人工构筑物及其设备的正常操作所附带发生或产生的废物或其他物质的处置"则不构成倾倒，此一条款的设置将本公约之适用范围与之前的国际公约相区隔，后者如《MARPOL73/78公约》除规制船舶油类污染之外，亦涉及如各类船舶机舱舱底污水排放的技术性规范，但与此处的"倾倒"显然判若云泥。

其二，废弃物的分类管理制度。在《1972年伦敦公约》达成之初，为获得各缔约国的认同，对向海洋倾倒废弃物的行为并非一律禁止，而是将废弃物分为三个层次，实行有限禁止的制度。第一层次的废弃物属于严格禁止向海洋倾倒的废弃物，如有机卤素化合物、汞及汞化合物等；第二层次的废弃物属于有条件许可的可倾倒废弃物，如砷及其化合物、铝及其化合物、氰化物等。此种废弃物的倾倒必须经过特别许可并采取特别的防范污染措施后才可以倾倒；第三类废弃物属于除了第一种类和第二种类废弃

---

① 我国于1985年加入伦敦公约成为其缔约国，并在同年颁布《海洋倾废管理条例》，具体规定了与公约相一致的管理机制和程序，在某些方面比公约规定的更具有广泛性和强制性。

物之外的轻污染物质的排放，此种类型的污染物可以在指定的区域内倾倒，此时应根据物质的特性与成分、倾倒地点及堆积方法的特点、对海洋生物的影响等综合确定。不过，随着海洋环境污染事件的频生，对上述清废公约进行修正后形成的《1996年议定书》规定要求除了核准名单之外的物质一律禁止排放。可见，海洋资源的共同保护意识已在世界各国间达成共识。

其三，关于合作机制的建构。《1972年伦敦公约》第八条规定："为促进本公约各项目标的实现，对于保护某一特定地理区域的海洋环境有共同利益的各缔约国，应考虑到特定区域的特征，尽力达成与本公约一致的防止污染（特别是倾倒造成的污染）的区域协定。本公约各缔约国应尽力按这类区域协定的目标及规定行事，该机构应将这类协定通知各缔约国。本公约各缔约国应寻求与这类区域协定的各缔约国合作，以制订其他有关公约的缔约国所应遵守的协调程序。特别应注意在监测和科学研究方面的协作。"同时，对于公约第六条所规定的"缔约国应设置相关的机构用于执行颁发各种海洋倾倒废物的许可证"，在发给这类特别许可证之前，该缔约国应与可能涉及的任何国家及该"机构"协商，该"机构"在与其他缔约国及适当的国际组织协商后，应根据第十四条规定，立即建议该缔约国应采取的最适当的程序。

《1972年伦敦公约》对倾倒废弃物污染海洋的规制具有特殊性和专门性，使得其成为一项重要的海洋环境污染治理的国际条约。公约中的若干技术性操作标准不仅成为各缔约国普遍遵守的准则，亦被一些非缔约国国内法所采纳，反映了其影响力较大。但是，公约对违反废弃物倾倒标准的行为仅模糊的规定"遵守避免损害海洋环境的普遍义务"，对其刑事责任甚至是民事赔偿责任的规定尚付之阙如，这显然存在不足。[①]

（三）"全要素"式的海洋环境污染国际立法——《联合国海洋法公约》

1982年的《联合国海洋公约》自颁布实施以来，已获得"海洋法宪章"的美誉，尽管其并非针对海洋环境污染的专门性立法文件，但在海洋环境

---

① 在生效之后的若干年中，不断有缔约国提出修改公约中的相关规定，其中就包括"增加某些对相关条款不执行的成员国给予必要的警告和惩罚"。（汪兆椿.修改《伦敦倾废公约》的新动向 [J].海洋与海岸带开发，1993（4）：57.）

保护方面，亦被视为"各国统一采取行动保护海洋环境免受潜在污染活动的重要标志"①。在"各国有保护和保全海洋环境的义务"及"各国应在适当情形下个别或联合地采取一切符合本公约的必要措施，防止、减少和控制任何来源的海洋环境污染"的公开声明下，与之前的海洋环境污染国际公约相较，海洋法公约呈现出如下特征：

其一，海洋环境污染源的扩大化。如前文所述，《国际防止海上油污公约》与《MARPOL73/78公约》主要针对来自船只的污染，而《1972年伦敦公约》则主要规制倾倒废弃物的污染样态，《联合国海洋法公约》对海洋环境污染源的规定大为拓展。根据海洋法公约第194条第3款之规定，"依据本部分采取的措施，应针对海洋环境的一切污染来源"，这些污染源包括陆上污染、大气污染、倾倒污染、船只污染、勘探或开发海床底土自然资源的污染、在海洋环境内操作其他设施和装置的污染，这些污染源基本涵盖了当下海洋环境污染的各种样态。

其二，国际合作机制的强调。海洋的流动性决定了治理海洋环境污染非一国之力能够完成，国家之间的合作亦为海洋法公约所特别强调。首先，各国对海洋环境污染的治理措施可能会对其他濒海国家产生影响，为此，公约特别规定"各国在采取措施防止、减少和控制海洋环境的污染时采取的行动不应直接或间接将损害或危险从一个区域转移到另一个区域，或将一种污染转变成另一种污染"。其次，国际合作与区域合作并举是公约所提倡的，"各国在为保护和保全海洋环境而拟订和制订符合本公约的国际规则、标准和建议的办法及程序时，应在全球性的基础上或在区域性的基础上，直接或通过主管国际组织进行合作，同时考虑到区域的特点"。最后，对于合作的内容，公约也进行了原则性规定，包括污染损害通知机制，即"当一国获知海洋环境有即将遭受污染损害的迫切危险或已经遭受污染损害的情况时，应立即通知其认为可能受这种损害影响的其他国家以及各主管国际组织"，对污染损害的应急机制，即"各国应共同发展和促进各种应急计划，以应付海洋环境的污染事故"，以及研究情报和资料的

---

① 徐祥民.海洋环境的法律保护研究 [M].青岛：中国海洋大学出版社，2006：37.

交换机制，即"各国应尽力积极参加区域性和全球性方案，以取得有关鉴定污染的性质和范围、面临污染的情况以及其通过的途径、危险和补救办法的知识"。

其三，管辖权设置上的突破。之前的海洋环境污染国际公约对海洋环境污染的管辖主要是围绕船旗国管辖展开，基本形成"船旗国管辖一家独大"的局面，其不足已如前述。海洋法公约同时将船旗国管辖、港口国管辖与沿海国管辖分别进行规定，此一管辖模式的设置兼顾了船旗国、港口国与沿海国在海洋环境污染中的利益关切，更好地维护了各方利益，对于海洋环境的保护具有重大意义。

## 二、国际公约中关于海洋环境污染犯罪的罪过要件研讨

虽然海洋环境污染问题是当下国际社会共同关注的焦点问题，相关国际公约亦对缔约国苛以相应的通过国内法予以规制的义务，但这些国际性法律文件对环境污染法律责任的设置特别是刑事责任的规定都较为模糊，哪些海洋环境污染行为有必要进行刑事处罚在国际条约中并无明确之界定。特别是对于海洋环境污染犯罪的主观罪过要件究竟是故意还是过失抑或兼而有之，在学理及实践中均存在较大争议，笔者拟通过相关规定归纳海洋环境污染犯罪主观罪过要件中的争点问题进行探讨。

（一）国际公约中对主观罪过的限制

如前文所述，《MARPOL73/78公约》中明确将船舶污染的法律责任主体的主观罪过明确为故意，包括直接故意与间接故意，即"故意或明知损害很有可能发生仍轻率行为所造成的船舶污染"，相反，对于因过失且船舶或设备损害而造成的事故性污染，公约并不要求缔约国进行处罚。《联合国海洋公约》虽未直接明确对海洋环境污染行为承担法律责任的主观罪过要件，但对沿海国的相关立法权限做出了说明，其中，第194条第4项规定，"各国采取措施防止、减少或者控制海洋环境的污染时，不应对其他国家依照本公约行使其权利并履行其义务所进行的活动有不当的干扰"，这是对沿海国应对海洋环境污染立法权限的总体性规定。而第211条第4

款之规定，"沿海国在其领海内行使主权，可制定法律和规章，以防止、减少和控制外国船只，包括行使无害通过权的船只对海洋的污染。按照第二部分第三节的规定，这种法律和规章不应阻碍外国船只的无害通过"。此一规定是对沿海国在领海内针对海洋环境污染的立法权限的规定。而沿海国在专属经济区内针对海洋环境污染的立法权限，公约亦做出了规定，即"沿海国为第六节所规定的执行的目的，可对其专属经济区制定法律和规章，以防止、减少和控制来自船只的污染。这种法律和规章应符合通过主管国际组织或一般外交会议制订的一般接受的国际规则和标准，并使其有效"。上述几个条文意在提出，沿海国对于其领海、专属经济区内制定的船舶污染防控立法应在不妨害外国船只"无害通过"的前提下制定，而结合《联合国海洋法公约》第19条"无害通过的意义"第2款之规定，外国船舶在一国领海内从事"违反本公约规定的任何故意和严重的污染行为"才构成"损害沿海国的和平、良好秩序和安全"，进而可对此种行为进行法律规制。反之，非故意以及不严重的船舶污染行为将被视为"无害通过"，沿海国并无处罚之权利。上述规定，其实是间接对海洋环境污染行为的罪过进行了提示性规定，即故意且严重的污染行为，这样的规定与《MARPOL73/78公约》的相关规定保持了一致。

上述规定说明，国际公约对海洋环境污染的违法行为的主观罪过是限定为故意而非过失，显然，这一规定的立法动因在于平衡沿海国、船旗国之间的利益平衡。如前文所述，船旗国管辖一直是国际社会对于海上犯罪的一般管辖原则，这与各国国内法对于属人管辖作为基本管辖原则的规定相对应，但就海洋环境污染犯罪而言，由于其危害性并非局限于一国之内，相关利益当事国特别是沿海国利益难以得到保证，出于兼顾沿海国利益的考量，《MARPOL73/78公约》与《联合国海洋法公约》除船旗国管辖之外，亦设置了沿海国管辖的原则。但两种管辖制度的存在必然会引发管辖权冲突的问题，《联合国海洋法公约》为了协调管辖权冲突的问题，在对船旗国管辖与沿海国管辖分别设置的同时，亦对其污染防控立法权限做出了不同之规定。对于船旗国而言，其立法权限较为宽泛，其可以制定较之"国际标准"更为严格之立法，相反，对于沿海国而言，其污染防控立法权限则受到一定的限制，除内水外，在领海、专属经济区等其他海域制定的海洋环境污染防控立法必须与"主管国际组织或一般外交会议制订的一般接受的国际规则和标准"相一致。而《MARPOL73/78公约》可谓当今国际社会普遍认同的"一般接受的国际规则和标准"，这就意味着沿海国关于海洋环境污染防控的立法权限受到外国"无害通过"原则的限制，即此项内容的立法不得阻碍外国船舶在领海、专属经济区内的无害通过权。从根本上而言，《联合国海洋法公约》将领海、专属经济区等海域的海洋环境污染犯罪设定为"故意和严重的污染行为"，正是为平衡船旗国"无害通过"与沿海国属地管辖的利益而形成的折中方案。

（二）实践困境

国际公约的上述规定意味着，沿海国对于除内水外的其他海域中发生的海洋环境污染的法律责任规制（包括刑事处罚）需与国际标准保持一致，换言之，其处罚对象是故意和严重的海洋环境污染行为，对于过失或者不严重的海洋环境污染行为进行处罚将与公约的规定冲突。但是，公约的上述规定在当今绝大多数国家并未得到实际贯彻和执行，环顾当今绝大多数国家的刑事立法例中，对于领海、专属经济区等海域和内水范围发生的海洋环境污染犯罪，并未区别对待，而是一体规定同样的犯罪成立条件，而对于海洋环境污染的犯罪构成要件中的主观要件设定亦未排斥犯罪过失，这样的立法设计可以说是立法通例。而司法实践中发生的若干案例亦佐证了上述冲突的现实存在，如1999年发生在法国海岸的马耳他籍"埃利卡"（Erika）号油轮沉没事故，造成的油污事故严重污染了法国西北部的海岸线。法国巴黎高等法院随即对船舶所属公司及15名被告进行刑事责任追究，尽管被告辩称由于漏油事故发生在专属经济区内，而1983年法国刑法典对于环境污染犯罪的罪过形式将"不谨慎"（imprudence）即过失亦囊括在内的规定与《MARPOL73/78公约》不符，故而依据《联合国海洋法公约》的相关规定，不能适用法国刑法典追究刑事责任。但法国巴黎高等法院仍然基于"沿海国在专属经济区内有就海洋环境保护的立法权限"，对上述被告做出了刑事责任的判决，且此判决亦得到了上诉法院的确认。<sup>①</sup>而2002年发生在西班牙的"威望号"（Prestige）油轮重大溢油事故，直接促成欧洲议会和欧盟理事会通过2005/35/EC号指令，意在对因故意、轻率和重大过失造成的船舶污染事故的责任人进行刑事处罚，尽管欧盟本身并非《MARPOL73/78公约》缔约方，但欧盟大多数成员国确实是该公约的缔约国，欧盟的上述指令其实是对相关国际公约的间接否定。<sup>②</sup>这些国际实践充分说明，沿海国较之相关国际公约仅将"故意"作为海洋环境污染犯罪的罪过要件，倾向于更严格的国内法律将"过失"亦包含在内。

很显然，上述国际实践产生的重要原因，在于相关国际条约对船旗国赋予了较之沿海国更优先的立法权限，船旗国就海洋环境污染的法律规制范围要更大，但就当今世界各国航运的实践情况而言，多数船舶均选择发展中国家作为船旗国，这些国家大多对船舶的登记、运营标准较低，且成本低廉。与之对应，相关船旗国由于其关注点在于增加收入，对船舶本身的安全标准、运营状况等并不在意，登记的船舶也很少在船旗国内航行，故船旗国本身与船舶之间也缺少"实际关联"。这一实际情形使得船旗国疏于对船舶本身的管理，间接导致船舶造成海洋环境污染的概率增大，较之船旗国，沿海国可谓海洋环境污染的直接受害方，为维护自身的权益，必然倾向于指定较之国际标准更为严格的法律制度。与此同时，IMO（国际海事组织）等国际航运组织对相关国际条约的达成需经历漫长的过程，往往滞后于现实需要，且缺乏强制缔约国执行公约的机制，这也迫使发达国家往往在重大海洋环境污染事件发生后不得不及时做出反应，对海洋环境污染犯罪适用较之国际标准更严苛的处罚。当然，对于国际条约中所确定的国际准则，在国内法中的严格化适用现状，是否仍存在解释空间学理亦存有争议。部分学者提出，《联合国海洋法公约》中所规定的"违反本公约规定进行故意和严重的污染"作为"无害通过"的例外，但对于何谓"严重的污染"并未做出具体限定，而"一般接受的国际规则和标准"中何谓

---

① 林正锦.Erika判决：国家法律博弈国际公约 [J]. 中国船检，2008（4）：40.

② 马亚东. 国际条约中船舶污染刑事责任要件在国内的严格化适用 [J]. 中国人民公安大学学报（社会科学版），2014，30（1）：142.

"一般接受"各国的理解也不相同，上述模糊规定为各沿海国在国内法中将"过失"亦包含在海洋环境污染罪的罪过形式中提供了解释上的空间。①但不可否认的是，国际公约的前述规定显然对海洋环境污染违法行为的规制而言，是一种不当限制，对其国内法化的过程中必须保持清醒认识。

### 三、海洋环境污染罪的国际立法评析

回视海洋环境污染违法犯罪国际立法的发展历程，已从单一的船舶污染转变为陆上污染、大气污染、倾倒污染、船只污染、勘探或开发海床底土自然资源的污染、在海洋环境内操作其他设施和装置的污染等涵盖当今国际社会海洋污染的全部形态，而法律制裁措施亦从单一的民事赔偿责任转变为民事、行政、刑事责任并举的立法态势。这些国际立法文件为世界各国共同治理海洋环境污染违法行为提供了基本的合作平台、机制、框架，同时亦为国内立法更好地与国际立法衔接提供了样本，但这些国际立法文件本身亦存在一些立法不足，值得重视。

（一）沿海国立法管辖权限狭窄

如前文所述，在《MARPOL73/78公约》与《联合国海洋法公约》之前，对于海洋环境污染的管辖权设置是单一的船旗国管辖原则，这主要是因为基于"合法悬挂其国籍的那个国家领土的浮动部分"②的传统国际法理念，船旗国专属管辖观念一直占据传统国际法的主流地位。但随着船舶污染事件的增多以及船旗国专属管辖权存在诸多弊端，沿海国领域管辖权的主张逐渐为国际社会所承认。尽管如此，由船旗国专属管辖向沿海国管辖、港口国管辖并重的转变却经历了漫长的时间。1954年《国际防止海上油污公约》仅规定了船舶的污染行为按照船旗国的法律进行处罚，沿海国与港口国的管辖只字未提，直至1973年的《MARPOL73/78公约》才破除了船旗国的专属管辖权对沿海国管辖权的限制。而1982年《联合国海洋法公约》

---

① 马亚东.国际条约中船舶污染刑事责任要件在国内的严格化适用 [J].中国人民公安大学学报（社会科学版），2014，30（1）：145.

② 劳特派特.奥本海国际法：上卷 [M].王铁崖，译.北京：商务印书馆，1972：09.

对沿海国的立法管辖权限则做出了进一步细化之规定，但上述公约的相关规定从国际海运现实情况来看，并非如部分学者所预计的那样，"标志着沿海国对船旗国专属管辖权的破除，沿海国对船舶管辖权的时代开始到来"。① 如前文所述，尽管《联合国海洋公约》确立了沿海国对船舶污染防控的立法管辖权限，但该权限仍受到较大制约：第一，在领海内，沿海国"领海主权的行使应当受到《公约》其他国际法规则的限制"，即不得妨碍外国船舶的"无害通过权"，而在海洋环境污染领域，只有故意和严重的海洋环境污染行为才是无害通过的例外；第二，在专属经济区内，沿海国针对海洋环境污染的立法权限必须"符合通过主管国际组织或一般外交会议制订的一般接受的国际规则和标准"；第三，对于海洋环境污染犯罪这种国际公认的罪行，上述公约并未像海盗等国际犯罪那样赋予沿海国以一般性的普遍管辖权，沿海国只能对发生在公海但危害到自己海域的污染船舶实施管辖权。

上述对沿海国管辖的种种限制，较之船旗国专属管辖而言，正如部分学者所言，"对船旗国而言，形成了强制的最低标准，对沿海国而言，则为最大容忍限度"②。很显然，船旗国的专属管辖较之沿海国管辖具有相当的优势，前者可制定较之国际公约更为严格的国内法，而后者在领海与专属经济区内之立法则受到"无害通过"与国际通行标准的制约。平实而论，船旗国管辖是早期航行自由观念衍生的产物，上述公约对沿海国管辖的种种限制的初衷也源于此，但从国际法的一般理论考量，船旗国因与其所属船舶的连接点衍生之管辖应属于属人管辖的一种，而沿海国管辖则是基于"领域管辖"而衍生之管辖，学理上应归属于属地管辖。与之对应，"属地管辖是国家管辖权中最基本、最主要的权利"③ 不仅是国际法中的一般通念，更具有实践中的先天优势，因为"一国可以在其领土内依据国家主权行使属地管辖权，却很难在他国领土之上行使事实上的属人

---

① 张湘兰，叶泉．论沿海国对其专属经济区内船舶污染的立法管辖权 [J]．当代法学，2013，27（3）：144.

② 傅崐成．海洋法专题研究 [M]．厦门：厦门大学出版社，2004：65.

③ 王铁崖．国际法 [M]．北京：法律出版社，1995：93.

管辖权"①。上述公约将作为属人管辖权的船旗国管辖优于作为属地管辖权的沿海国管辖不仅与国际法的一般通念相悖，亦与目前的国际实践不符。如前文所述，当今世界船旗国多属于发展中国家，在利益驱动下对船舶的监控动力不足，船旗国国内立法亦因应漏洞颇多，而国际条约与相关国际组织也缺乏强制执行机制与权限，故对于沿海国而言，不得不从维护自身海洋权益出发在国内法中规定较之国际条约更为严格的法律规定，这些立法举措在某种层面上"佐证"了国际条约的上述立法不足。

### （二）国际合作机制有待完善

海洋环境犯罪的跨地域性和国际性特征日益凸显，国家间展开联合行动防止和惩治污染海洋环境行为势在必行。而针对海洋环境污染的相关国际公约无一例外亦重视对海洋环境污染治理的国际合作，但这种合作机制本身却存在很大的随意性，这突出地表现在国际条约对合作机制仅抽象地规定了一般性的合作义务，就如何具体合作问题则委诸缔约国之间根据各区域的具体情况制定。早在1954年《国际防止海上油污公约》中即出现国际合作机制的雏形，该公约虽未对海洋环境污染国际合作的一般原则进行明确，但在第10条就船舶污染事故发生后的调查程序、手段涉及船旗国与沿海国的合作问题进行了具体规定。即"对符合第二条第一款规定的船舶，任何缔约国政府可向有关领土的政府以书面提供该船违反本公约任何规定的证据细节。如果实际可行的话，前者政府的负责当局应通知被指责违章船舶的船长"，相应地，船旗国的通知义务亦通过公约进行了确定。而《MARPOL73/78公约》虽明确了"在任一缔约国区域以内的任何违反本公约要求的事件，根据该缔约国的法律，应予禁止，并给予制裁"的法律责任追究义务，但对缔约国之间如何就海洋环境污染违法行为进行合作的规定则付之阙如。较之前的国际条约，《联合国海洋法公约》开宗明义地声明"各国有保护和保全海洋环境的义务"，对船旗国、沿海国、港口国的立法权限进行了细化规定，且设专节即"全球性和区域性合作"对海洋环境污染的国际合作问题进行了明确。但遗憾的是，这些条文仅局限在

---

① 马亚东.国际条约中船舶污染刑事责任要件在国内的严格化适用 [J].中国人民公安大学学报（社会科学版），2014，30（1）：147.

"即将发生的损害或实际损害的通知""对污染的应急计划""促进研究、实施科学研究方案以及关于海洋环境污染的情报和资料的交换"等技术层面，对法律层面的合作机制的规范是缺失的。当然，应对海洋环境污染的国际合作特别是全球性合作机制的建构并非易事，发展中国家与发达国家在环境利益上的冲突是造成此一困境的根源所在。例如，在二战后西方发达国家在工业发展过程中开始逐渐重视环境保护问题，进而将污染源转向一些发展中国家。随着环境保护意识的增强，国际社会开始禁止此种"转嫁污染"的行为。1989年3月22日在世界环境保护会议上通过的《控制危险废料越境转移及其处置巴塞尔公约》（简称《巴塞尔公约》）中规定："任何发达国家不得以最终处置为目的向发展中国家出口危险品。"此项规定得到了绝大多数发展中国家的认可。为了进一步遏制此种"不平等"的经济发展模式，1995年9月22日，一百多个国家在日内瓦通过了《巴塞尔公约》的修正案，进一步规定："禁止任何发达国家把有毒废料往别国倾倒、堆放，严禁转嫁污染"，并将"危险废物或其他废物的非法运输规定为犯罪行为"。[①] 该公约积极推动了发展中国家环境保护合作机制的发展，很多发达国家亦签署了该公约。但是，为了在经济发展和本国环境利益中寻求权衡，许多发达国家的工厂向发展中国家倾倒污染废弃物的现象屡禁不止。不得不说，国家利益仍是阻碍海洋环境国际合作机制构建的一大障碍。也正是由于上述原因，全球性的国际合作机制并非国际实践中的主流，相反，区域性的合作机制因其达成一致较为容易，且针对性更强，因而正成为当下应对海洋环境污染的主要举措。

（三）刑事责任追究机制不健全

虽然海洋环境污染行为的危害性自环境问题成为全球关注焦点以来已获得国际社会的认同，相关国际条约也确立了对此类行为进行法律责任（包括刑事责任）追究的条款。但迄今为止，尚未有条约就此类犯罪行为的刑事责任进行明确的规定，相反，对海洋环境污染的民事赔偿责任的规定则颇为细致，如国际海事组织早在1969年即通过了《国际油污损害民

---

① 李耀芳. 国际环境法缘起 [M]. 广州：中山大学出版社，2002：108.

事责任公约》，对民事赔偿责任的主体、赔偿范围、责任限额、免责条款等进行了详细的规定，其后的1992年议定书又对其进行了补充修订。相较之下，现行的国际社会不仅缺乏关于海洋环境污染刑事归责的专门条约，在相关的国际条约中亦缺乏相应的条款，甚至对海洋环境污染罪的概念、实体要件的规定亦付之阙如，这对于打击此类犯罪行为的国际合作毫无疑问是相当大的缺憾。其实，联合国专门机构对环境犯罪危害性早有认识，1972年联合国人类环境会议通过的《人类环境宣言》中即倡导，国家间开展国际合作，订立环境保护的双边或多边条约、协定。而1990年第八届预防犯罪和罪犯待遇大会专门就环境的刑法保护问题进行了讨论，并通过了《刑法在保护自然和环境中的作用》的决议，1991年联合国下属的国际法委员会更通过了《危害人类和平与安全罪法典草案》，将环境犯罪提升为危害人类和平与安全的高度。遗憾的是，上述决议或者草案仍停留在"只开花不结果"的阶段，并未形成正式的全球性国际公约，这种立法现状严重滞后于海洋环境污染规制的急迫态势，促使相关国家、国家间组织自行制定相关法律文件。如1988年11月，欧洲理事会在斯特拉斯堡通过的《保护环境的刑法公约》，即为当下国际社会第一个关于环境污染刑事责任追究的洲际性国际公约，"它是第一部以刑法保护整体环境而不是环境的某一方面的国际公约，标志着控制环境犯罪的国际合作进入了新的阶段"①。该公约对环境犯罪的概念、实体要件、缔约国的刑事管辖权、刑事处罚措施等方面进行了规定，可谓国际环境刑事立法的标志性条约。公约借助刑事法律文件的预防性、制裁性、严厉性、强执行性，在该区域的环境犯罪体系的完善、打击环境犯罪的区域协调合作、推动国内环境刑事立法方面发挥了积极作用。但《保护环境的刑法公约》仅是洲际性的国际公约，其适用范围毕竟有限，由于海洋环境犯罪属于国际性罪行，构建全球合作机制来预防和打击国际环境犯罪势在必行，这便需要一部专门性的环境犯罪立法为全球合作打击环境犯罪提供规范文本，否则国家之间难以形成真正有效的合作，最终导致海洋环境污染问题无法得到"根治"。

---

① 贾宇. 国际刑法学 [M]. 北京：中国政法大学出版社，2004：295.

# 第四章　海上非传统安全犯罪的国内立法规制

回视国际社会基于海洋权益维护而构建的国际法律规范不可谓不多，然而面对海上非传统安全犯罪异化变形的现实情境，诸多国际公约囿于其制定背景的历史限制已经难以满足刑事规制的实际诉求。而且，国际法律规范有别于国内规范，故海上非传统安全犯罪的刑事规制需要妥适解决二者的衔接问题。虽然非传统安全犯罪对当今国际社会的现实危害性已为各国共识，但在将国际公约中的此类罪行进行国内法转化时仍然各有差异。上述诸种原因在一定程度上减损了国际法律规范对于海上非传统安全犯罪的规制效能。因此有必要在梳理既有国际规约体系的基础上对国内海洋法规范体系进行归纳整合，并以此为切入视角检视、反思进而牵引我国海上非传统安全犯罪刑事立法的修订完善。从而实现国际规约与国内规范的协调对接，最大限度地发挥海上非传统安全犯罪刑事制裁体系的规制机能。

## 第一节　宏观反思：海上犯罪的国内立法规制体系之检视

总体而言，伴随着世界范围内海权意识的觉醒以及陆域经济重心向海洋空间的趋海转移，"由各种涉海法律规范相互协调与衔接而组成的结构完善、内容广泛、层次分明的法律体系"[①]而形成的所谓"海法规范体系"

---

① 汤喆峰，司玉琢.论中国海法体系及其建构 [J].中国海商法研究，2013，24（3）：6.

不论在国际规约层面抑或在国内立法层面都获得了质与量上的发展。我国作为海洋大国在发展海洋经济的时代趋势之下也采取了诸多立法措施，初步形成了具有中国特色的海洋法规范体系，其调整范围涵盖海洋权益维护、海上环境保护、海上航行安全以及海洋资源开发等诸多领域。① 海上犯罪作为以海洋空间为发生场域的一类新型犯罪，以其为规制靶标的法律规范必然具有涉海的共通特征，然而，在广义的海法规范体系下，规制海上犯罪的刑事立法较之其他涉海行政性法规、经济性法规则明显薄弱，仍存在诸多疏漏与不足。②

## 一、立法观念上的"重陆轻海"思维突出

我国作为传统的陆域大国，源于地缘条件与国家防御的历史原因形成了长期的重陆地轻海洋的社会发展思维，"陆海统筹"的思维仍停留在纸面上，此一思维定式在当下的刑事立法中造成"目前的刑事立法明显侧重于陆上犯罪的法律规制，而较少从海上犯罪的自身特性出发寻求有针对性的立法规制对策"③，海上犯罪的刑事制裁规范不可避免地呈现出"陆域化"的倾向。

从宏观上观察，我国刑事立法在经过十个刑法修正案之后，刑法规定的罪名总数已达到468个，自1999年的刑法修正案（一）至2017年的刑法修正案（十），在不到20年的时间里刑法修正已历经十次。与此种刑事立法"活性化"表现形成鲜明对比的是，目前刑事立法中尚无针对任何一种海上犯罪的专门性规定。与宏观层面对应的是微观层面上，所有的涉海领域犯罪的刑事立法均采用了与陆域犯罪"一体化"规定的模式。此种事例比比皆是，以涉交通安全类的犯罪为例，我国刑法分则通过第131条、

---

① 蒋平. 完善我国海洋法体系的探讨 [J]. 海洋信息，2006（1）：14.

② 不可否认，我国尚未形成系统性的完善的海法规范体系，从宪法、基本海洋法至具体之海洋行政法规，经济性法律规范等各个层面亦存在体系不完整、缺乏系统性与协调性等弊病。对此，学理上早有专家学者论及（司玉琢. 海上丝绸之路战略的海法体系保障 [N]. 光明日报，2015–08–08），为避免研讨问题失焦，本文看重对海上犯罪的刑事规范部分进行重点阐释。

③ 阎二鹏. 海洋环境污染犯罪的刑事立法规制模式思考：风险社会刑法理念的启示 [J]. 社会科学家，2012（11）：22.

132条分别设置了重大飞行事故罪与铁路运营安全事故罪，而第133条则设置了违反道路交通安全的犯罪即交通肇事罪，后者对陆上交通肇事与水上交通肇事一体适用。如果说航空运输安全、铁路运营安全和陆上交通安全存在某种区别，因而需要刑法在交通肇事罪之外单独另立罪名的话，那么，对于水上（包括海上）交通肇事而言，亦存在相同的证立根据。尽管学理及司法实践无疑义地认为，交通肇事罪的犯罪客体是交通运输安全，而这里的交通运输安全包括道路交通运输与水上交通运输两者。但两者在犯罪表现样态、交通事故的认定依据等方面仍存在重大区别，如《中华人民共和国道路交通安全法》《中华人民共和国道路交通安全法实施条例》等作为道路交通安全事故认定的主要法律依据，其适用对象仅限于陆上交通肇事的认定，而司法实践中作为交通肇事罪重要构罪标准的《关于审理交通肇事刑事案件具体应用法律若干问题的解释》（以下简称33号法释）也是以陆上交通作为样本。与上述针对陆上交通形成的法规体系不同，对于水上交通安全而言，其对应之法律规范则自成体系，包括《海上交通安全法》《内河交通安全管理条例》《船员值班规则》《船舶安全检查规则》等规范性法律文件，这些法律规范对船舶检验和登记、船舶航行、停泊和作业、船舶的安全保障等进行了细致的规定。上述法律规范很显然与传统之陆上交通安全法规存在本质的区别，此一区别根本上而言是对水上交通运输特殊性的立法反射，仅以水上交通事故为例，依据《中华人民共和国海上交通事故调查处理条例》与《内河交通安全管理条例》之规定，水上交通事故包括"碰撞、触碰、触礁、浪损、搁浅、火灾、爆炸、沉没"八类[①]，这些交通事故与传统之陆上交通事故在事实表现样态上明显不同。现行刑法关于违反交通安全类的犯罪规定，显然没有关照到水上交通肇事的特殊性，在此一立法现状下，相关司法实践的操作就难免有标准模糊的尴尬。上文提及的"33号法释"是当前处理交通肇事刑事案件定罪量刑的

---

① 值得注意的是，我国相关行政法规将"水上交通事故"界分为"海上交通事故"与"内河交通事故"两类，并适用不同之法律规范，前者适用《海上交通事故调查处理条例》，后者则由《内河交通安全管理条例》予以调整，这也是水上交通肇事行为与陆上交通肇事行为相比的特殊性与复杂性的表现之一。

主要依据，但其适用对象更多的是针对道路交通肇事行为，其确立的入罪与量刑标准亦主要是针对道路交通肇事行为，适用于水上交通肇事情形则难免"水土不服"。如根据《刑法》第133条之规定，"致人重伤、死亡或者使公私财产遭受重大损失"是交通肇事罪入罪的实害结果标准，与之对应，"33号法释"则将"致人重伤、死亡"具体化为"死亡1人以上或者重伤3人以上，负事故主要责任"，而"公私财产遭受重大损失"则被具体化为"造成公共财产或者他人财产直接损失，负事故全部或者主要责任，无能力赔偿数额在30万元以上"的细化标准。上述标准对于传统之道路交通安全事故之适用问题不大，但对于水上交通事故而言，"因水上交通事故而死亡1人在水上交通事故中的概率是远远大于道路交通事故的"，两者适用同一标准在实质上是无法做到罪刑均衡的；相应的，对于交通肇事致使财产损失"无能力赔偿数额在30万元以上"的规定，由于船舶价值一般远高于车辆价值，船舶因交通肇事行为而损失30万元以上与车辆在道路交通事故中损失30万元亦无法同日而语。[①] 与之相关的是，对于交通肇事罪加重法定刑即"3年以上7年以下有期徒刑"的适用标准，上述司法解释亦仅以道路交通事故为样本，具体化为"死亡2人以上或者重伤5人以上，负事故全部或者主要责任；死亡6人以上，负事故同等责任；造成公共财产或者他人财产直接损失，负事故全部或者主要责任，无能力赔偿数额在60万元以上"。这样的量刑标准面对水上交通事故的情形其不合理性愈发明显，因为就现实中的水上交通事故而言，重特大水上交通肇事行为发生的概率远远高于一般道路交通的场合，死亡几十人甚至上百人的水上交通事故更为常见，将死亡人数限定为2人或6人以上作为法定刑加重的统一标准，将使得重特大人员伤亡的水上交通肇事行为最高也只能判处7年有期徒刑，此一做法无疑有量刑失衡之嫌。[②] 或许正是由于立法上并未明确区分水上交通肇事与道路交通肇事，而相关司法解释亦未明确水上交通肇事的具体标准，导致实践中对水上交通肇事之犯罪行为追究刑事责

---

① 焦艳鹏.论水上交通肇事及其危险行为的入罪标准 [J]. 法学，2012（9）：140.

② 不可否认，司法解释的这一量刑标准对道路交通肇事而言亦存在相同的"失衡"难题，但较之道路交通安全，这一弊病在水上交通肇事的场合体现得更为明显而已。

任之情形较少①，使得交通肇事罪之立法设置形成部分"虚置"的现象。

　　与交通肇事罪之规定类似的是刑法第338条的污染环境罪，尽管1997年新刑法在分则第六章"妨害社会管理秩序罪"中第六节设专节规定了"破坏环境资源保护罪"，其下用9个条文规定了15种污染环境和破坏环境资源的犯罪。此种立法较之1979年刑法仅规定盗伐、滥伐林木罪，非法捕捞水产品罪和非法狩猎罪三种"破坏环境资源类"的犯罪且将之规定在破坏社会主义市场经济秩序罪一章中相比，其进步性是明显的。但同样遗憾的是，对于海洋环境污染犯罪并未设置独立罪名，刑法第338条的污染环境罪不得不辐射至陆地、水体与大气污染，然而源于污染行为侵害对象的差异，需要应对不同环境下污染行为的刑事责任进行个别化判定。例如，同一倾泻废物的行为在陆地空间与海洋空间中可能会产生不同的危害结果，海洋空间的扩散性通常会产生更为严重的法益侵害结果。顺承此种对污染行为进行刑事责任分类界定的思维，不同种类的环境污染行为所匹配的刑罚后果就应有所不同。但我国的污染环境罪并未体现出此种分别考察、单独认定的立法思维，抹杀了海洋生态法益的独特性。②更为关键的是，此种"大一统"式的罪状设计在适用过程中必须更多地依赖于相对应的司法解释提供具体之入罪标准，但"两高"于2013年和2017年分别出台的《关于办理环境污染刑事案件适用法律若干问题的解释》，均仅考虑到陆地污染的立案标准，对海洋环境污染的入罪标准仍是不明确的。

　　交通肇事罪与环境污染罪于我国刑事立法而言并非个例，在相当程度上可以说"陆上犯罪"的理念仍对刑事立法起支配作用，海上犯罪的特殊性并未彰显，亦未获得立法支持，其集中体现便是在刑事立法中必须采用"大一统"式的罪状设计将上述多种犯罪类型予以囊括并一体适用。而作为直接影响司法判决的司法解释与立法者一样亦步亦趋，将陆上犯罪作

---

① 从公开的法院判决来看，对水上交通事故认定为交通肇事罪的判决极为有限，直到2002年国内才出现首例海上交通肇事犯罪入刑的判例。（吕方园，张语轩 . 海上交通肇事罪入刑研究 [J]. 学理论，2013（26）：122.）

② 其实，从比较考察的视角出发也可以发现，现代环境刑法所要求的行为类型以及刑罚配置的分类思维在域外国家及地区不仅是共通的理念，单独设置海洋环境污染犯罪在立法实践中更是一种通例。（王赞 . 海事行政执法中以罚代刑问题初探 [J]. 中国海商法研究，2012，23（2）：90.）

为司法实践的常态，而对海上犯罪的特殊性关照不足。其实，将上述问题置于我国整体法律体系下观察便会发现，"重陆轻海"的立法思维并非刑事立法所独有，从宪法层级到一般法律层级均存在类似之困境。如就宪法层级而言，作为我国的法律体系的根本大法本应对相当于我国领陆面积三分之一海洋主权有所涉及，但是通过对现有条文审视并没有专门的海洋权利规范条款，学理上一般认为宪法第九条所规定的"矿藏、水流、森林山岭、草原、荒地、滩涂等自然资源，属于国家所有"中所规定的"矿藏"可解释为包括海底矿产资源，而"滩涂"则包括"海岸滩涂和沿海滩涂"。①这样的解释路径"勉强"使宪法中的部分条款与"海洋"形成了关联，但很明显，要将此种法律规定作为其他海洋法律的宪法依据是不充分的。②而在一般法律层级上，至今未出台《海洋法》这样的基本法律。与之形成鲜明对比的是，我国对道路交通、航空、铁路均有基本法律的设置，即《中华人民共和国道路交通安全法》《中华人民共和国民用航空法》与《中华人民共和国铁路法》，且这些法律规范出台的时间较早，并经过多次的修正，凡此种种说明，所谓"海法体系"仍停留在概念层次，立法实践所表现出的"重陆轻海"思维可见一斑。

## 二、刑事立法的外部失调凸显

刑事立法的协调性与立法内容的明确性、适正性无论在立法者还是学者视阈中一直是其追求的理想目标，而从表现形式上分类，学术界一般将刑事立法的协调性界分为内部协调与外部协调两类。前者关注刑法内部结构、形式、内容之间的矛盾与冲突，诸如刑法总则一般性条款与刑法分则条款之间、犯罪论与刑罚论之间体系性的协调关系，后者则处理刑法与其

---

① 许维安.我国海洋法体系的缺陷与对策 [J]. 海洋开发与管理，2008（1）：128.

② 也因此，在我国绝大多数部门法中的惯常性条款即"根据宪法，制定本法"的表述，在涉海洋类的法律中不得不变换表述方式，如《中华人民共和国海洋环境保护法》总则第一条"为了保护和改善海洋环境，保护海洋资源，防治污染损害，维护生态平衡，保障人体健康，促进经济和社会的可持续发展，制定本法"。其他涉海法律规范中均有类似之表述。

他国内和国际法律规范在横向、纵向上的协调一致关系。<sup>①</sup>显而易见的是，刑法内部的协调关系是历来刑法教义学研究的主要命题，甚至可以说整个刑法解释学或多或少都是在提供刑法内部协调性的解决方案，与之对应，刑法的外部协调性问题学理上关注度并不高，有限的文献也颇多着墨于刑法与宪法的关系、刑民交叉、行刑交叉问题等，国内刑事立法与国际刑事立法之间的关系并不为传统刑法学者所特别关注。如果说刑事立法的协调性有内外之别的话，那么，我国海上犯罪的刑事立法规制则明显地呈现出外部的不协调，此一外部失调主要凸显在两个方面：

一方面，刑事立法与涉海法律中的附属刑法规范之间的失调。如前文所述，在现行刑法典中对于专门性的海上犯罪的立法规定是缺失的，犯罪发生时空环境的不同并未体现在立法条款中，某种犯罪行为或罪名可辐射至海、陆、空等不同空间，因此，所谓的涉海犯罪与发生在其他场域的犯罪适用的是同样的罪名。这样的立法安排在海洋大开发初期所遭遇的困境并不明显，彼时海上犯罪仍处于萌芽状态，涉海犯罪在整个犯罪体系中所占的比率也不高。但随着大规模海洋开发利用时代的到来，涉海犯罪出现的频率以及新型涉海犯罪大量出现，利用传统罪名来涵盖大量的海上犯罪就显得捉襟见肘。特别是当涉海法律中的附属刑法条款无法在刑事立法中找到相应的适用罪名时就更为明显。例如，2010年3月1日施行的《中华人民共和国海盗保护法》是我国海盗及周边海域生态保护、合理开发海盗自然资源的主要法律规范，其中第55条笼统地规定"违反本法规定，构成犯罪的，依法追究刑事责任"。但对于哪些行为应当追究刑事责任，上述法规并未明确，而从《海岛保护法》的规定来看，违法用海、用岛行为的种类繁多，对海盗生态环境破坏的情节也轻重有别，既有典型的破坏海洋生态环境的诸如采石、挖海沙、采伐林木、破坏珊瑚、珊瑚礁等行为，亦有诸如"在无居民海岛进行生产、建设或者组织开展旅游活动""违法进行严重改变无居民海岛自然地形、地貌的活动""在临时性利用的无居民海岛建造永久性建筑物或者设施"等非典型的破坏海岛生态环境的行

---

① 熊永明.刑法立法协调性研究[J].河北法学，2011，29（1）：125.

为，后者与前者相比，其对海洋生态环境的破坏具有隐蔽性、非显著性等特征。对这些行为情节严重或造成严重后果的应如何追究刑事责任，在目前的刑事立法中难以找到相应的罪名。如在无居民海岛非法组织旅游的行为，司法实践中并非个案，其对海洋生态环境的破坏虽有涉及，但危害性又常常难以达到污染环境罪"严重污染环境"的要求，而按照"非法经营罪"来处置，亦面临"犯罪性质模糊不清""构罪条件牵强"等不足，刑事责任的缺位已经造成司法实践的操作困惑。①同理，对于"违法进行严重改变无居民海岛自然地形、地貌的活动"的行为，刑法亦难找到相关之条款对其进行规制，理论上存在以"故意毁坏财物罪"的主张②，但又无法圆说"地形、地貌"的财物性质，也难以将上述活动解释为"毁坏"③。与上述情形相仿的难题亦出现在《中华人民共和国海上交通安全法》中，该法第41条规定，"未经主管机关批准，不得擅自打捞或拆除沿海水域内的沉船沉物"，同样在47条亦规定"对违反本法构成犯罪的人员，由司法机关依法追究刑事责任"。但对擅自打捞或拆除沿海水域内的沉船沉物的行为，无论是按照刑法中的盗窃罪抑或侵占罪等侵财犯罪处理，均无法准确反映其犯罪性质。④

另一方面，我国刑事立法与国际条约中的部分涉海刑事条款之间存在不协调的情形。国际刑法规范与国内刑法规范的关系历来是学理上争论不休的课题，从"国际刑法"的概念提出伊始，学理上即对国际条约所规定的国际罪行如何在国内法中进行设定展开了理论交锋，这些学术论争对推进国内刑法规范与国际刑法规范的衔接无疑具有积极意义。可以肯定的是，尽管学界对于国际刑法规范的国内立法模式仍存有争议，但对于我国缔结或者参加的国际条约而言有义务在国内法中予以承认这一点是有共识

---

① 王蓓蓓.组团海钓为非法活动，三沙加大打击非法旅游力度[N].海南特区报，2015-02-02.
② 许维安.我国海洋法体系的缺陷与对策[J].海洋开发与管理，2008（1）：128.
③ 除此之外，诸如"在临时性利用的无居民海岛建造永久性建筑物或者设施"等非典型的破坏海岛生态环境的行为均会面临无法入罪的困境。
④ 不可否认的是，将上述行为入罪的应然性或许仍有研讨的空间，但从司法实践中的处理来看，同样无法否认的是，对这些行为仅仅以"行政罚款""警告"或"吊销职务证书"等方式进行行政处罚是无法遏制此类行为蔓延的，且极易造成司法实践中以行政处罚替代刑事责任追究的不良后果。

的，而且事实上，我国的立法实践已经部分贯彻了"条约必须遵守"的一般国际法理。如以《民法通则》为代表的著作权法、专利法、商标法等均有"中华人民共和国缔结或参加的国际条约同中华人民共和国的民事法律有不同规定的，适用该国际条约的规定，但中华人民共和国声明保留的条款除外"的类似表述，表明了在立法中确立国际条约与相关法律关系的原则。与涉民事法律规范中确定的"国际条约优先适用"的原则不同，在1997年新刑法中"对于中华人民共和国缔结或参加的国际条约所规定的罪行，中华人民共和国在所承担的条约义务的范围内行使刑事管辖权的，适用本法"则是将国际条约间接转化为国内刑事法律规范中的某些具体条款。而我国刑法典中的某些条款事实上正是"吸纳"了相关国际条约的规定，如"违反军职罪"中的遗弃伤病军人罪、战时拒不救治伤病军人罪、虐待俘虏罪等是将我国加入的《改善战地武装部队伤病员待遇的日内瓦公约》《改善海上武装部队伤病员及遇难待遇的日内瓦公约》《关于战俘待遇的日内瓦公约》以及《关于战地保护平民的日内瓦公约》等国际公约中的相关规定予以国内立法。与之类似，毒品犯罪、恐怖主义犯罪、贪污贿赂犯罪等亦可见到相关国际条约之身影，甚至在某种程度上，我国刑法总则所规定的罪行法定原则、普遍管辖原则等亦可视为是对相关国际条约精神的贯彻。[1] 但遗憾的是，相当多的国际条约中所规定的国际罪行在我国刑法典中并未体现，而这些国际条约所规定的国际罪行一般仅规定其罪状、构成要件等内容，对其刑事处罚则委诸于各国刑法之具体化规定，如果国内刑法典并未设置相关犯罪，则意味着这些国际条约中无法得到真正落实。此种现象在海上犯罪的规制中表现得尤为明显，以海盗罪为例，《联合国海洋法公约》不仅明确界定了海盗罪，亦对其构成要件进行了规定，我国是上述两个公约的缔约国，而按照《刑法》第9条的规定，我国在所承担的条约义务范围内行使刑事管辖权。显然，对海盗罪追究刑事责任是我国应承担的条约义务，但与多数国家、地区刑法典中单独规定海盗罪的立法例不同，我国现行刑法典中并未规定海盗罪，当司法实践中遭遇海盗犯罪

---

① 赵秉志，黄芳. 论中国刑法典中的国际刑法规范 [J]. 法学，2003（9）：50.

行为时，对于法律适用者而言，只能根据国际公约中所描述的海盗罪罪状寻找"最相近"的法律条款。就我国刑法而言，这些法律条款主要体现在刑法分则第二章"危害公共安全罪"、第四章"侵犯公民人身权利、民主权利罪"及第六章"侵犯财产罪"中。具体来说，刑法第122条的劫持船只、汽车罪，与作为海盗罪行为方式之一的"对另一船舶的非法暴力或扣留行为"类似，而此一行为亦可能客观上危害船舶交通安全，故与刑法第116条破坏交通工具罪也有关联之可能。另外，由于"对另一船舶上的人或财物实施的任何非法暴力或扣留行为，或任何掠夺行为"亦可能触犯刑法第232条故意杀人罪、第234条故意伤害罪、第239条绑架罪以及第263条抢劫罪等罪名，故这些法律条款也是司法实践中在对海盗犯罪行为定罪量刑时的"备选"条款。从上述司法操作途径来看，以"近似"罪名对海盗犯罪行为进行分解，从而为海盗犯罪提供定罪量刑的根据，是我国刑法典未与国际刑法规范合理协调下的无奈之举，此一操作模式不可避免地导致诸如无法体现海盗犯罪行为的本质、定罪量刑过程繁琐、对行为的定性极易出错、不利于对海盗行为的打击等诸多弊病。① 除海盗罪之外，诸如暴力危及海上航行安全罪、危害大陆架固定平台安全罪、破坏海底电缆、管道罪、海上非法广播罪、海上贩奴罪、海上贩毒罪、海上恐怖主义犯罪等亦是我国加入的相关国际条约中所确立的国际犯罪，但与海盗罪同样属于国内刑事立法所未明确规定的犯罪类型，无可避免地引发同样的定罪量刑困境。

### 三、构罪模式的滞后：结果犯归责模式的不足

尽管学理上对横跨社会学与刑法教义学的风险刑法理论本身的逻辑自洽性、风险的泛化以及风险刑法本身可能导致的刑法风险的担忧② 等存有争议，但对风险社会本身所描述的人类社会转型却是不争的事实。如前文所述，按照贝克的风险社会理论，传统工业社会向现代社会的演变过程被归结为"一场从短缺社会的财富分配逻辑向晚期现代性的风险分配逻辑的

---

① 阎二鹏.海上犯罪的立法规制之模式构想 [J].海南大学学报，2013（2）：66–70.
② 陈兴良.风险刑法理论的法教义学批判 [J].中外法学，2014，26（1）：103.

转换"①。风险社会的潜在风险在向实害转化的过程中可能造成巨大的危害后果，因此必须对其进行提前防控。换言之，风险社会的到来改变了传统的社会风险防控机制。与之对应，从刑法学的视角梳理，传统刑法制裁模式注重考察实害后果并以之作为刑事责任的判定依据，但在风险社会之下待法益侵害发生之后再进行刑事责任的评价就会不当迟延刑法介入的时点。因此，风险刑法观强调以行为危险的考察替换实害结果的考察，从而实现刑法介入时点的前置、刑法归责范围的扩延等价值目标。此种立法转型就海上犯罪而言尤为明显，海上犯罪与陆上犯罪相比最大的特征在于法益侵害的蔓延性，海上犯罪造成的直接危害后果可能通过海洋空间泛化危及更大范围，此种异化形态与风险社会中危险的潜在、泛化的特征高度契合。因此面对当今海上犯罪的多发态势，如何弥合此类犯罪的刑事处罚欲求与既有刑事责任评价模式滞后间的归责沟壑有必要借鉴风险刑法观的智识成果。一方面通过解决罪责评价依据缺失的问题，从而构建完善的罪状体系，另一方面选择科学的罪状构建模式，为刑事责任的提前评价提供合理的实定法依据。前者解决的是罪刑法定的问题，后者则是构罪技术的精细化、合理化问题，二者均服务于海上非传统安全犯罪刑事责任的合理追诉与认定。

可以肯定的是，危险犯甚至是行为犯的大量设置是当今国际公约中所规定的海上犯罪的典型立法样态，这样的例子不胜枚举。如《SUA 公约》中所设定的"暴力危及海上航行安全罪"，客观方面的行为方式分别以危险犯和行为犯的模式进行了设定，前者包括"对船上人员施用暴力""毁坏船舶或者货物""以任何手段把某种装置或物质放置或使之放置于船上""严重损坏海上导航设施或严重干扰其运行""传递明知是虚假的情报"等最终"有可能危及船舶航行安全"的行为类型；后者则表现为"以武力或武力威胁或任何其他恐吓形式夺取或控制船舶"的行为。换言之，对于暴力危及海上航行安全罪的犯罪行为客观上不需造成任何实害结果。与之相仿的是，《制止危及大陆架固定平台安全非法行为议定书》亦对危及大陆架固定平台安全罪设置了"行为犯 + 危险犯"的罪状架构，前

---

① 乌尔里希·贝克.风险社会 [M].何博闻，译.江苏：译林出版社，2004.

者表现为"以武力或武力威胁或任何其他恐吓形式夺取或控制固定平台的行为"，后者则包括"对固定平台上的人员施用暴力""以任何手段将某种装置或物质放置或使之放置于固定平台上"等造成"可能危及固定平台安全"具体危险之行为。而对于"破坏海底电缆、管道罪"，《联合国海洋法公约》则通过"实害犯 + 危险犯"的构罪模式进行了罪状设定，前者表现为"破坏或损害公海海底电缆，致使电报或电话通讯停顿或受阻的行为"以及"类似的破坏或损害海底管道或高压电缆的行为"，后者则表现为"可能造成这种破坏或损害的行为"。

　　较之国际条约中对海上犯罪大量呈现出危险犯、行为犯的立法设置，我国刑事立法在有限的涉海犯罪条款中仍然固守传统的结果犯归责模式，并未顺应上述国际趋势，环境污染类犯罪的立法的演变清晰地反映了此种立法观念：1979年刑法中破坏环境资源类犯罪仅有三个，即盗伐、滥伐林木罪（第128条），非法捕捞水产品罪（第129条），非法狩猎罪（第130条），彼时"生态环境法益"之类的意识尚未引起立法者的关注，上述犯罪类型被安排在"破坏社会主义市场经济秩序罪"一章中，显见立法者对此类犯罪"损害自然资源经济价值"的关注。与之对比，1997年新刑法对环境犯罪的理念与认识已相对成熟，刑法分则第六章"破坏社会主义市场经济秩序罪"中设专章"破坏环境资源保护罪"对此类犯罪进行规制，共涉及9个条文15种具体罪名。但遗憾的是，尽管新刑法对破坏环境资源的犯罪进行专节设置，凸显了"生态环境法益"的独立保护价值，但在具体犯罪的构成要件设置上仍保留"污染、破坏环境的行为造成了严重后果"的结果犯类型的构罪设计，甚至在某些犯罪如"重大环境污染事故罪"中，更将此种严重后果归结为"致使公私财产遭受重大损失或者人身伤亡的严重后果"。"这样的立法错位又标明立法者规定环境犯罪之立法初衷在于保护因这些犯罪所侵害的人身法益与财产法益。"① 或许正是基于上述立法理念偏差的检讨，2011年通过的《刑法修正案八》删除了原重大环境污染事故罪中"造成重大环境污染事故，致使公私财产遭受重大损失或

---

① 阎二鹏. 海洋环境污染犯罪的刑事立法规制模式思考：风险社会刑法理念的启示 [J]. 社会科学家，2012（6）.

者人身伤亡的严重后果"的表述，进而替换为"严重污染环境"的罪状，"重大环境污染事故罪"亦演变为"污染环境罪"，一定程度上凸显了环境法益的独立性，回应了生态中心主义的某些诉求，但这种转变仍残留"结果本位"的刑事立法理念的痕迹。学理上对"严重污染环境"的立法表述究竟属于行为要素还是结果要素存有争议，这也直接影响到本罪属于行为犯（危险犯）抑或结果犯的结论。持行为要素说的学者将"严重污染环境"理解为"只要行为人实施了相应的环境污染和破坏行为"即构成犯罪，故而将本罪归结为行为犯，并认为立法此举体现了从人本主义向环境本位回归的态势。① 与之相反，部分学者从"后果特别严重"与"严重污染环境"的位阶关系出发，主张修正之后的污染环境罪只是将原"重大环境污染事故罪"中的双重结果要素即"造成重大环境污染事故"与"致使公私财产遭受重大损失或者人身伤亡的严重后果"，替换为"严重污染环境"的单一结果要素，并未改变本罪结果犯的属性。② 虽然从其后的权威司法解释对"严重污染环境"的立法表述的细化列举情形来看，并非将"严重污染环境"的情形局限于对人身法益、财产法益造成特定实害结果的情形，从而在一定程度上破除了传统环境污染犯罪结果归责模式的桎梏，但这种转型并不彻底。且如后文所述，由于其适用标准仍主要以陆源污染为参照物，对于海洋环境污染犯罪而言，多数场合仍然只能"套用"结果要素的标准，即将人身财产具体实害结果的出现作为其入罪门槛，这样一来，对海洋环境污染犯罪而言，实质上仍属于"结果犯"而非危险犯或行为犯。这样的解释结论不仅不符合现阶段我国海洋环境污染的实际，亦与国际公约如《联合国海洋法公约》《国际防止船舶污染公约》等国际法律规范中将海洋环境污染作为危险犯设置的一般惯例相悖。

　　总之，就海上犯罪而言，由于我国刑事法典缺乏专门条款设计导致对其特性关照不够，大量适用与陆上犯罪同样的结果犯构罪模式不仅无法有效应对此种犯罪之独有态势，亦与相关国际条约的规定不符。

---

① 王勇. 从《刑法》修订看中国环境犯罪立法观转变 [J]. 环境保护，2011（7）：38.

② 汪维才. 污染环境罪主客观要件问题研究：以《中华人民共和国刑法修正集（八）》为视角 [J]. 法学杂志，2011，32（8）：71.

## 四、刑事执行中的"以罚代刑"导致的刑法条款虚置

我国刑事立法对海上犯罪条款规定的不足加之司法实践对海上犯罪解释上的"陆海趋同"，亦导致在刑事执法层面"以罚代刑"情形突出。

众所周知，伴随大规模开发利用海洋时代的到来，我国海洋环境近年来由于原油泄漏、陆源排放、船舶倾废等污染行为情形严重，海洋环境污染形势极为严峻。对于其具体污染实情，前文已有相关数据论及，此处不再赘述，仅从公开披露的数据所显示的情形来看，我国海洋环境污染情况已不容乐观。而此种严重的海洋污染现状直接肇因者非海洋污染违法行为莫属，据2018年1月21日全国海洋工作会议上国家海洋局公布的权威数据统计，近五年来共查处违法案件8800余起，处罚金额226.7亿元人民币。① 与此种"强力"行政执法形成鲜明对比的是，近五年来我国司法系统以"重大环境污染事故罪"或"环境污染罪"判决的刑事案件仅有6件，其中针对海洋环境污染犯罪的刑事判决则呈现"零判决"的尴尬，此一司法适用现状显然不符合我国海洋环境污染的实际状态。近年来屡屡见诸报端的海洋环境污染案件并非没有，如2011年发生的渤海湾溢油事件，累计造成5500平方公里的海面遭受污染。而从国家海洋局发布的2013年《中国海洋环境状况公报》中的调查结果显示，截至2013年12月底，2011年渤海湾溢油事故海域海洋环境质量仍处于恢复中，生态环境影响依然存在，对海洋环境生态影响如此巨大的海洋污染事故，最终仅以污染主体支付行政罚款、海洋生态损害赔偿金和渔业损害补偿金了事。② 海洋环境污染中的上述司法实践操作的实然情形只是我国当下海事执法中的一个缩影，"以罚代刑""以行代刑"等"行政处罚优先，刑事制裁缺位"的处理路径可以说是整个海上犯罪在执法层面所遭遇的通病。③

---

① 阮煜琳.五年来海洋执法查处案件8800余起 [EB/OL].中国新闻网，2018-01-21

② 海洋环境污染案件中"以罚代刑"的现象普遍存在于我国整个环境执法领域中。从部分学者所做的实证分析数据来看，近年来，我国污染案件中，刑事司法处理的案件在全部环境执法案件中的占比不足千分之一。（白云鹏.环境执法中的"以罚代刑"现象当休矣 [J].人民论坛，2017（15）：100.）

③ 王赟.海事行政执法中以罚代刑问题初探 [J].中国海商法研究，2012，23（2）：90；叶良芳.防治船舶溢油污染刑法不应缺位 [J].学习与探索，2012（9）：81.

　　学理及司法实务部门对海上犯罪上述执法困惑早有认识，并对此种现象产生缘由的研讨亦着墨颇多，多数论者将上述刑事归责困境归咎于执法层面的障碍。这些障碍归纳起来体现在三个方面。一是执法人员的观念障碍。一方面，对于多数海上犯罪而言，过失犯、危险犯甚至行为犯为其主要表现样态，而对于司法及执法人员而言，处罚故意犯、结果犯是传统常态意义上的犯罪，为此，在追究多数海上犯罪有关人员及单位的刑事责任时，往往会网开一面。[①] 另一方面，由于海洋行政管理部门是第一时间介入涉海犯罪案件证据收集的机构，随后的刑事诉讼程序的启动有赖于其向有关机关进行案件移交。但多数涉海犯罪特别是酿成重大事故的海上犯罪，多与海洋行政管理部门在日常监管执法环节存在莫大关联，而行政处罚对证据要求远低于刑事诉讼，加之"行政罚款"在经济利益上的刺激等因素，也"迫使"海洋行政管理部门基于自身利益考量，尽可能通过行政处罚案结了事[②]。二是执法环节的机制障碍。如前文所述，由于现行体制机制的设置，海洋行政执法机关是第一时间介入海上犯罪侦查与取证的机构，公安机关尽管也存在直接、主动介入海上犯罪侦查与取证的理论可能，但实践中缺乏明确的操作细则，且缺乏对涉海犯罪进行取证的专业能力。这就造成了在现实执法环节，即使海洋行政管理部门将涉嫌构成相关海上犯罪的案件移交公安机关，仍然需要依靠海洋行政执法机关的侦查和取证，然后再移交检察院起诉，这样一种制度设计不仅会导致司法资源重复设置，更导致实践中大量海上犯罪行为被海洋行政执法机关所消化、吸收[③]。三是海上犯罪证据收集的障碍。海上犯罪的证据收集较之陆上犯罪专业性更强，所遭遇的困难亦更多，如对于海洋环境污染犯罪，认定行为人"违反国家规定"需执法人员熟悉相关船舶作业或海上作业行政法律规范以及相关之行业惯例。同样对于污染"造成一定的损害结果"的认定，则通常需要专业检验机构进行鉴定，此一鉴定标准又与我国相关之行业规范密切相关，以

---

① 李军，童伟华.海上环境污染案件移送程序之协调困境的思考 [J].中国海商法研究，2016，27（4）：55.

② 我国《刑法》第402条虽有"徇私舞弊不移交刑事案件罪"的设定，但主观方面构罪要素的限制，及司法实践中的极少适用，也变相"放纵"了此种作风。

③ 叶良芳.防治船舶溢油污染刑法不应缺位 [J].学习与探索，2012（9）：81.

海上船舶油污损害为例，国际上通行之技术手段是溢油鉴定，但我国海事系统目前缺乏足够的溢油鉴定机构，现有的鉴定机构亦存在鉴定机构、鉴定机制不完善，执法人员鉴定意识缺乏等不足。[1]

学界的上述论争较为深入地分析了当下我国海上犯罪的规制中"以罚代刑"问题的症结所在，无疑对于海上犯罪之行政执法与刑事司法的衔接提供了诸多智识性路径。笔者无意对其各自主张进行评判，意欲说明的是，我国海上犯罪的上述刑事责任归责困境固然存在行政执法与刑事司法衔接不畅的制度性弊病，但将此种不足完全归咎于行政执法层面或许有失公允。其实，刑事归责与行政处罚之间的界限问题历来是刑法教义学研讨的传统命题，而对于所有的法定犯而言，由于"违反国家规定"或类似之表述均是其入罪之前提要件，故也都面临行政执法与刑事司法的衔接问题，但并非所有的法定犯都如海上犯罪刑事归责一样呈现出上述困境，相较于上述学者将行政执法层面的诸多障碍归结为海上犯罪刑事制裁缺位的唯一原因，笔者更愿意将其根本性缘由理解为刑事立法层面的问题。从根本上而言，正是由于刑事立法中未对海上犯罪与陆上犯罪区隔并设立不同之刑事责任标准，加之有权解释亦"配合"此种立法规定，所以才导致行政执法机关在案件移送上的"无所适从"。即使海洋行政执法部门破除上述观念障碍、机制障碍与证据收集障碍，亦可能面临对于海上犯罪"法无明文规定"的困惑，大量海上犯罪行为之所以被行政执法所消化、吸收，真正的症结即在于此。也因此，对于上述障碍的化解之道或许只是"治标"，根本的解决之道应是适应海上犯罪的特殊性[2]，在刑事立法上对海上犯罪单独设置构罪标准，以及有权解释中的单独具体化细则。

---

[1]　赵微，郭芝.我国海洋环境污染犯罪的刑事司法障碍及其对策 [J].学习与探索，2006（6）：114.

[2]　海上犯罪的特殊性或许是学理上的共识，但立法与司法部门对此种特殊性的认识远未达成共识，此处再举一例，如对于水上交通事故中导致人员落水失踪如何认定为交通肇事罪，此种情形在一般的陆上交通事故中基本不存在，但在水上交通事故中则较为普遍，但刑事立法与相关司法解释对此种情形均未予明确，亦造成司法适用中的混乱。（赵微，王慧.水上交通事故"人员失踪"的刑法定性研究 [J].苏州大学学报，2013（1）.

# 第二节　微观检讨：典型之海上非传统安全犯罪 国内法规制梳理

我国海上犯罪的刑事立法规范所呈现的上述宏观缺陷，仅是针对涉海犯罪整体而言的共性问题，回归至海上非传统安全犯罪，此类犯罪的涉海属性使其具有不同于传统陆域犯罪的形态特征，不论侵害法益的内涵解析抑或规制技术的构建选择均需要特殊对待。下文将通过对典型之海上非传统安全犯罪所涉之国内法规范予以梳理，从而为海上非传统安全犯罪规范体系提供一个直观而具体的评析载体，推动其疏漏的补缺与修正。

## 一、危害海上航行安全犯罪国内刑事规范梳理

如前文所述，"危害海上航行安全罪"乃是对海上航行安全造成威胁的犯罪的统称，包含传统之海盗罪、海上恐怖主义犯罪、武装劫船等多种行为，不过，从规范此类行为的国际公约来看，则主要是海盗罪与危及海上航行安全罪两类，前者主要由《联合国海洋法公约》（以下简称《海洋法公约》）所调整，后者则由《制止危及海上航行安全非法行为公约》（以下简称《SUA公约》）及相关议定书所确定。将此两种国际犯罪纳入我国刑事法规范视角下，显而易见的是，无论是海盗罪还是危及海上航行安全罪在我国现行之刑事法典中均缺乏完整的对应罪名，规制此两类犯罪的罪刑条款只能通过分解各自的行为类型从而对照相应的法律文本。

（一）海盗罪与国内刑事法规范

根据《海洋法公约》之规定，海盗罪表现为出于私人目的，在公海上或"无管区"实施的以另一船舶、飞机或其所载的人或财物为犯罪对象的，任何非法暴力、扣留与掠夺等行为。分而述之，则包含六种行为方式，即非法暴力行为、非法扣留行为、掠夺行为、自愿参加海盗活动的行为、教唆海盗的行为、故意便利海盗的行为。按照我国学理上的一般共识，我国刑法分则是以单独既遂犯为模式进行立法规定，故在学理上形成了实行行

为与非实行行为的基本行为属性划分。显然，海盗罪的上述六种行为方式中，非法暴力行为、非法扣留行为与掠夺行为属于刑法分则中的实行行为，而后三种行为则属于传统意义上的共犯行为。由于这三类行为在刑法分则确立相应罪名之后即可按照总则共同犯罪之规定以及一般之共犯理论处理即可，故在此没有特别讨论之必要。<sup>①</sup>因此，对于海盗罪的国内法适用而言，最终划定在"非法暴力、扣留与掠夺行为"的框架内，结合海盗罪主观上的"出于私人目的"即排除出于政治目的的构罪要件，同时根据此三类行为所针对的犯罪对象为人或者物，那么，海盗罪于我国刑法分则中可能涉及的罪名就包括，故意杀人罪、故意伤害罪、强奸罪、破坏交通工具罪、故意毁坏财物罪、抢劫罪、抢夺罪、非法拘禁罪或绑架罪、劫持船只罪、劫持航空器罪等。申言之，在现有之刑事法律条款框架内，海盗罪被分解为危害公共安全法益、侵害人身法益与财产法益类的犯罪。但现有的定罪模式一方面在结论上与"现代海盗罪危害海上航行安全"的国际法共识不符，无法准确反映此类犯罪行为的罪质，如对上述行为单纯认定为抢劫罪、故意杀人罪等侵犯个人法益的犯罪<sup>②</sup>；另一方面，亦无法完全涵盖所有的海盗犯罪行为，从而留下处罚空隙，如对于出于私人目的单纯扣留财物的行为，现行刑法中难以找到对应的条款予以处罚。<sup>③</sup>

---

① 对于单纯之"参加"行为而言，从我国刑法分则的相关犯罪规定来看，亦有可能属于实行行为，如"参加黑社会性质组织罪""参加恐怖活动组织罪"等均是以单纯的"参加"某类犯罪组织作为单独犯罪进行刑事处罚的。而现代海盗犯罪集团亦可能在某种程度上归属于"恐怖活动组织"，故而对于参加海盗组织的个体来说会有是否成立单独犯罪的疑问。（高国其. 国际海盗罪行的国内法适用 [J]. 广西政法管理干部学院学报，2009（5）.）但从海洋法公约的表述来看，其规制的是自愿参加海盗"活动"，而非某种"组织"，故宜将其理解为传统之犯罪参与行为，按照共同犯罪一般理论处理。

② 司法实践中这样的判例并不鲜见，如广东省汕头市中级人民法院审理的"阿丹·奈姆（ATANNAIM）海盗案"即以"抢劫罪"定罪，而广东省汕尾市中级人民法院审理的"长胜号"海盗案则最终以抢劫罪、故意杀人罪等数罪并罚。（童伟华. 海盗罪名设置研究 [J]. 海峡法学，2010，12（4）：74.）

③ 除此之外，由于欠缺海盗犯罪的规定，对于实践中实施海盗犯罪行为的犯罪人亦将面临取证的困境。例如，实践中抓捕海盗往往是在海盗快艇以武力威胁、追逐其他船只而未登船的过程中，此时即使将海盗抓获，公诉机关要举证证明其主观上的杀人、伤害、抢劫等故意并非易事。（于埠民. 反海盗国际行动与刑事管辖问题 [N]. 检察日报，2009-06-29.）

（二）危及海上航行安全罪与国内刑事法规范

如果说传统意义上的海盗更偏重对财产法益与人身法益之侵害，那么危及海上航行安全罪的设立初衷则是出于对海上航行安全法益之保护，故其虽与海盗行为有千丝万缕之联系，但在行为类型上较之海盗罪大为拓展。《SUA 公约》第3条所列举的危及海上航行安全罪之行为类型共包含七类[①]，这些行为类型与我国刑法分则的规定对应的情形按照多数学者的解读，包括："以武力或武力威胁或任何其他恐吓形式夺取或控制船舶"的行为，符合刑法分则第122条"非法劫持船只罪"的构成要件；"毁坏船舶或其他可能危害船舶航行安全的损坏"行为，符合刑法分则第116条破坏交通工具罪的构成要件；"毁坏或严重损坏海上导航设施的行为"构成刑法分则第117条规定的破坏交通设施罪；"传递明知是虚假的情报而危及船舶航行安全"的行为，构成刑法分则第291条规定的编造、故意传播虚假恐怖信息罪；而对于"因从事上述任何罪行未遂而伤害或者杀害任何人"的行为则构成刑法分则第232条、234条规定的故意杀人罪或故意伤害罪[②]。从论者的上述分析来看，"似乎"危及海上航行安全罪的各种行为类型均可在我国刑法典中找到对应的处罚条款，但细加分析，某些情形的认定则较为"牵强"。如我国刑法分则中所设定的破坏交通工具罪与破坏交通设施罪，均属于典型的具体危险犯，客观方面要求破坏行为必须"足以使火车、汽车、电车、船只、航空器发生倾覆、毁坏危险"。虽然危及海上航行安全罪的对应情形亦可将其解释为具体危险犯，但其具体危险内容与破坏交通工具罪、破坏交通设施罪有别，前者之危险内容为"有可能危及船舶航行安全"，很显然可能危及船舶航行安全的状态并不一定是"足以使船舶发生颠覆、毁坏危险"的状态，如对船舶上航海雷达进行损坏，当然会危及航行安全，但却难以评价为足以使船只颠覆、毁坏。申言之，后者的危险内容较之前者更为狭窄，也更为具体，破坏交通工具罪、破坏交通设施罪无法完全涵盖对应情形。与之类似的是，"传递明知是虚假的

---

① 与海盗罪的规定类似，《SUA 公约》在上述七类实行行为之外，亦设置了处罚上述罪行的未遂犯、教唆犯、共谋行为的规定，这些规定自有刑法总则上的法律根据，不影响本文研讨主旨。

② 赵微，王赞.海上国际犯罪研究 [M].北京：法律出版社，2015：222-224.

情报而危及船舶航行安全"的情形，与故意传播虚假恐怖信息罪也不完全对应，后者传播的虚假信息限于"爆炸威胁、生化威胁、放射威胁等恐怖信息"，而非泛指一切虚假信息。尽管《刑法修正案（九）》在本条基础上增加了一款形成了"编造、故意传播虚假信息罪"，但也仅限于"虚假的险情、疫情、灾情、警情"，且在手段上限制为"在信息网络或者其他媒体上传播"，这两个罪名显然与危及海上航行安全罪相去甚远。较之上述情形的"牵强"对应，部分危及海上航行安全罪的行为类型在我国刑法分则中难以找到对应罪名，如"对船上人员施用暴力，而该行为有可能危及船舶航行安全"，很显然，这里的暴力指向的结果并非死伤结果，而我国又无类似"暴行罪"的设置，在不构成故意杀人罪或故意伤害罪的前提下，这一行为会面临入罪困境。前述论者提出将此行为归入"以危险方法危害公共安全罪"处罚[①]，尽管海上航行安全或可通过某种解释路径将其解读为"公共安全"之一种，但按照学理上的一般共识，以危险方法危害公共安全罪并非刑法分则第二章"危害公共安全罪"的兜底条款，充其量仅能视为刑法第114条、第115条之兜底规定，即"其他危险方法"应限于与放火、决水、爆炸、投放危险物质等性质类似、手段相当之行为类型[②]，单纯之暴力行为显然难以解释为相当之行为类型。其实，在我国刑法中与"暴力危及海上航行安全"之行为性质最为相似的罪名是"暴力危及飞行安全罪"，即对航空器上的人员使用暴力，危及飞行安全的行为，该罪的罪状设置与"暴力危及海上航行安全"之行为类型相同，只不过在行为对象上不同而已。但现行刑法中并无"暴力危及海上航行安全罪"的罪名设置，这一点亦可以佐证我国现行之刑事立法中无法找到与"暴力危及海上航行安全"对应的犯罪类型。

　　总之，无论是海盗罪还是危及海上航行安全罪，在目前国内的刑事立法中均存在无法周延的行为内容，现有之法律条款无法涵盖我国所加入的相关国际条约中所规定的犯罪行为类型。

---

① 赵微，王赟.海上国际犯罪研究 [M].北京，法律出版社，2015：224.
② 张明楷.刑法学 [M].北京：法律出版社，2016：695.

## 二、危及大陆架固定平台安全罪与国内刑事法规范

与海盗罪及其他危害海上航行安全的"耳熟能详"的犯罪不同，危及大陆架固定平台安全罪在我国刑事立法及学理探讨中可谓相当"陌生"，虽然我国大陆架自然资源的勘探、开发时间较晚，但实践中大陆架固定平台遭受他国海上违法行为的侵犯已经从"概念"转化为了现实。如2014年5月初，中国企业所属"981"钻井平台在我国西沙群岛水域进行油气资源勘探的钻探活动过程中，遭遇多达60余艘越南船只的故意冲撞挑衅，此种行为严重违反了相关国际法规，破坏了该海域的航行自由与安全。① 尽管此次事件最终通过外交途径予以"解决"，但通过此次事件亦暴露出我国国内法在规制此类海上违法行为上的不足。环顾我国刑事法典的452个条文，并无关于"危及大陆架固定平台安全"的专门条款，对此类行为应如何进行刑事归责，只能通过对该种犯罪的主客观构成要件的解析，对应"最相近"的罪名予以处罚。

如前文所述，"危及大陆架固定平台安全罪"是由《制止危及大陆架固定平台安全非法行为议定书》所确立，按照该议定书的规定，危及大陆架固定平台安全罪客观方面的行为类型包括"以武力或武力威胁或任何其他恐吓形式夺取或控制固定平台""对固定平台上的人员施用暴力，而该行为有可能危及固定平台的安全""毁坏固定平台或对固定平台造成可能危及其安全的损坏"以及"以任何手段将可能毁坏固定平台或危及其安全的装置或物质放置或使之放置于固定平台上"四类。对于此四类行为的国内刑法规制而言，如部分学者所言，可能涉及的犯罪类型有危害交通安全类的犯罪与以危险方法危害公共安全罪。② 就前者而言，如劫持汽车、船只罪，但以此罪认定的最大障碍在于"大陆架固定平台"能否归属于一般意义上的"船只"。显然，这种解释超出了船只的文义射程范围，有"类推"之嫌：一方面，大陆架固定平台属于为大陆架自然资源开发所搭建的

---

① 外交部网站."981"钻井平台作业：越南的挑衅和中国的立场 [EB/OL].外交部网站，2014–06–09.

② 王赞.危及大陆架固定平台安全罪国内立法化研究 [J].中国海洋大学学报（社会科学版），2014（5）.

设施和结构，其物理特性在于"固定"与不可移动，这与船只的可移动性存在显著差别；另一方面，从本罪的设立初衷而言，正是由于《SUA 公约》中危及海上航行安全罪的对象"船舶"无法将大陆架固定平台囊括在内，因此，才将危及大陆架固定平台罪通过上述议定书单独设置，显示两者之间的差别。不仅如此，从域外相关国家立法例来看亦可佐证上述推理，如《芬兰刑法典》中将危及大陆架固定平台罪明确分解为刑事交通危害罪与劫持罪，以对上述国际公约进行回应，但在这两种罪名中是将"大陆架固定平台"与"船舶"并列进行规定，这也足以说明两者之间的性质差异。[①]同理，由于大陆架固定平台也无法评价为"交通工具"或"交通设施"，故危及大陆架固定平台安全的上述行为亦无法构成"破坏交通工具罪"和"破坏交通设施罪"。当然，大陆架固定平台在勘探大陆架自然资源特别是油气资源的过程中，因接触油气资源形成的相应设备使其具备"易燃易爆设备"的特性，故上述行为有构成"破坏易燃易爆设备罪"的可能。但很显然，破坏易燃易爆设备罪无法涵括危及大陆架固定平台安全罪的所有客观方面行为，如非法控制大陆架固定平台的行为、对固定平台上的人员施用暴力等行为对大陆架固定平台可能完全没有损害，行为人主观上亦没有损坏之目的，这些行为不符合破坏易燃易爆设备罪之构成要件。与上述路径对应，如果将危及大陆架固定平台安全的行为认定为"以危险方法危害公共安全罪"亦会面临构罪上的尴尬。首先，如前文所述，在体系解释与目的解释之下，"以危险方法危害公共安全罪"客观方面要求"其他危险方法"必须与放火、决水、爆炸、投放危险物质等行为性质类似、手段相当，而危及大陆架固定平台安全的客观行为类型显然无法与这些行为手段一一对应，此处不再赘述。其次，就"以危险方法危害公共安全罪"而言，在将其视为刑法第114条、第115条的"兜底条款"的前提下，该罪的犯罪形态归属应与上述条款保持一致，即属于具体危险犯，且此一具体危险的内容为"足以造成他人重伤、死亡或者使公私财物遭受重大损失的物质性结果"[②]。而危及大陆架固定平台安全罪中的"夺取或控制"大陆固

---

① 肖怡译. 芬兰刑法典 [M]. 北京：北京大学出版社，2005：95-98.

② 张明楷. 刑法学 [M]. 北京：法律出版社，2016：695.

平台的行为，并不需要形成上述具体危险，是典型的行为犯。而"放置危及大陆架固定安全的装置或使之放置于固定平台上"的行为亦难言具体危险犯，充其量属于抽象危险犯。除此之外，其他危及大陆架固定平台安全的行为，在客观方面要求的"危及大陆架固定平台安全"的危险，其内容也并非一定是人身法益或财产法益遭受侵害的危险，这些情形都是"以危险方法危害公共安全罪"所无法涵盖的。最后，"大陆架固定平台安全"是否可归属于"公共安全"之一种也存在疑问。按照学理上的一般解读，"公共安全法益"表现为不特定或者多数人的人身法益以及重大公私财产法益，而危及大陆架固定平台安全罪的立法缘由如前文所述亦与"海上恐怖主义犯罪"有千丝万缕之关联。而我国刑法分则第二章"危害公共安全罪"中亦存在"恐怖主义犯罪"之相关规定，如此，将大陆架固定平台安全归属于"公共安全"似乎有充足之论据。但大陆架固定平台毕竟不属于"船舶"，亦难言"交通设施""交通工具"等传统之交通安全载体，《制止危及大陆架固定平台安全非法行为议定书》签订之时，虽有"防止一切危及海上航行安全的违法行为"以及"打击海上恐怖主义"的考量，但这些考量因素并不具有绝对性。从上述议定书的法律文本来看，合理保护各缔约国对于大陆架固定平台的合法权利亦是其考量因素，故"非法控制大陆架固定平台"的行为即使未危及公共安全，亦应作为犯罪处罚。

综上所述，危及大陆架固定平台安全罪在我国现有之刑事立法中按照危害公共安全犯罪的相关具体罪名处罚，无法完全覆盖其中的犯罪行为，并未做到对国际条约的有效回应。

### 三、破坏海底电缆、管道罪与国内刑事法规范

如前文所述，破坏海底电缆、管道罪是经由《巴黎公约》《公海公约》所草创，最终由《联合国海洋法公约》所确立的国际犯罪类型。根据海洋法公约之规定，该罪客观方面表现为两类行为模式，其一为"破坏或损害公海海底电缆，致使电报或电话通讯停顿或受阻的行为"以及"类似的破坏或损害海底管道或高压电缆的行为"，其二为"故意或可能造成这种破

坏或损害的行为"。

比照上述行为模式来看，我国刑法典对破坏海底电缆、管道的犯罪行为尚无专门性法律条款予以规制。但早有学者指出，对于此类犯罪行为应按照《刑法》第124条破坏公用电信设施罪和过失损坏公用电信设施罪进行处罚。因为此条文所规定的两个罪名，从罪状表述上来看，既没有对公用电信设施的范围做出限制，也没有对破坏的手段进行列举，故可以涵盖国际公约中所规定的破坏海底电缆、管道罪。[①] 笔者认为，这一解释结论值得商榷。首先，两罪所侵害的法益性质并不相同。破坏公用电信设施类的犯罪所侵犯之法益为公用电信设施所承载的公众生活的安宁与平稳[②]，换言之，本罪与公众的人身安全或者财产安全并无直接联系。从相关司法解释所列举的本罪所造成的结果来看，诸如"造成二千以上不满一万用户通信中断一小时以上""在一个本体网范围内，网间通信全阻、关口局至某一局向全部中断或网间某一业务全部中断不满二小时或直接影响范围不满五万的""造成网间通信严重障碍，一日内累计二小时以上不满十二小时的"[③]等情形，亦可佐证上述逻辑结论。与之相对，破坏海底电缆、管道罪所侵害的法益性质乃复合法益，如前文所述，海底电缆与海底管道之性质与承载之功能并不相同，前者主要是远程通信的载体，故与其直接关联的法益应是通信方面的安全，后者则主要是海洋油气资源的运输载体，与其对应的法益是能源运输乃至海洋环境污染方面的安全。两相对比，对于破

---

① 赵秉志. 新编国际刑法学 [M]. 北京：中国人民大学出版社，2004：268.

② 此为张明楷教授的观点，（张明楷. 刑法学 [M]. 北京：法律出版社，2016：695）。《刑法》第124条"破坏广播电视设施、公用电信设施罪"，较之其他"对不特定或者多数人的生命、健康及重大公私财产财产安全"即典型之"危害公共安全"犯罪而言，无疑属于"异类"，学理上对此种犯罪所侵害之法益如何将之解读为"危害公共安全的法益"争议颇大，但无论是对公共安全采用一元化抑或多元化的解读路径，由于本罪与人身法益、财产法益结果并无直接关联，故最终在结论上都不得不承认本罪所侵犯之法益并非不特定或者多数人之"人身或财产法益"。（相关争议之梳理可见：邹兵建. 论刑法公共安全的多元性 [J]. 中国刑事法杂志，2013（12）：9. 如后文所述，此问题虽不影响此处的研讨主题，但会影响此类犯罪在立法模式、立法章节安排的选择。

③ 2015年1月11日《最高人民法院关于审理破坏公用电信设施刑事案件具体应用法律若干问题的解释》第二条之规定。

坏海底电缆的犯罪行为与破坏公用电信设施罪的法益大体相当①，而对于破坏海底管道的犯罪行为则与破坏公用电信设施罪的法益性质完全不同。其次，从客观行为要素来看，破坏公用电信设施罪确如上述论者所言，在行为方式上并无任何限制，造成物理性的损坏方式如毁坏、中断或者转移等，或者功能性的损坏如修改、删除、增加电信系统中的数据和应用程序等均符合该罪客观方面之要求。但从上述司法解释的规定来看，本罪之成立在客观方面不仅对行为要素有限制，亦对结果要素有限定，即客观上的破坏行为必须发生造成通信障碍或中断等"结果"②，只有出现上述"结果"法官才能判断此种行为对"公众生活的安宁与平稳"造成了具体危险，此时才能入罪。但对破坏海底电缆、管道罪而言，如前文所述，国际惯例及国际法理上的一般共识均将主观上出于破坏目的，客观上单纯"进入标有海底电缆禁区"的行为，归结为可能造成海底电缆、管道破坏的行为，构成破坏海底电缆、管道罪。故本罪之客观方面包含了行为犯或抽象危险犯，并不需要出现某种具体"结果"才能判断"公共危险"之存在与否，因此，即使从客观方面考量，破坏海底电缆、管道罪与破坏公用电信设施罪亦存在差别。最后，就行为对象而言，两种犯罪亦无法呈现包容关系。破坏公用电信设施罪的行为对象是正在使用中的"公用电信设施"，其涵扩范围较为广泛，海底、陆地、空中的架设线路、埋设线路、无线线路以及无线点通信、导航设施等通讯、通信设施均包括在内。尽管本罪对象在空间范围上延伸到了海底，但作为本罪的行为对象必须是"电信设施"，而破坏海底电缆、管道罪的行为对象则为海底"电缆、管道"。如前文所述，就海底电缆而言，尚有通信电缆与高压电缆之分，就前者认定为"公

---

① 之所以说"大体"相当，是因为海底电缆除通信电缆之外，亦存在所谓海底"电力电缆"，主要用于陆岛之间、连接陆上与海上钻井平台之间的电力输送，破坏此类电缆的犯罪行为亦难言与破坏公用电信设施罪之法益性质相当。

② 从司法解释的规定来看，本罪是否应归结为"结果犯"，学理上还存有争议。特别是部分学者提出，关于本罪司法解释的所列举之情形与最高人民法院2011年6月7日《关于审理破坏广播电视设施等刑事案件具体应用法律若干问题的解释》的规定不同，后者诸如"致使重大公共信息无法发布""信号无法播出"等情形属于"危险"，而非实害"结果"。（张明楷. 刑法学 [M]. 北京：法律出版社，2016：702.）笔者认为，两者的解释结论基本相同，网络中断与上述的信息无法发布、信号无法播出等情形均属于在功能上对公用电信设施或者广播电视设施的破坏结果，但这种结果就本罪所侵害的法益"公众生活的安宁和平稳"而言都只是"具体危险"，而非实害结果。

用电信设施"并无障碍，但海底高压电缆本身并不承载"通信讯"功能，无法与"电信设施"等同对待。而就海底管道而言，其所担负的是海洋油气资源的输送载体之功能，与"通信"或"通讯"功能根本无涉，对此类设施的破坏不可能认定为破坏公用电信设施罪。①

由此可见，希冀通过现行刑法中的相关犯罪来规制国际公约中的破坏海底电缆、管道罪仍存在疏漏之处，后者无法完全还原为我国目前刑法典中的某一种或几种罪名，在罪刑法定原则下，破坏海底电缆、管道之犯罪行为便面临无法进行刑事责任规制的困境。

## 四、海洋环境污染罪与国内刑事法规范

与前述几种典型之海上非传统安全犯罪相较，海洋环境污染罪在我国现行刑事法框架下似乎并无罪名选择上的困扰。自1997年颁布新刑法至今，刑法典中虽无独立的"海洋环境污染罪"之专门条款，但无论是1997年新刑法中的"重大环境污染事故罪"抑或是经《刑法修正案八》修正后的"污染环境罪"，均可将海洋环境污染的犯罪行为囊括在内。与"重大环境污染事故罪"对比，修正后的"污染环境罪"不仅将之前的"发生重大环境污染事故，致使公私财产遭受重大损失或者人身伤亡的严重后果"的入罪门槛调整为"严重污染环境"，同时将污染排放物范围由"其他危险废物"扩展至"其他有害物质"，而且在本罪的适用空间范围上亦做出重大调整，扩展了其适用空间：1997年刑法对于"重大环境污染事故罪"的设置主要建立在《固体废物污染防治法》《水污染防治法》和《大气污染防治法》三部环境污染类行政法律。故对于本罪侵犯对象的自然形成"土地、水体、大气"的立法表述，而对于环境污染的解读亦形成土地污染、水体污染与大气污染三分的局面。但这样的立法理念不仅与环境法学理上的一般共识不符，亦与相应的环境保护法律规定相悖，例如，环境法学界

---

① 理论上，或许还有将破坏海底电缆、管道罪"类比"为故意毁坏公私财物罪、以危险方法危害公共安全罪等逻辑可能，但这些逻辑结论同样存在犯罪性质差异、行为类型无法完全涵盖等类似弊端。

对环境污染的理解一般并未限定具体之环境媒体，而是将之理解为"使环境质量恶化，影响人体健康、生命安全，或者影响了其他生命的生存和发展，以致生态系统不能良性循环的现象"①，而造成此一污染现象的污染源既包括废气、废水、废渣、粉尘等实体物质、亦包括如噪声、电磁波辐射等非物质性污染。而这样的认识亦与国内相关环境保护法律规定具有一致性，如我国《环境保护法》第2条规定，"本法所称环境，是指影响人类生存和发展的各种天然和经过人工改造的自然因素的总体，包括大气、水、海洋、土地、矿藏、森林、草原、湿地、野生生物、自然遗迹、人文遗迹、自然保护区、风景名胜区、城市和乡村等"，在此一前提下，环境污染侵犯的对象自然远远超出土地、水体、大气的范围。正是基于上述考量，"污染环境罪"删除了"土地、水体、大气"的规定，使得本罪之适用范围扩展至整个环境领域，进而与相关行政法律保持了协调，同时也严密了刑事法网。

上述立法变迁标志着污染环境罪的成立并无特定环境媒体的限制，对海洋环境污染的犯罪行为自然也不存在"无法可依"之困境，但若据此认为对于海洋环境污染罪的国内刑事法规范并无任何缺憾则言之过早。如前文所述，"污染环境罪"由于要辐射到所有环境领域的污染犯罪行为，故对本罪的构罪条件的设置难免模糊。"严重污染环境"的立法表述虽较之"致使公私财产遭受重大损失或者人身伤亡的严重后果"的法律条文在解释上契合危险犯的法理共识，但同时亦无法摆脱立法文本不明确的窠臼。当然，要求刑法条文明确到不需要解释的程度或许只是一种美好的理想，这也注定了法律条款本身的抽象性是一种必然，对于"污染环境罪"的立法而言，同样不得不借助实践中的司法解释以使其内涵明确。② 自《刑法修正案（八）》设置"污染环境罪"以来，最高司法机关已分别于2013年、2017年出台两个《关于办理环境污染刑事案件适用法律若干问题的解释》。从司法实践最为关注的本罪构罪条件之一"严重污染环境"的解释情形来

---

① 韩德培，陈汉光．环境保护法教程[M]．北京：法律出版社，2008：6.

② 当下我国司法实践中所形成的"二元一级"抽象式刑事司法解释体制已经使得司法解释本身具备了立法活动的实质内容，"立法"与"司法"的界限亦变得模糊，无论对此种解释机制如何褒贬，在实然层面恐怕都不得不将司法解释作为一种重要的"法源"对待。

看，2017年的司法解释已经将其细化为18种情形，这些情形的列举无疑补强了法律文本的明确性，有利于司法实践层面的操作。但同样遗憾的是，上述司法解释并未对海洋环境污染类犯罪进行专门性规定，其所沿用构罪标准主要仍以陆源污染为参照物。以2017年1月1日生效的污染环境司法解释为例，该解释将"严重污染环境"的立法表述细化为包含兜底设置即"其他情形"在内的18种情形。从上述解释所列举的情形来看，既有将"严重污染环境"解读为行为要素的诸多规定，如"在饮用水水源一级保护区、自然保护区核心区排放、倾倒、处置有放射性的废物、含传染病病原体的废物、有毒物质的"，亦包括理解为结果要素的诸多情形，如"致使三人以上轻伤、轻度残疾或者器官组织损伤导致一般功能障碍的"。很显然，在司法实践部门来看，污染环境罪是一种杂糅了行为犯、危险犯与结果犯的复合犯罪形态，相应的，从本罪所侵害的法益性质层面来看，解释所列举之不同的污染环境情形则包含了生态安全法益、单纯之环保秩序法益以及人身财产法益。这种杂糅不同法益观的解释结论，是否会导致逻辑冲突或污染环境犯罪的可罚性适用标准不一等弊病[①]，并非本书研讨之主旨，毕竟上述解释对污染环境罪行为犯的列举较之结果犯的传统归责模式已经是一种进步。对于海洋环境污染犯罪而言，上述解释面临的真正问题在于，由于解释所描述的样本主要是以陆源污染为参照物，对于海洋环境污染犯罪在认定"严重污染环境"的标准时，难免造成失焦。具体言之，造成海洋污染的种类繁多，水体油类污染一般被认为是造成海洋环境污染最普遍、最主要的种类，而无论是水体还是油类污染物，其主要成分为有机混合物。但从上述解释所设定的归属于行为犯范畴的"严重污染环境"的情形来看，要么不属于海洋环境污染领域，如"在饮用水水源一级保护区、自然保护区核心区排放、倾倒、处置有放射性的废物、含传染病病原体的废物、有毒物质的"，要么主要针对排放、倾倒、处置含铅、汞、镉、铬、砷、铊、锑等重金属污染物，这些都无法适用或无法规制主要的海洋环境污染行为。逻辑延伸的结果便是，当适用上述解释对海洋环境污染犯

①　李川. 二元集合法益与累积犯形态研究：法定犯与自然犯混同情形下对污染环境罪"严重污染环境"的解释 [J]. 政治与法律，2017（10）：39.

罪在认定"严重污染环境"时，不得不"套用"结果要素的标准，作为其入罪门槛，从而使得海洋环境污染犯罪的认定又退回至"结果犯"的归责模式中。

即使从立法本身来看，污染环境罪的架构也未充分顾及海洋环境污染的特殊性，如对于污染物的范围设定，污染环境罪一改重大环境污染事故罪中将"其他危险废物"与"有放射性的废物、含传染病病原体的废物、有毒物质"并列的条文设置，转而将"其他危险废物"替换为"其他有害物质"，从而避免了污染物范围过窄的弊端。[①] 但何谓"其他有害物质"，并未见相应的权威解释，学理上固然可能将此进行某种实质性解读，即"一切含有污染因子的物质"[②]，从而涵扩所有的"污染物"，但此种解释结论是否有类推之嫌必然产生争议。其实，从我国加入的相关海洋污染类国际公约来看，对污染物的范围并未出现"有害物质"的限定，如我国加入的《防止倾倒废弃物及其他物质污染海洋的公约》，既严格控制向海洋倾倒的有毒物质，亦严格控制允许向海洋倾倒的一般物质。在该公约关于海洋环境污染物质的界定中，不仅考量其对"海洋生物资源和海洋生态系统及人体健康的"等传统意义上海洋环境损害的损害，亦要顾及"妨碍包括捕鱼、海上航行等对海洋的其他合法利用在内的海上活动"的情形。故对于某些难辨其危害性的物质，如果对后者造成影响，仍被列入禁止处置名单，如该公约附件一中对渔网和绳索等耐久塑料及其他耐久性合成材料，在严重妨碍捕鱼、航行或对海洋的其他合法利用时，仍将其视为污染海洋环境的违法行为。[③] 与之相仿，《防止船舶污染国际公约》中对污染物的定义亦十分宽泛，"妨害对海洋的其他合法利用的物质"也被列入船舶污染物范围。[④] 之所以会形成上述极为宽泛的海洋环境污染物质概念，主要是基于海洋环境生态系统的复杂性决定了海洋环境法益受侵害的程度、过程

---

① 学理上早有学者提出，"有毒物质并非都是废物，对环境造成严重污染的也不光是废物和有毒物质，还有其他有害物质"。（黄太云. 刑法修正案解读全编：根据刑法修正案（八）全新阐释 [M]. 北京：人民法院出版社，2011：86.）

② 喻海松. 污染环境罪若干争议问题之厘清 [J]. 法律适用，2017（23）：75.

③ 《防止倾倒废弃物及其他物质污染海洋的公约》第1条及附件一。

④ 《防止船舶污染国际公约》第1条。

及因果关系等，使得某种污染行为的法益侵害后果可能要经历代际更迭才能显现，在难以判断某种物质"有害性"之时，从风险累计可能性的角度看亦有提前规制的必要。[1]

由上述分析可知，尽管目前我国刑法中关于"污染环境罪"之规定为海洋环境污染犯罪提供了法律适用文本，并不存在像前述典型之海上非传统安全犯罪"无法可依"的困境，但立法条文的缺憾与相关权威解释的疏漏在某种程度上造成对海洋环境污染犯罪"有法难依"的局面，恐怕也是一种事实。

## 第三节　海上非传统安全犯罪国内刑事立法完善构想

对我国涉海犯罪立法文本及典型之海上非传统安全犯罪的国内刑事法规范进行梳理后所呈现的上述不足，很大程度上源于国际条约的国内法化问题未得到妥善解决，海上非传统安全犯罪的国际性特征使得此种弊病得到集中体现，故需要在刑事立法层面进行必要的完善。

### 一、国际条约之国内化：间接适用的必然性

如前文所述，海上非传统安全犯罪所具有之国际性特征使得对此类犯罪的规制必须考量国际条约与国内法之关系问题，国内立法与国际条约的衔接亦成为对此类犯罪刑事立法完善的首要问题。

（一）学理论争

国际条约的国内法效力问题历来是国际法学界的传统关注焦点，在学理上针对此问题亦形成了所谓的一元论与二元论之主张。前者将国际条约与国内法视为同一法律体系，故在一元论之下，国际条约直接在国内发生

---

① 德国部分学者基于环境犯罪所具备的此种风险累积共性，创造性地提出了"累积犯"的概念，用以揭示此种犯罪类型对环境法益的抽象危险。（贝思德·许逎曼.法益保护原则：刑法构成要件及其解释之宪法界限之汇集点 [M]// 何赖杰，译.许玉秀，陈志辉.不移不惑现身法与正义：许逎曼教授刑事法论文选辑.2006：238.）

效力，国际条约可以直接在国内适用，并不需要将其制定为国内法，此一模式又被称为采纳（adoption）模式。而对于国际条约与国内法之冲突或规范效力等级，则又形成"国际法优于国内法"和"国内法优于国际法"两种不同的认识。后者则主张国际法律规范与国内法分属不同性质的法律体系，并不具有一体性，因此，对于国际条约在国内适用的前提，则只能是将国际条约中的相关规定事先转化为国内法之规定，然后依据国内法进行处置。与一元论所形成的直接适用模式对应，二元论之下的适用模式可称为"转化"（transformation）模式。基于一元论与二元论所形成的上述两种逻辑进路即通常所理解的国际条约适用中的直接模式与间接模式。[①]平实而论，两种模式各有利弊，直接模式省却了间接模式中国内法转化的程序，法律适用的便捷性显著，但往往难以兼顾国内立法权的行使，与之相反，间接模式虽最大程度地彰显了国家的立法主权，且与国内法易于保持协调统一，但立法周期长、立法程序复杂等是其无法回避之难题。正是基于上述利弊考量，当下多数国家的立法实践倾向于混合模式，即对不同之国际条约分别兼具上述两种模式予以运用。就我国的立法实践而言，由于《宪法》与《立法法》等基本法律没有关于国际条约在国内法中法律地位的一般性规定，故"分别情况、逐个立法"成为其主要表现形式[②]。对此，学理上存在认识分歧，既有学者认为我国的立法实践属于"混合模式"，但直接适用占主导地位，亦有认为属于直接适用模式或者倾向于直接适用模式。[③]但无可否认的是，两种模式在国内立法实践中均有表现，从宏观上观察，对于民商事等私法领域如《民法通则》《票据法》《海商

① 王铁崖. 国际法引论 [M]. 北京：北京大学出版社，1998：98.

② 学理上提出的一元论与二元论之理论主张其实在当下各国的立法实践中其界分已日趋模糊，"这两种理论都未见诸彻底实行，而彼此有互相接近之势"。（韩忠谟. 法学绪论 [M]. 北京：中国政法大学出版社，2002：37.）如学理上公认的采行直接模式的英国，虽然在普通法层面"广泛接受国际习惯法是英国法律的一部分，不需要议会立法"是一种共识，但实际情况并非如此，为了防止行政机关在得不到议会的同意下通过缔结条约来代替议会行使立法权，英国判例法仍要求对于某些条约，即使已经批准，尚需议会将条约之内容转化为国内法后，法院才予以适用。（李浩培. 条约法概论 [M]. 北京：法律出版社，2003：314.）美国的情形与之类似，美国法院在审判实践中将条约划分为自动执行和非自动执行两类，后者的适用仍然需要国内立法转化。（万鄂湘. 民商法理论与审判实务研究 [M]. 北京：人民法院出版社，2004：21.）

③ 朱晓青，黄列. 国际条约与国内法的关系 [M]. 北京：世界知识出版社，2000：211-216.

法》等法律文本中均有"我国缔结或者参加的国际条约可在国内直接适用"的类似表述，表明这些领域采用的是直接模式。而对于一些公法性质的条约，则大多采用转化模式，刑事立法最为典型，《刑法》第9条明文规定，"对于中华人民共和国缔结或参加的国际条约所规定的罪行，中华人民共和国在所承担的条约义务的范围内行使刑事管辖权的，适用本法"。此一规定虽然是关于刑事普遍管辖权的立法，但"适用本法"的条文表述，也直接标明了对于国际条约中所规定的国际犯罪，只能通过转化为我国国内法相关规定后，才有适用之余地。

（二）必然性证成

尽管学理上对我国立法实践中"落实"国际条约的模式选择仍有争议，但就刑事领域的国际条约之国内化模式采行间接模式具有某种必然性。

首先，相关国际条约对国际犯罪的规定大都比较抽象，原则性规定较多以此换得多数国家的认可，在犯罪构成要件规定并不完备的现实下，这些抽象性的法律条款难以直接作为定罪量刑的法律依据。一方面，很多国际条约对相关国际犯罪的罪状设置特别是客观行为的规定较为笼统，如我国批准加入的《儿童权利公约》中仅抽象性地指出"各缔约国应采取一切适当的国家间双边和多边措施，以防止为任何目的或以任何形式诱拐、买卖或贩运儿童"，而《消除对妇女一切形式歧视的公约》中亦仅规定"缔约各国同意采取一切适当措施，包括制定法律，以打击一切形式贩卖妇女和迫使妇女卖淫以进行剥削的行为"，与上述规定类似之表述在国际性法律文件中并不鲜见。显然，即使将上述犯罪行为认定为国际犯罪，进行刑事责任的追究仍需要将其行为内容具体化、明确化。另一方面，部分国际条约对被禁止之行为虽有规定，但此种类型的行为是否应作为国际犯罪进行刑事责任追究则态度"暧昧"。即使对于某些"严重国际犯罪"而言，亦存在同样的问题。如"战争罪"是国际法学界公认的严重的国际犯罪、国际核心罪行，亦被部分学者视为"最应优先转化的国际犯罪"[①]，但规范此类犯罪的国际公约如《海牙公约》《日内瓦公约》等国际性法律文件均

---

① 宋杰.刑法修正需要国际法视野 [J]. 现代法学，2017，39（4）：134.

只是对哪些行为应当被禁止，哪些行为是严重违反公约的进行了规定，并没有明确宣布这些行为构成犯罪，更不可能就这些行为的刑事处罚做出说明。虽然针对战争罪，《纽伦堡宪章》《远东国际军事法庭宪章》《前南国际刑事法庭规约》等有具体之罪刑规范，但他们并不属于国际条约，在各国制定国内法中的战争罪时充其量只能起到"参考作用"。特别是《海牙公约》《日内瓦公约》包括《国际刑事法院规约》都是非自动执行的条约，它们在经过国家接受后，尚需经过一国的立法机关将其转化为国内法律才能适用。不仅如此，国际条约规定的国际犯罪本身也可能存在缺陷，需要各国按照自身国家的具体情况进行必要的修正，如《联合国海洋法公约》关于海盗罪在行为对象、行为发生领域的规定便被多数国家所诟病。正是由于国际条约本身在国际犯罪的规制上存在上述不足，因此，当下多数国家的立法实践并非消极、教条地确认国际条约的国内法效力，而是依据本国之具体国情、将国际条约的精神具体化，使其实施成为现实。[①]

其次，就国际犯罪的刑事责任实现而言，通过将国际条约转化为国内法实现国内法院管辖更具实际意义。国际犯罪的刑事责任实现途径，从当前的国际实践来看，主要是通过国际法庭管辖或国内法院管辖两种路径。[②]国际法庭管辖的实践肇始于二战后纽伦堡军事法庭、东京远东军事法庭对战争罪犯的审判。其后，前南斯拉夫国际刑事法庭和卢旺达国际刑事法庭亦存在同样的管辖模式。但此种设立特别临时法庭审理国际犯罪的刑事责任管辖模式，毕竟不具有常设性的特征，难以保证其稳定性。更为关键的是，此种管辖实践在国际社会造成强烈的非议。国际政治、国际法学者对纽伦堡和远东军事法庭的战犯审判一直存在"胜利者的正义"的嘲讽，而前南斯拉夫国际法庭和卢旺达国际法庭更是因为对审判对象的选择性问题遭遇正当性的拷问。[③]但国际法庭管辖模式的探索并没有因为上述困境停

---

① 从世界范围来看，在国内法中直接将国际公约中的相关规定在国内法中载明从而作为司法裁判依据的所谓"条约列举"模式相当罕见，多数国家特别是大陆法系国家对相关国际条约的内容兼顾本土情形进行必要的修正，形成更加明确具体的罪状表达。（卢有学.战争罪的国内立法研究[J].现代法学，2007（2）：186.）

② 黄芳.国际犯罪的国内立法导论[J].法学评论，2000（2）：39.

③ 曾令良.国际法发展的历史性突破:《国际刑事法院规约》述评[J].中国社会科学，1999（2）：3.

滞不前，2002年7月1日生效的《国际刑事法院规约》希冀通过常设性国际法院惩治严重国际犯罪，较之前的临时性国际法庭管辖模式无疑是一种历史性突破。虽然该规约以较多票数获得通过，但规约中部分条款内容特别是管辖权的设定并不是以国家资源接受国际法院管辖权为基础，在不经过当事国同意的情况下对非缔约国苛加了义务，从而违背了国家主权原则，此种超越国际社会的客观现实形成的条约显然缺乏国际协议赖以形成的根本基础即协商一致。也因此，"在主权林立的多极化国际社会里，一个没有被广泛接受其管辖的国际刑事法院，即使建立了，其实际效力也会大打折扣"①。很显然，由超越国家主体之上的统一的国际刑事法院审判国际犯罪的设想在当前的国际现实下仍面临诸多障碍，况且即便按照《国际刑事法院规约》的规定，国际刑事法院也只能对灭绝种族罪、危害人类罪、战争罪和侵略罪四种最为严重的国际犯罪行使管辖权。与之相对，数量庞大的一般国际犯罪仍需要由国内法院依据国内法来制裁。如此看来，通过国内法制裁国际犯罪就成为一种更具实际操作价值的刑事责任实现模式，其实，通过国内法实现对国际犯罪的制裁较之国际刑事法院模式，不仅更符合客观现实需要，在某种程度上亦表现出更大的灵活性。众所周知，国际公约的达成需要经过漫长的起草、谈判、协商过程，其立法周期远非国内立法所能"企及"，在新的犯罪类型产生之初，国际社会尚未形成共识进行国际立法之时，各国可根据实际需要及时地通过国内法予以补充，从而在惩治国际犯罪中表现出更大的灵活性。②

最后，国际条约对国际犯罪"刑罚"设置的缺失亦使得转化模式成为一种必然。各国法律制度、价值观念、刑罚类型的巨大差异，导致惩治国际犯罪的国际公约均只有犯罪行为的规定，而无具体刑罚之设定，即"有罪无罚"，这是国际条约在惩治国际犯罪中的一个共同立法特点。此一立法特性"客观上造成了各国在履行国际公约中，无具体处罚规定的遗憾"③。换言之，即使在国际公约国内法转化过程中，将所谓"罪状"进行

---

① 高燕平.国际刑事法院[M].北京：世界知识出版社，1999：371-372.

② 黄芳.国际犯罪的国内立法导论[J].法学评论，2000（2）：39.

③ 王建军.国际公约对刑法修订的影响及其意义[J].刑事法评论，1999（1）：35.

直接引用，也会面临刑罚规定缺失的困境，从而必须由国内法予以补充。与此问题相关联的是，近年来，学界不断有学者提出改造我国刑法第9条规定的立法论主张，即由于目前仍有相当数量的国际公约所规定的国际罪行尚未转化为国内法中的具体罪名，除典型的海上非传统安全犯罪之外，战争罪、灭绝种族罪、危害人类罪、战争罪和侵略罪、酷刑罪等均为典型之事例。在此种立法现实下，实现刑法第9条所规定的普遍管辖权将面临处罚空白，即上述尚未转化为国内法的犯罪行为因缺少"适用本法"的前提条件，要么无法作为犯罪进行处罚，要么按照刑法中的其他罪名处罚而涉嫌违反禁止类推原则。① 故有必要在原刑法第9条之后增加一款，"如果本法没有规定的，可以适用该条约，但是中华人民共和国声明保留的条款除外"，如此则将国内法未及时将某些国际犯罪国内化时，提供了法律适用依据②。上述立法设想或许对完善我国刑法中的普遍管辖权之立法规定有一定的积极意义，但即使做出上述修正，亦无法回避国际条约中"有罪无罚"的现实困境，由于罪名、罪状和法定刑是构成罪刑规范的基本要素，缺一不可，罪刑条文一体化的内在逻辑决定了刑事立法不可能仅确认罪名、罪状而不规定法定刑，故最终上述立法设想仍然必须依赖于将国际条约国内化。

通过对国际条约国内化的路径梳理，将其中有关国际犯罪之规定转化为国内刑事立法更符合现实之立法需求，而海上非传统安全犯罪所具有的国际性特征亦使得国际条约与国内法的衔接过程中，也必须选择国内法间接转化的模式。

## 二、立法模式选择：单一刑法模式下的立法安排

在回答了国际条约国内化的问题之后，就典型的海上非传统安全犯罪而言，还需对其国内刑事立法模式进行宏观设计，此种立法模式的选择要解决的是对该类犯罪在国内刑法中如何规定的问题。

---

① 马呈元. 论中国刑法中的普遍管辖权 [J]. 政法论坛，2013，31（3）：88.

② 卢有学. 我国刑法规定国际犯罪的立法模式探讨 [J]. 河北法学，2009，27（2）：108.

　　学界关于国际犯罪在国内刑法中的立法模式总体上可分为单一刑法典模式与特别刑法典模式①，前者主张在"大一统"的固有刑法典之内，对国际犯罪进行规定，后者则主张在刑法典之外，设置专门的国际犯罪刑法典。单一刑法典模式与特别刑法典模式的立法论分歧由来已久，并且一度在我国刑事立法实践中有所体现，1997年刑法生效之后，由全国人大常委会于1998年制定的《关于惩治骗购外汇、逃汇和非法买卖外汇犯罪的决定》在学理上被公认为现行有效的特别刑法。但自1999年立法机关采取刑法修正案的方式之后，我国刑事立法逐渐形成了"单一刑法典""刑法典单轨立法"的颇具中国特色的模式。②虽然当下的立法实践表明单一刑法典模式仍是刑事立法的唯一表现形式，但单一刑法典与特别刑法典、附属刑法典并存的学理主张并未消弭，特别是《刑法修正案（九）》施行之后，国内学界关于我国刑事立法的未来模式选择又成为热议的焦点。不过，学理上关于上述论争的发出点一直未变，对特别刑法典模式的优势认知也并发生根本性变化。申言之，按照学界的一般性共识，普通刑法典作为核心刑法或刑法常典，理应具备权威性与稳定性，后者是前者赖以实现的前提，刑法典的稳定性为其权威性提供保障，因此，以所谓"自然犯"为核心所呈现的不法与罪责内涵及程度的稳定性正好契合了普通刑法典的稳定性诉求。但是，随着社会变迁加速所带来的犯罪形态的复杂化趋势，法定犯、行政犯等不法与罪责内涵、程度变动不居的新型犯罪之大量出现，如果仍维持单轨制刑事立法模式，将会使刑法典变得臃肿，且应对新型犯罪出现而频繁修正刑法的现实需求将彻底破坏刑法典的稳定性与权威性。而采用特别刑法典模式针对上述犯罪类型特殊之不法与罪责内涵进行有针对性的立法，不仅可维持刑法常典的稳定性，亦可确保刑法与相关部

---

① 理论上或许还存在附属刑法模式的逻辑可能，但由于我国当前在非刑事法律规范中出现的涉及刑事责任的条款，仅是概括性地重申了刑法典的相关内容，而未直接规定罪刑规范，故难言真正意义上的附属刑法。即使从立法论的层面看，就国际犯罪特别是核心国际罪行而言，采用附属刑法模式亦面临巨大障碍，因为对于这些犯罪类型如侵略罪、战争罪等并存在民事违法、行政违法等逻辑前提，不可能通过附属刑法的方式予以呈现，故无论从各国立法实践抑或是学理研讨来看，均未见到此种主张。

② 此一立法模式为当今世界主要国家所独有。（储槐植.议论刑法现代化[J].中外法学，2000（5）：38.）

门法的衔接。①

　　不可否认，学界的上述论争对我国未来的刑事立法模式选择提供了丰富的理论资源与可资借鉴的逻辑路径，但遗憾的是，对特别刑法典的优势分析均局限在所谓"法定犯""行政犯"视角之下，而对于国际犯罪的特别法典立法模式则明显关注不够。②国际犯罪包括海上非传统安全犯罪的国内立法这一被学理主流所"忽略"的边缘问题，从有限的文献分析来看，学界的主张相当一致，即采用统一的刑法典来对国际犯罪与一般犯罪一并进行规定，鲜有学者主张采用特别刑法典模式对国际犯罪进行立法。此种立法设想的主要理由还是基于对我国立法传统因素的考量，在立法传统上选择单一刑法模式的前提下，"采取刑事特别立法的方式来承担和履行相应的国际法义务，可能不太具有可行性"③，是一种学理共识。在此学理共识下，国际犯罪在刑法典中的具体章节安排成为学界讨论的重点问题。总体来看，学理主要提供了三种逻辑路径。其一，专章规定模式，即在刑法分则中以专章形式对相关国际犯罪予以规定，这种立法设想一方面是基于国际犯罪的鲜明特征在国内法化的过程中必须予以关照，另一方面亦考量到国际犯罪的相对独立性以及与国际条约的衔接便利④。其二，专条规定模式，即按照国际犯罪所侵害法益之性质将其分散在现有刑法章节中，以专条形式进行规定。此种立法模式主要是基于现有刑事立法体系协调性因素的考量，因为在现有刑事立法框架下，我国刑法分则以"章"的形式出现的犯罪类型划分主要是以犯罪所侵犯的同类客体为标准进行界分的，国际犯罪之国内化自应分门别类分散在相关章节中⑤。其三，综合立法模式。此

---

① 梁根林.刑法修正：维度、策略、评价与反思 [J].法学研究，2017，39（1）：42.；周光权.转型时期刑法立法的思路与方法 [J].中国社会科学，2016（3）：123.

② 梁根林教授在论文中除法定犯、行政犯之外，也仅提出"军事刑法"作为例外，应作为特别刑法对待。（梁根林.刑法修正：维度、策略、评价与反思 [J].法学研究，2017，39（1）：42.）

③ 当然，学理上也不否认此种模式作为未来刑事立法的一个备选项的可能性。（宋杰.刑法修正需要国际法视野 [J].现代法学，2017，39（4）：134.）

④ 赵秉志.国际恐怖主义犯罪及其防治对策 [M].北京：中国人民公安大学出版社，2005：168.不仅如此，国内刑法中是否有专章或者专节对国际犯罪进行规定，在学理上一度被视为评价一国刑法是否具有国际性、现代性的重要标志。（范忠信.刑法典应力求垂范久远 [J].法学，1997，（10）：42.；苏彩霞.中国刑法国际化论纲 [J].中外法学，2003（2）：66.）

⑤ 王赞.破坏海底电缆、管道罪国内化研究 [J].学术论坛，2013，36（1）：111.

种立法路径主张按照国际犯罪的严重性程度分别采用专章或专条形式进行规定，申言之，对于为习惯国际法所承认的性质严重的国际核心罪行如战争罪、侵略罪等应通过专章"危害人类和平与安全罪"加以规定，而对于其他一般国际犯罪，则根据其犯罪性质及所侵害之法益类型将其在现有刑法分则不同章节中进行规定。①

在梳理上述学理论争之后，笔者认为，首先，采用特别刑法典模式对国际犯罪进行集中性规定，并不合适，这不仅是我国刑事立法传统所限，更为关键的问题是，特别刑法典模式本身亦存在某些缺陷。一方面，特别刑法典的制定并非仅针对国际犯罪，而且按照学界的一般共识，行政刑法才是特别刑法典的主要表现形式，如果将大量的行政犯罪、国际犯罪及其他特殊性质的犯罪②都制定特别刑法典，将使得"保护具有普遍意义的新型法益成了特别刑法的任务，由此可能使得刑法典逐步被空心化、边缘化"③。另一方面，特别刑法典的立法模式还可能导致与普通刑法典中原有犯罪之间大量交叉、竞合的现象出现，如何处理犯罪竞合的难题无疑会增加司法适用的难题，反而使特别刑法典设立的初衷之一即"法官适用法律的便捷性"落空。就国际犯罪的国内化而言，即使从域外国家的立法实践来看，通过单独制定特别刑法典规制国际犯罪的做法通常均存在一定的"法外因素"，因而不具备普遍意义。大陆法系国家如德国《违反国际法之罪行法典》、荷兰《国际犯罪治罪法》等，英美法系国家如英国《国际刑事法院法》、加拿大《危害人类罪和战争罪法》等均可视为单行刑法典的典型立法例。但上述立法例均是为配合《国际刑事法院罗马规约》的生效实施，为便利与国际刑事法院合作所采取的特别立法方式，且这些法典中所确立的国际罪行范围也仅局限于公约所规定的四种国际犯罪，并不具有普遍性。其次，在单一刑法典模式下，通过专章形式对所有国际犯罪进行

---

① 当然，这种立法安排还涉及现有刑法框架内"违反军职罪"与国际核心罪行的立法协调问题，部分论者主张将现有违反军职罪中已经规定的两种战争罪，即"战时残害居民、掠夺居民财物罪"和"虐待俘虏罪"合并至"危害人类和平与安全罪"一章中。（卢有学. 战争罪的国内立法研究 [J]. 现代法学，2007（2）：186.）

② 如近年来学界不断提及的环境犯罪、网络犯罪等各有自身特性的犯罪均单独制定特别刑法典。

③ 周光权. 转型时期刑法立法的思路与方法 [J]. 中国社会科学，2016（3）：123.

规定也不现实。如前文所述，现今我国所加入的国际条约中所规定的国际犯罪类型众多，犯罪性质、不法与罪责内涵、法益类型也不尽相同。虽然将这些犯罪集中规定在一章有助于凸显此类犯罪的特殊性，但考虑到相当数量的国际犯罪本身正在国内法中已有所体现，如拐卖妇女儿童罪、贩毒罪、贪污贿赂犯罪等，将这些不同性质的犯罪单独设立一章进行规定，无疑存在与特别刑法典相似的逻辑困境，且从立法经济性的角度考量，远不如将其在现有刑法框架内进行适度修正来得便利。最后，按照国际犯罪之性质特别是法益侵害性质将其安排在不同章节进行专门性的规定或许是较为可行的立法模式。当然，对于哪些国际犯罪应以专章形式进行规定，哪些国际犯罪分散在刑法分则其他章节中进行规定，前述学者提出的区别国际核心罪行与一般国际罪行的思路具有一定的启发性。但笔者认为，除犯罪性质的考量因素外，此种犯罪所侵犯之法益性质，能否为现有刑事立法中的类罪所涵扩等因素亦应考虑在内。对于战争罪、侵略罪等国际核心罪行，应设专章进行规定，这不仅因为其犯罪性质特殊，而且更为关键的是，其无法为现有立法框架下的法益类型所涵扩，故有专章设置的必要。此种立法模式亦可由多数域外国家的立法例提供佐证，如：《法国刑法典》在第二卷第一编"反人类及人种之重罪"中的第一章专章规定了"种族灭绝罪"，在第四副卷"战争之重罪和轻罪"中的第一章专章规定了"各类战争重罪和轻罪"；《西班牙刑法典》在第二章规定了"危害和平和国家独立罪"；《俄罗斯联邦刑法典》则在第34章专章对"破坏人类和平和安全的犯罪"进行了规定。[①] 与之对应，对于其他一般国际犯罪，如果根据其侵害法益的性质能够为现行立法框架下的类罪所包含，则没有必要设立专章进行规定，如拐卖妇女儿童罪、毒品犯罪、贿赂犯罪、恐怖主义犯罪等尽管有相同国际条约之立法，也可谓国际犯罪，但由于现行刑法已经有相关之犯罪规定，故没有必要进行专章性的规定。

回归至海上非传统安全罪，就此类犯罪而言，笔者仍然认为在单一刑法典模式下，应采用专章形式进行规定较为合理。此种立法安排主要是基

---

① 如前文所述，德国、芬兰、加拿大等国通过特别刑法典的模式对国际核心罪行进行"特典"立法，在笔者看来，此种针对同种类犯罪的立法与专章设立模式恐怕只是"形式差别"而已。

于两点考虑。一方面，如前文所述，典型的海上非传统安全犯罪在我国现行刑事立法中并没有对应的"罪名"，也难以被其他犯罪所涵括。① 而且从其侵犯的法益性质即"国际社会的共同利益"来看，也难以为现行立法框架下的类罪涵括，如海盗罪与危及海上航行安全罪所侵犯的国际航运安全法益，破坏大陆架固定平台安全罪所侵犯的大陆架固定平台安全法益、破坏海底电缆、管道罪所侵犯的国际通信安全与能源安全法益等，这些法益均非单一法益所能囊括，且其本身呈现的"超国家"性质决定了难以在现行立法框架下的"同类客体"中找到归宿②，唯有通过专章形式进行确定才能与其他类罪法益相区隔③。另一方面，海上非传统安全犯罪是涉海领域的国际犯罪，而从国际法的层面对海洋管理的复杂性远非其他空间领域能及，仅从《联合国海洋法公约》的规定来看，海洋被界分为内海、领海、毗连区、专属经济区、大陆架、公海等10个海域，并且形成不同的权利归属主张，相应地，亦需要单独设计极为复杂的刑事管辖权体系。同时考虑到海上犯罪的流动性、跨区域性特征"决定其在证据收集和保全上非常困难，在刑事犯罪的证据使用和犯罪起刑点上都不宜直接引用陆地上的刑事法律规范"④，因而将海上犯罪单独立法具有相当的必要性。将典型的海上非传统安全犯罪所具有的上述诸多特殊因素予以综合考量后的结果，就是在现行刑法分则中设专章将此类犯罪予以集中规定，以此凸显此类犯罪的特性同时也能更好地履行国际公约中的内容。

---

① 当然，对于其他非典型性的海上非传统安全犯罪而言，如海上走私、海上贩毒、贩奴等尽管有相关国际条约的规定，亦使得其具备"国际性"犯罪的特征，但对于这些犯罪，由于现行刑事立法中已有相关之罪予以对应，故无需进行专章性的规定。

② 不仅如此，如前文所述，多数学者所主张的将海上国际犯罪纳入"危害公共安全罪"的观点，在学理上已经对"公共安全"法益之内涵存在严重分歧的现实下，海上非传统安全犯罪的纳入只会加剧此种理论分歧。

③ 而从目前学理上关于此类犯罪侵犯法益性质的学术论争来看，此种立法安排亦能提供较为"圆满"的解决方案，例如对于海盗罪侵害法益的界定，学理上即存在"国际社会公共秩序与公共利益说""恐怖暴力犯罪说""破坏海洋法与环境法的犯罪说"等不同之理论主张，虽然表述各异，但归根结底对海盗犯罪侵害法益的国际性特征可以说是一种共识。（赵秉志，原佳丽.海盗罪的国际刑法规制 [J].南都学坛，2012，32（6）：71.）

④ 赵微.海上刑法的理论定位与实践价值 [N].中国社会科学报，2010-09-07（10）.

### 三、罪状设计：兼顾国际条约与本土需求

在对海上非传统安全犯罪的立法模式进行选择之后，仍需对此类犯罪的罪状设计提出具体之应对措施。

#### （一）相关国际条约本土化拓展的必要性

由于本书所研讨之典型的海上非传统安全犯罪均为相关之国际条约所确定，且于国内刑法中存在立法缺位，故需增设相应的罪名对其进行规制。既然国际条约已经对此类犯罪的客观行为进行了一般性的规定，那么，在刑法分则中直接将条约中的内容作为具体罪状进行规定似乎是言之成理的。但如前文所述，相关国际条约对海上非传统安全犯罪的规定并非没有缺陷，部分犯罪还存在较大的争议。典型的如海盗罪的罪状设置，《联合国海洋法公约》将海盗罪的主观目的限定为"私人目的"、在行为对象上限定的所谓"两船原则"、行为发生空间上的"公海或无管区"等规定均为学界所诟病，正是基于上述考量，对国际条约中的海盗罪罪状进行本土化的拓展成为当今世界各国通行的立法例。如《俄罗斯联邦刑法典》第227条将海盗罪罪状表述为"为了攫取他人的财产，使用暴力或以使用暴力相威胁袭击海洋船舶或内河船舶"，显见对国际公约中海盗罪在行为对象与行为发生空间两方面进行了扩展性规定。

综合上述分析可以看出，对于将国际条约中的相关规定原文拷贝实现国内法化并不合理，而将国际条约中所规定的相关国际罪行进行本土化的拓展并不违反"条约必须遵守"的国际法理，相反，此种立法安排已经成为一种国际惯例。这不仅对于海上非传统安全犯罪适用，对于其他国际犯罪亦为相关的国际实践所证明，如联合国大会第三届会议通过的《防止及惩治灭绝种族罪公约》（我国于1983年加入该公约）中对"灭绝种族罪"所侵害的群体仅限定为民族、人种、种族、宗教团体四类，但实践中有国家将其受保护群体扩展至"政治团体""基于性别、文化、社会、年龄等要素所组合成的团体""移民群体""离散群体"等立法，甚至扩大适用

于"基于任意性特征所组合成的群体"①。由此可见，对相关国际条约进行必要的本土化修正不仅更符合各国国情需要，亦对国际犯罪的惩治更加便利，只不过，从国际条约的履行义务来看，此种修正应遵循两方面的原则。一方面，国际条约国内转化的过程中，对其进行本土化修正只能是对相关国际罪行的"拓展"，而非"限缩"，前者在本质上是扩大了一国适用条约的义务范围，而后者则相反。依据"条约必须遵守"的国际法理，当国内刑法对相关条约规定的国际犯罪"取消"了某种限制，如主观目的、行为对象等，则无疑是扩充了此类犯罪的适用范围，原条约所规定的国际犯罪仍在国内法的规制范围内。另一方面，当相关国际条约中对某种国际犯罪有明确的"罪名"设定时，国内刑法宜设置相同之罪名，而不宜以相类似之罪名替代。这不仅是由于如前文所述的这些相似罪名存在犯罪性质体现不准确、司法操作繁琐等弊病，更关键的是，对国际刑事司法合作而言具有必要性。相关国际司法实践中不乏因国际犯罪"罪名"阙如导致的司法合作困境之事例，如在巴加拉加扎（Bagaragaza）灭绝种族罪中，挪威曾以"国内刑法中已有关于谋杀及严重伤害身体"等犯罪之规定，向卢旺达国际刑事法庭主张自己的刑事管辖权，但最终并未实现诉求。根据上述国际法庭的意见，尽管挪威已经批准了相关公约，但在国内刑事法律中并未明确规定"灭绝种族罪"，国内刑法中的"谋杀罪"仅为普通犯罪，与灭绝种族罪这种国际犯罪所保护的法律价值并不相同。②故此，国际条约对相关国际罪行的规定直接转化为国内刑法之规定既不合理也不符合犯罪的现实情状，兼顾国际条约与本土需求进行某种程度的拓展才是良策。

（二）典型之海上非传统安全犯罪的具体罪状与法定刑设计

1. 危害海上航行安全犯罪

如前文所述，危害海上航行安全罪是对危害国际海上航行安全、航运

---

① 这些立法规定散见于乌拉圭、厄瓜多尔、埃塞俄比亚等国之立法。（宋杰. 刑法修正需要国际法视野 [J]. 现代法学，2017，39（4）：134.）

② 宋杰. 刑法修正需要国际法视野 [J]. 现代法学，2017，39（4）：135.

秩序犯罪的统称，具体包括海盗罪与危及海上航行安全罪两种犯罪，两者又分别为《联合国海洋法公约》和《SUA公约》所确立。从国际条约对两种犯罪的罪状表述来看，两者之间在客观行为、主观目的等方面存在显著区别，亦分别适用不同的管辖权体系，故应分别设立不同之罪名。

其一，广义海盗罪的设置。《联合国海洋法公约》虽对海盗罪之罪状进行了明确的规定，但其存在的缺陷已被学界所公认，亦被多数国家的立法实践所证实，故在我国刑事立法中增设海盗罪也应拓宽其适用范围。但另一方面，由于海洋法公约中所规定的海盗罪在管辖权设置中适用普遍管辖机制，经过各国立法拓展之后的"准海盗罪"无法适用这一管辖机制，而作为国际犯罪的海上非传统安全犯罪的增设必须考虑到国际司法合作的现实性①，故而在我国未来的刑事立法中通过广义海盗罪的设置，将国际条约中的海盗罪与经过拓展之后的海盗罪均囊括在内，则既可以合理履行国际条约的义务，为国际司法合作提供便利，亦可以"修正"国际条约中所规定海盗罪涵盖范围狭窄的弊病。

遵循上述立法思路，对于海盗罪的立法设计可分为两款分别规定国际法上的海盗罪与"准海盗罪"②，前者完全参照海洋法公约的相关规定即可。而对于后者即"准海盗罪"，目前各国的立法通例是将国际公约中的海盗罪在犯罪对象与行为发生领域进行拓展，即对发生在同一船舶内的海盗行为与发生在公海或无关区以外海域的海盗行为亦作为海盗罪予以规制，但对于主观目的与客观行为方面的立法仍存在争议。对于主观目的，是否应局限于"私人目的"，在学界及各国立法实践中存在较大争议，不少学者认为出于"政治性目的"而实施的海盗行为应归属于"海上恐怖主义犯罪"③，而不应以海盗罪惩治，此种观点亦有相关国家的立法例予以佐

---

① 其实，从国际公约之形成并非单纯之法律问题，更多是基于"人类历史经验的累计，各国协商折中的共识"的角度考量，海盗罪设置中的弊端或许无关对错，如何通过公约的平台对海盗犯罪实施最具效力的打击方为立法设计之重点。（陈荔彤.论万国公罪海盗罪之修法研议 [J].台湾"海洋法学报"，2005（4）.）

② 需要注意的是，准海盗罪并非独立罪名，其与国际法上的海盗罪一样，在罪名设置上统一为"海盗罪"，并且适用同样的法定刑。

③ 童伟华.海盗罪名设置研究 [J].海峡法学，2010，12（4）：75.

证。不可否认，以海洋法公约为代表的国际立法对海盗罪主观目的多设定为"为私人目的"，但此种立法更多的是基于对此类犯罪实行普遍管辖权的需要，这也是将海盗行为发生领域限定为"公海或无管区"的缘由，但不代表非私人目的海盗行为不属于海盗罪的结论。"现代海盗的恐怖主义化"倾向亦是学理及实践中的共识，虽然各国刑事立法中均有关于恐怖主义相关犯罪之规定，但对恐怖主义本身之界定并非没有争议，而出于私人目的的海盗行为是否构成恐怖主义犯罪也存在争议，既然对海盗罪之立法设计要关照到海盗犯罪的实然样态，那么，对其主观目的就没有必要进行限定。而就客观行为方面而言，虽然多数国家立法例与国际条约的规定一致，但仍有部分国家对其进行了拓展，如《加拿大刑法典》《新加坡刑法典》将"偷盗船舶或者船上之货物、物品、设备"的行为亦纳入海盗罪，而《阿根廷刑法典》则将"与海盗通商"之行为作为海盗罪客观行为方式之一。这些行为方式之规定其实质是将海盗罪理解为传统之财产犯罪，与现代海盗罪的行为属性不符。况且，单纯的偷盗或与海盗通商之行为与"国际航运安全"也无直接关联，故不宜作为海盗罪进行处罚。总而言之，设置"准海盗罪"的构成要件，应在行为对象、主观目的、行为发生领域对国际法上的海盗罪进行必要的拓展。同时，对于海盗罪的法定刑设计可参考与之相关联的劫持航空器罪、故意杀人罪、抢劫罪、劫持船只汽车罪等个罪进行合理设定。基于上述考量，按照我国立法的表述习惯，对海盗罪具体立法条文设计如下：

第×××条：私人船舶或私人飞机上的人员为私人目的在公海或任何国家管辖范围以外，对其他船舶或者飞机及其所载的人或财物实施的任何非法暴力、扣留或掠夺行为的，为海盗罪，处5年以上10年以下有期徒刑，并处罚金；致人重伤、死亡或者造成其他严重后果的，处10年以上有期徒刑、无期徒刑或者死刑，并处罚金或者没收财产。

在国家管辖的其他海域对任何船舶或者飞机及其所载的人或者财物实施上述行为的，以海盗论处。

其二，危及海上航行安全罪的设置。危及海上航行安全罪是由《SUA公约》所确立的一种危害国际航运安全的国际犯罪，尽管从该公约的出台背景来看，其主要目的是为了规制海上恐怖主义活动，但从其行为类型的规定来看，既无法与海盗罪等置，亦无法被我国现行之刑事立法的相关罪名所涵盖，故应通过单独增设罪名的方式予以立法。当然，由于危及海上航行安全罪的部分行为如"以暴力、胁迫或者其他任何恐吓形式夺取、控制船舶的""对船上人员施用暴力，可能危及海上航行安全的"行为已经为前述之"广义上的海盗罪"所包括，故可将其排除在外。根据上述公约结合我国刑事立法表述习惯，同时参考暴力危及飞行安全罪等危害程度相仿之犯罪的法定刑，将本罪规定如下：

第×××条：实施下列行为之一或以实施下列行为相威胁，危及船舶航行安全的，处5年以下有期徒刑或者拘役，并处或单处罚金；造成严重后果的，处5年以上有期徒刑，并处罚金：（1）破坏船舶或其所载之货物；（2）将可能危及海上航行安全的装置放置于船舶上；（3）毁坏或严重干扰船上导航设施运行的；（4）传递明知是虚假的情报的。

2. 危及大陆架固定平台安全罪

危及大陆架固定平台安全罪是根据《制止危及大陆架固定平台安全非法行为议定书》即《罗马议定书》所确立的国际罪行，部分学者根据上述公约之规定，将危及大陆架固定平台安全罪的行为界分为劫持大陆架固定平台和其他危及大陆架固定平台安全的行为，同时认为，这两类行为混杂了实害犯、行为犯之等表现形式，故建议将该罪在国内刑事立法中确定为两个罪名，即劫持大陆架固定平台罪与危及大陆架固定平台安全罪。[①] 笔者不赞成此种立法论主张。首先，危及大陆架固定平台安全罪是上述国际条约所确立的国际罪行，学理上所言及的上述两类行为均是国际条约所规定的具体犯罪行为，不代表是两个罪名。其次，该罪所涵括的具体犯罪行为，表现为实害犯与危险犯甚至行为犯的混杂类型，也不是对其分别立法的理由。从我国现行刑事立法来看，同一罪名同时包含不同犯罪形态的立法比比皆是，如盗窃、抢夺枪支、弹药、爆炸物、危险物质罪，既包含抽象危险犯（盗窃、抢夺枪支、弹药、爆炸物罪），亦包含具体危险犯（盗

---

① 王赞.危及大陆架固定平台安全罪国内立法化研究[J].中国海洋大学学报（社会科学版）,2014(5).

窃、抢夺危险物质罪），非法出租、出借枪支罪则同时包含了抽象危险犯（未造成严重后果）与实害犯（造成严重后果）两种形态 ①，而污染环境罪，如前文所述，甚至涵扩了行为犯、危险犯与实害犯三种形态。最后，将此种犯罪分别确立为两个罪名也面临与其他海上非传统安全犯罪协调的问题，因为"劫持"或"控制"行为在海盗罪、危及海上航行安全罪中都有体现，而对于后者，学界及各国立法实践均未见分设不同罪名的立法例。基于上述考量，将国际条约中所确立的危及海上航行安全罪的具体犯罪行为仅确立为一个罪名是合理的，参照国际条约并结合我国立法表述习惯，将具体立法条文设计如下：

第×××条：实施下列行为，或以实施下列行为相威胁，危及大陆架固定平台安全的，处5年以下有期徒刑或者拘役，并处或单处罚金；造成严重后果的，处5年以上有期徒刑，并处罚金：（1）以暴力、胁迫或其他任何恐吓形式夺取或控制大陆架固定平台的；（2）对固定平台上的人员使用暴力的；（3）破坏固定平台的；（4）将可能危及固定平台安全的装置放置于固定平台上的。

3. 破坏海底电缆、管道罪

就破坏海底电缆、管道罪而言，其罪状设计不宜照搬《联合国海洋法公约》之相关规定，而应进行必要的修正。首先，海洋法公约将破坏公海海底电缆的行为附加了"致使电报或电话通信受阻"的结果要素，而对于其他类似的破坏海底管道和高压电缆的行为未附加任何结果要素，这种区别对待或许具有某种"国际法"因素的考量，但在国内立法中却无必要做出这样的限制，结果要素的出现完全可以作为加重犯罪构成予以设定，从而亦可以实现罪刑均衡。其次，国际条约对本罪第二种行为类型即"故意或可能造成这种破坏或损害的行为"，如前文所述，实质上是第一种行为类型的预备行为，尽管目前国内刑法分则中不乏"预备行为实行化"的立法设置，但从刑法总则与分则的协调性、预备犯处罚的正当性等着眼，"实质预备犯的实行化"立法获得了教义学上的共识，而形式预备犯则面

---

① 张明楷. 刑法学 [M]. 北京：法律出版社，2016：690.

临刑事可罚正当性的巨大争议，更不可能通过刑法分则之规定使其实行化。[①] 故就第二种行为类型而言，不宜在刑法分则中直接规定为实行行为，而宜按照刑法总则关于犯罪预备的规定进行处理。最后，破坏海底电缆、管道罪宜分别按照犯罪对象的不同设定为两个罪名，如前文所述，海底电缆和海底管道承载的功能差异决定了其所侵犯的法益性质有别，与之相关，破坏海底管道的犯罪行为较之破坏海底电缆罪可能引发人身伤亡、大范围海洋环境污染等更为严重的后果，故两者也不应适用同样的法定刑。另外，由于本罪主观方面既包含故意，也包含过失[②]，按照我国的刑事立法传统，亦应分别通过不同的条款进行规定，以体现法定刑之差异。综合上述考量因素，同时参考破坏广播电视设施、公用电信设施罪和破坏电力设备、易燃易爆设备罪等相关犯罪法定刑，对破坏海底电缆罪立法条文设计如下：

第×××条：破坏海底电缆，尚未造成严重后果的，处3年以上7年以下有期徒刑，并处罚金；造成严重后果的，处7年以上有期徒刑，并处罚金。

过失犯前款罪的，处3年以上7年以下有期徒刑，并处罚金；情节较轻的，处3年以下有期徒刑或者拘役，并处或单处罚金。

第×××条：破坏海底管道，尚未造成严重后果的，处3年以上10年以下有期徒刑，并处罚金；造成严重后果的，处10年以上有期徒刑或者无期徒刑，并处罚金或者没收财产。

过失犯前款罪的，处3年以上7年以下有期徒刑，并处罚金；情节较轻的，处3年以下有期徒刑或者拘役，并处或单处罚金。

4. 海洋环境污染罪

国际公约中对海洋环境污染罪的规定较之前述海上非传统安全犯罪而言，其罪状并不明确，而被国际法禁止的海洋环境污染行为散见在多项国际条约中，缺乏集中性、具体性的规定，对何种海洋环境污染行为应受刑

---

① 梁根林. 预备犯普遍处罚原则的困境与突围 [J]. 中国法学，2011（2）：156.

② 尽管学理上有学者提出"复合罪过"的概念，意图将"法无明文规定罪过形式"的部分条款解释为包含故意与过失的一种特殊罪过形式，但此种观点仍属少数说，论者所提出的具体罪名佐证亦在学理上存在巨大分歧。（储槐植，杨书文. 复合罪过形式探析 [J]. 法学研究，1999（1）：3.

事处罚亦较为模糊。不仅如此，相关国际条约对海洋环境污染的规定也存在"缺陷"，有鉴于此，对于本罪之立法设计需兼顾国际公约与本土化需求进行必要之调整。其一，如前文所述，《联合国海洋法公约》基于"无害通过"原则，将船旗国管辖置于优先于沿海国管辖之地位，故而赋予其范围较为宽泛的海洋环境污染立法权。但对船旗国而言，则将受禁止之严重污染环境行为主观方面限定为故意。此一做法不仅与各国立法实践不符，亦在现实环境下存在放纵船旗国对船只疏于管理的不良后果，故未来单独增设的海洋环境污染罪，应将故意与过失涵括在内。[①]其二，既有之国际公约对海洋环境污染的法律责任之规定多局限于民事责任、行政责任，对刑事责任的承担鲜有明确之规定。这种立法现象一方面是由于这些国际性法律文件在制定过程中起主导作用的机构大都为国际性组织如国际航运组织、航运大国甚或国际航运公司等，这些组织参与制定相关国际规则主要是基于自身经济利益的考量；另一方面，即使在国际条约中出现刑事责任的规定，亦缺乏明确之罪状与法定刑的设计，尚需进行国内法之转化。其三，相关国际条约对海洋环境污染行为的规制多以危险犯的面目出现，我国现行刑法关于"污染环境罪"之规定虽在一定程度体现了从结果犯向危险犯的转型，但这种转型并不彻底，在海洋环境污染罪的设置中应使之彻底化。

在综合考量上述因素后，对本罪可依据主观形式之差异分别设立故意和过失两种犯罪类型，其具体罪状拟表述为：违反海洋环境管理法律法规，排放、倾倒、或者处置有害物质，足以严重污染海洋环境的，处3年以上7年以下有期徒刑，并处罚金；造成严重后果的，处7年以上有期徒刑，并处罚金；处3年以上7年以下有期徒刑，并处罚金；情节较轻的，处3年以下有期徒刑或者拘役，并处或单处罚金。

---

① 很明显，此种立法设置可有效避免现行的"污染环境罪"因主观罪过规定不明导致的学理及实践中的无谓论争：尽管《刑法修正案（八）》设立的"污染环境罪"较之前的"重大环境污染事故罪"在入罪门槛上大为降低，特别在犯罪构成主观方面较之前的"过失"有解释为"混合罪过"的空间，但由于在法定刑上并未明确区分故意与过失，仍在学理及司法实践中产生巨大争议。（喻海松.污染环境罪若干争议问题之厘清[J].法律适用，2017（23）：76.）通过海洋环境污染罪的单独立法设置，应对此问题予以明确，避免立法疏漏。

# 第五章　打击海上非传统安全犯罪的多层次刑事合作机制的建构

非传统安全风险的全球扩散性模糊了国内安全与国际安全的边界，国内安全国际化或国际安全国内化的结果亦决定了对此类风险的防范非一国之力能够胜任，且非传统安全风险的"低敏感性"亦证成了非传统安全领域国际合作的可行性。海上非传统安全犯罪作为非传统安全威胁因素的典型，决定了海上安全是没有边界的，故对其的防控亦必须借助多元化的国际法律合作机制的建构，这既是此类犯罪基于技术原因、经济原因、政治原因在全球性背景下的固有特征使然，亦为刑事法突破传统刑法的领土边界对当下犯罪情势的照应所必须。

## 第一节　我国现行刑事合作机制的类型化展现

虽然国际社会对海上非传统安全犯罪之概念、范畴、性质等缺乏精确的界定，但此一现状并未妨碍国家间主体通过较为宽泛的"海上犯罪"之提法进行打击涉海犯罪的刑事合作。我国政府历来重视对打击包括海上非传统安全犯罪在内的国际犯罪、跨国犯罪的刑事合作机制建构的重视，特别是伴随近年来恐怖主义犯罪、海盗犯罪、海洋环境污染犯罪、腐败犯罪等的严峻态势，在一系列多边国际性公约和区域性条约批准、加入的前提下，由非传统安全所呈现的"安全共同体""命运共同体"的特征正逐渐显现。总体来看，海洋非传统安全作为一种特殊的非传统安全威胁，其虽然涵盖的内容复杂多样，但就涉海非传统安全领域的刑事合作基本表现为国际性、区域性以及双边刑事合作机制三个层面的制度性安排。

## 一、国际性刑事合作机制

就国际性刑事合作机制而言，主要表现为联合国以及全球性、国际性组织所订立的国际公约框架下的多边合作，其中，关于海上非传统安全犯罪则主要体现为《联合国海洋法公约》与《制止危及海上航行安全非法行为公约》（SUA 公约）。1982 年第三次联合国海洋法会议最后通过的《联合国海洋法公约》，迄今为止已被包括中国在内的 167 个国家签署并批准，被誉为全球海洋法的宪章，为各国海洋权益的主张提供最权威的适用规则。此项史无前例的国际条约几乎涵盖了人类全部的海洋活动，成为人类历史上最为全面、最为完整的海洋法典。其中既有对诸如领海、毗连区、大陆架、专属经济区、公海、用于国际通行的海峡、群岛国、闭海或半闭海等争议海域划界及其法律地位等问题之详细规定，亦包括了海洋环境的保护和保全、海洋科学研究、海洋技术的发展和展望以及争端的解决等一系列海洋法律制度。而针对海上非传统安全犯罪公约亦做出了诸多规定：如禁止贩运奴隶（第 99 条），合作打击海盗（第 100 条），禁止贩毒（第 108 条），禁止在公海上的非法广播（第 109 条），海底电缆或管道的破坏及损害之禁止（第 113 条），防止、减少和控制海洋环境污染（第 194 条）等条文均设定了相关国家对相关犯罪的刑事规制义务。不仅如此，公约亦特别强调在应对上述非传统安全犯罪中各国之间展开国际合作的重要性，如针对海盗犯罪、公海领域的非法广播等行为，《公约》明确规定"所有国家应尽最大可能进行合作，以制止在公海上或在任何国家管辖范围以外的任何其他地方的海盗行为"，"所有国家应进行合作，以制止从公海从事未经许可的广播"。而对于海洋环境污染，《公约》不仅开宗明义强调"各国应适当情形下个别或联合地采取一切符合本公约的必要措施，防止、减少和控制任何来源的海洋环境污染"，其后又专门就"全球性与区域性的合作"进行特别阐明："各国在为保护和保全海洋环境而拟订和制订符合本公约的国际规则、标准和建议的办法及程序时，应在全球性的基础上或在区域性的基础上，直接或通过主管国际组织进行合作，同时考虑到区域的特点。"从各种海上非传统安全犯罪的规定来看，《公约》用7个条文对海盗犯罪进行规定足见对此种犯罪类型的重视程度，其不仅对海盗行为进行了定义，亦赋予各国对海盗犯罪的普遍管辖权，即"在公海上，或在任何国家管辖范围以外的任何其他地方，每个国家均可扣押海盗船舶或飞机或为海盗所夺取并在海盗控制下的船舶或飞机，和逮捕船上或机上人员并扣押船上或机上财物"。

由于《公约》对海盗犯罪的界定无法适应其后新型海上恐怖主义犯罪等危及海上航行安全的犯罪活动，联合国负责海上航行安全的国际海事组织（IMO）于1988年通过了《制止危及海上航行安全非法行为公约》（SUA公约）、《制止危及大陆架固定平台安全非法行为议定书》，并于2005年对其进行了修订，我国已签署并批准了该公约和议定书。这两个国际条约虽为独立的文件，但形式与内容基本相同，主要包括适用范围、犯罪定义、司法管辖权、或引渡或起诉原则及加强缔约国之间的法律合作等内容。与《联合国海洋法公约》将海盗罪作为单一的危及海上航行安全的非法行为不同，这两个法律文件采用"非法危及航行安全行为"（Unlawful Acts Against the Safety of Maritime Navigation）的表述取代了"海盗罪"，意在将所有危及海上航行安全与大陆架平台安全的海上恐怖活动、海盗、武装劫船等行为全部涵括于内。从SUA公约所列举的危及海运安全的犯罪行为种类来看，既有典型意义上的海盗行为如"采用武力或者武力威胁非法入侵或控制传播的行为"，亦包含诸如"传递虚假信息""利用船舶运送危险武器"等无法被归类为传统意义海盗范畴内的危害海上航行安全之行为。SUA公约在拓展危及海上航行安全行为的同时亦通过"或引渡或起诉原则"及"登临权"之扩展在普遍管辖机制之外开启了国际社会多边合作机制的尝试：根据SUA公约第十条之规定"在其领土内发现罪犯或被指称的罪犯的缔约国，在第六条适用的情况下，如不将罪犯引渡，则无论罪行是否在其领土内发生，应有义务毫无例外地立即将案件送交其主管当局，以便通过其国内法律规定的程序起诉。主管当局应以与处理本国法中其他严重犯罪案件相同的方式做出决定。"此即国际法中的"或引渡或起诉原则"，该原则与普遍管辖原则之区别在于，就起诉罪犯而言，前者之适用并不以引渡作为必要条件，只要是国际条约所确定的国际罪行，无论罪犯、被害人之国籍，亦不考虑犯罪所在地，任何国家均可行使管辖权，而后者则以引渡作为必要前提，在相关国家拒绝引渡时应当承担起诉之义务。相较之下，普遍管辖权设置的初衷在于弥补各国基于属地管辖、属人管辖、保护管辖等不同管辖权差异可能导致的管辖真空，[①]而其指涉的犯罪类型自始即确定为危及全球和平与安全及全人类利益的诸如种族灭绝罪、危害人类罪和战争罪等各国公认之国际罪行。而或引渡或起诉原则的确立"则是为了防止某些国家出于某种原因或目的包庇被指称的国际罪犯"[②]。故此，SUA 公约因应将此原则下的管辖权限定在犯罪目标船旗国（罪行发生时是针对悬挂其国旗的船舶），犯罪行为发生地国（罪行发生在其领土内，包括其领海），罪犯国籍国（罪犯是其国民），罪犯惯常居住地国（罪行系由惯常居所在其国内的无国籍人所犯），被害人国籍国（在案发过程中，其国民被扣押、威胁、伤害或者杀害）等。就登临权而言，SUA 公约亦扩展了《海洋法公约》划定的适用范围，根据《海洋法公约》之规定，对另一国商船进行登临检查的例外情形仅限于有正当理由怀疑其进行海盗、贩卖奴隶、拒不展示国旗、无国籍和进行非法广播的行为。与之对应，SUA 公约 2005 年议定书不仅将上述例外情形扩展至其所界定的 10 种"危及海上航行安全"之行为，而且将"取得船旗国的临时性同意""通过条约得到对方授权"及"推定船旗国的同意（向海事组织通报 4 小时后未得到明确答复）"明确为登临权实施的三种途径。

　　SUA 公约在填补《海洋法公约》关于海盗罪之漏洞、扩展海上犯罪之

---

① 这也可以解释为何国际社会在二战之前就对海盗罪确定普遍管辖权，"这在当时并不是因为海盗行为的性质有多严重，而是因为海盗行为是在不受任何国家管辖的公海上实施的"。（朱利江.普遍管辖国内立法近期发展态势 [J].环球法律评论，2010，32（1）：144.）

② 温树斌，黄家平.论国际犯罪的管辖机制 [J].政法学刊，2001（3）：25.

范畴的同时亦对国际社会合作应对海上非传统安全犯罪提供了法律依据：根据 SUA 公约 2005 年议定书之规定，各缔约国应为防止本公约规定的危及海上航行安全罪行进行合作，包括"采取一切可行的措施，防止在其各自领土之内或之外的犯罪做准备"（第13条）。同时亦要求各缔约国在有理由相信将发生公约所涉及之罪行时，"应按照其国内法尽快向其认为已确立管辖权的国家提供其所掌握的有关信息"（第14条）。不仅如此，在对相关罪行进行刑事诉讼的过程中，"各缔约国应相互提供最大程度的帮助，包括帮助获得诉讼所需的其所拥有的证据"（第15条），且此项规定并不以缔约国之间的相互协助条约的存在为必要。不仅如此，SUA 公约亦通过相关条款（第八条）针对船旗国船长发现危及海上航行安全罪行时移交犯罪嫌疑人的权利及接受国、船旗国相互协助之义务进行了规定，船旗国船舶的船长可以将其有正当理由相信已犯下公约所列明的罪行的任何人移交给任何其他缔约国（接受国）当局，接受国除非有明确的理由否定且明确说明，否则应接受移交。而对于船旗国而言，应确保其船舶的船长向接受国当局提供其所掌握的与被指称的罪行有关的证据。

　　除《联合国海洋法公约》与《SUA 公约》作为专门打击海上犯罪的公约外，《联合国打击跨国有组织犯罪公约》及作为该公约补充的《关于打击陆、海、空偷运移民的补充议定书》《关于预防、禁止和惩治贩运人口特别是妇女和儿童行为的补充议定书》等 [①] 文件亦涉及涉海领域之犯罪，且对各国之刑事司法协助、刑事执法合作等问题进行了详细说明，这些公约亦成为我国与其他国家进行多边、双边刑事合作的法律基础。

## 二、区域性刑事合作机制

　　依托国际公约、条约意欲形成全球性的刑事合作机制框架，但从当下国际社会实践来看并非易事。故此，建构一种"介于全球体系和民族国家

---

① 除联合国、国际海事组织主导的打击海上非传统安全犯罪的公约之外，国际海事组织、世界海关组织等国际性组织亦通过发布建议性文件如《关于防止和打击海盗和武装劫船给各国政府的建议》，以及制定诸如《全球贸易安全与便利标准框架》等法律文件加强各成员国海关在反恐方面的合作，这些文件同样对各国打击海上非传统安全犯罪的刑事合作有指导作用。

体系的中间环节"①的区域性统一合作机制就成为当下各国的务实选择。②相应地，近年来我国在非传统安全领域与亚洲地区国家的区域合作亦呈现出多元、开放、深入之特征，其合作机制主要包括以区域性统一条约为载体的合作机制，中国—东盟非传统安全合作机制及中、日、韩三国多边合作机制。

（一）以《亚洲打击海盗和武装劫船合作协定》为基础的区域性合作机制

《亚洲打击海盗和武装劫船合作协定》（以下简称《合作协定》）的出台旨在针对东南亚海域猖獗的海盗问题。作为第一个专司打击海盗为目的的地区性条约，该协定为亚洲区域内各国打击海盗、武装抢劫船只的合作提供了条约法的支持。该协定产生的背景与日本政府积极谋求建立亚洲区域海上主导地位密切相关，1999年10月发生的日资"阿隆德拉·彩虹"号商船被劫持事件开启了日本政府主导推动亚洲地区合作应对海盗及武装抢劫船只行为的倡议。嗣后经由2000年的"打击海盗和武装抢劫船只的地区合作大会"、2001年的"亚洲打击海盗合作大会"及同年举行的"东盟+3峰会"的酝酿，最终于2004年11月4日在东京由来自东盟十国和中国、日本等6个国家的代表缔结通过了《合作协定》，2006年9月4日该协定正式生效。据亚洲反海盗及武装抢劫船只区域合作协定组织信息分享中心（ReCAAP）的报告显示，截至目前，共有20个国家批准了该协定。《合作协定》所针对的海上犯罪主要包括海盗与武装抢劫船只两类行为，这两个概念分别来源于《联合国海洋法公约》及国际海事组织制定的《船舶的海盗及武装抢劫犯罪的调查作业法》。《合作协定》通过借用"武装抢劫船舶"的概念扩展了《海洋法公约》中的海盗罪范畴，将成员方水域内的"针对船舶或船舶上的人员或财产所进行的任何非法的暴力行为或扣押行为，或任何掠夺行为"均纳入协定的规制范畴。与《海洋法公约》中的海盗罪将行为主体限定为"私人船舶的船员或乘客"不同，武装抢劫船舶的行为

---

① 蔡霞. 浅析中国与东盟刑事司法合作的发展趋势 [J]. 东南亚纵横，2011，（12）：10.

② 近年来，通过区域性刑事司法合作机制实现地区合作已渐成刑事司法合作的有效途径，诸如《欧盟国家刑事司法协助公约》《欧盟成员国间引渡公约》《美洲国家间引渡公约》等亦形成成功的实践范例。

主体本身并无任何限定，只要是"为私人目的"针对船舶、船舶上的人员或财产实施了非法的暴力、扣押及掠夺行为的行为主体均可；在行为方式上尽管两者的表述均为非法的暴力、扣押及掠夺行为，但海盗罪的行为对象为"另一船舶或船舶上的人或财物"，而武装抢劫船舶的行为对象既包括另一船舶或船舶上的人或财物，亦可以是其乘坐的船舶或船舶上的人或财物；在适用范围上，《海洋法公约》将海盗罪限定为"公海上或任何国家管辖范围以外的其他任何地方"，因而受到诟病，而《合作协定》则将武装抢劫船舶的行为的适用范围划定为"在缔约国对这些违法行为拥有管辖权的地方"，不仅突破了海盗罪适用的地理范围局限，亦通过设定成员国打击上述行为的义务客观上加强了各缔约国之间的合作机制的建立。

《合作协定》自生效以来，最引人瞩目的成就当属反海盗及武装劫船只区域合作协定组织信息分享中心（ReCAAP）的建立，按照《合作协定》的设计，中心是"作为一个其成员为本协定缔约方的国际组织"，建立此中心的目的在于"促进缔约方在预防和打击海盗和武装劫船方面的紧密合作"。就信息中心的职能而言，主要包括搜集、整理、分析发布有关海盗和武装劫船的个人和跨国有组织犯罪集团信息，定期为缔约国发布数据和报告，为缔约国提供预警信息，作为联络节点在缔约方之间转交合作请求信息等七项职能。为保障信息分享中心的有效运作，《合作协定》设立指导理事会和秘书处作为该中心的常设机构，并就秘书处执行主任及工作人员为履行其职能在中心东道国所必须的法律行为能力和特权、豁免等事项做出了规定。中心的实际运行有赖于各缔约国向其提供必要的海上犯罪信息及各缔约国之间的通力合作，故《合作协定》亦有针对性地对"通过信息分享中心的合作"进行单独规定，其内容涵括了信息分享、合作请求与被请求方的合作三部分。首先，协定要求缔约方"应制定一个联络点负责与中心保持联系"，而缔约方亦应确保此联络点与本国相关主管机关沟通的顺畅和有效，联络点最主要的工作是将缔约方关于海盗和武装劫船的通知尽速通知中心。联络点的设置是信息分享中心正常运作的基本保障，在实际运行过程中亦承担着信息分享中心与缔约国直接对接窗口之功能。其次，协定亦对缔约国之间的刑事合作进行了规定，任何缔约国可以通过中心或者直接要求其他缔约国对海盗、实施武装劫船的人员、作为犯罪工具的船舶或飞机、受害船只和人员实行合作侦查、逮捕或者扣押等措施，对缔约方提出的合作请求，被请求方应"尽力采取有效和可行的措施执行该请求"，并将执行措施情况尽速通报信息中心。最后，协定同时对引渡于司法协助形式的合作进行了规定，囿于刑事司法合作的敏感性，协定中采用了较为模糊的文本表述，即对于某一缔约方的引渡于司法协助请求，另一缔约方"应尽力在其国内法律和规章的范围内"实现引渡或者司法协助的请求。自 ReCAAP 于 2006 在新加坡成立以来，在反海盗及武装抢劫船只领域发挥了重要作用，据 ReCAAP 的数据分析，2016 年 1 月至 10 月，亚洲共报告 64 起海盗及武装劫船事件，与 2015 年同期 184 起事件相比减少了 65%，这虽然不能完全归功于信息分享中心，但该中心的成立在使亚洲国家在反海盗及武装劫船方面实现了系统合作进而有效应对这些罪刑方面是没有异议的。

（二）中国—东盟非传统安全合作机制

1967 年 8 月菲律宾、印度尼西亚、马来西亚、泰国和新加坡五国外长联合签署的《东南亚国家联盟成立宣言》正式宣告东南亚国家联盟（东盟 AESAN）的成立，至 1999 年东南亚 10 国全部加入东盟。作为二战结束后成立的区域性国际组织，通过其成功的国际实践不仅促进了东盟各国在政治安全领域、经济领域和社会文化领域的全面合作机制的建立，而且大幅提升了东南亚地区的国际地位。其通过与中国、美国、日本、欧盟、俄罗斯、澳大利亚、新西兰、加拿大、韩国、印度 10 个国家建立对话伙伴关系，"创建了一个宽松、能够吸纳各地区各国的合作框架"[①]。这一卓有成效的合作框架使得东盟已成为目前亚太地区任何重大事务的具有决定影响力的重要参与者。从地缘政治的角度来看，东盟 10 国构成了中国与东南邻国的绝大多数，且就涉海领域的合作而言，我国与东盟各国之间存在广阔的海洋联接，加强与东盟各国的联系与合作势在必然。近年来，我国在"与邻为善、以邻为伴"的周边外交战略指引下，积极建构与东盟更加

---

① 此即所谓的"东盟方式"。参见张蕴岭."东盟方式"，柔性而富活力 [N]. 人民日报，2006-8-23.

深入的战略伙伴关系，2003年中国正式加入东盟第一次领导人会议通过的《东南亚友好合作条约》，成为第一个加入该条约的东盟以外的对话伙伴国，同时《中国与东盟面向和平与繁荣的战略伙伴关系联合宣言》的签署，标志着中国与东盟国家战略伙伴关系的建立。围绕着战略伙伴关系的开展，中国与东盟建构了诸如领导人会议、部长级会议、工作层对话会议等多边协商合作机制，其中亦不乏如东盟与中、日、韩区域合作机制（即"10+3"模式）打击跨国犯罪部长会议、中国与东盟区域合作机制（即"10+1"模式）打击跨国犯罪部长级非正式会议、中国与东盟成员国总检察长会议等开展刑事合作机制的框架性基础。

就非传统安全领域而言，中国与东盟国家的合作明显呈现出两个阶段。① 从1997年金融危机至"9·11"事件之前可谓第一个阶段，此一阶段的合作在形式上多表现为高层之间的会晤、口头或者书面声明，缺乏常态性、机制性，在合作的内容上多局限于金融、毒品等特定非传统安全领域。如针对1997年亚洲金融危机，中国政府在承诺人民币不贬值的基础上，通过向部分东南亚国家提供经济援助，支持东盟成立"东盟基金"等方式有效缓解了金融危机，这可谓是中国最早与东盟国家的经济领域的合作。而在此阶段双方最成功的合作当属2000年《东盟和中国禁毒行动计划》的签署，在此之前，在联合国禁毒署的倡议下，中国、缅甸和泰国已先后达成了开展区域禁毒合作的意向，并通过了《次区域禁毒行动计划》。在《东盟和中国禁毒行动计划》签署后，中国与东盟国家在毒品预防教育、缉毒执法、戒毒康复、替代发展等领域建立了成功的禁毒合作机制，不仅在实践中有效打击了跨国贩毒，更扩大了区域禁毒工作的国际影响力。第二个阶段，即自2000年以来，伴随中国与东盟深入、全面的对话合作机制的开展同时，双方在非传统安全领域的系统合作机制亦因应形成，合作机制的常态性与合作内容的全面、系统性是这一阶段的典型特征。就常态化的合作机制而言，主要包括所谓的"10+1模式"与东盟地区论坛合作机制。前者即中国与东盟各国围绕交通、能源、文化、信息、农业、旅游

---

① 两个阶段的提法（方军祥. 中国与东盟：非传统安全领域合作的现状与意义 [J]. 南洋问题研究，2005（4）：26.）

等展开的领导人会议，部长级会议、工作层对话会议的总称，后者则主要体现为1994年成立的东盟地区论坛，该论坛是目前亚太地区规模最大、影响最广的安全协商与对话区域合作机制。我国官方层面第一次在国际会议上提出"非传统安全"之新安全观的命题即源于2002年第九届东盟地区论坛外长会议，彼时中国外长唐家璇提出"中方希望非传统安全问题成为ARF开展对话与合作的重点"。顺承此种新安全观，此后我国开启与东盟国家范围更加广泛的非传统安全问题合作，如2002年11月，中国与东盟签署《中国与东盟在非传统安全问题领域合作宣言》（以下简称《合作宣言》），2004年又签订《中华人民共和国政府和东南亚国家联盟成员国政府非传统安全领域合作谅解备忘录》（以下简称《谅解备忘录》），开启了非传统安全领域的全面合作。

《合作宣言》与《谅解备忘录》是中国与东盟国家开展非传统安全领域合作的纲领性文件，亦对中国与东盟国家开展非传统安全领域的合作目标、合作重点、合作领域等内容进行了设定。按照《合作宣言》，"根据各方的共同需要，制定非传统安全领域的合作措施和方法，提高各方应对非传统安全问题的能力，促进各方的稳定与发展，维护地区和平与安全"是中国与东盟国家展开非传统安全领域合作的目标；就合作的重点而言，《合作宣言》与《谅解备忘录》均将贩毒、偷运非法移民包括贩卖妇女儿童、海盗、恐怖主义、武器走私、洗钱、国际经济犯罪和网络犯罪等作为现阶段合作的重点内容；合作领域则包含，信息交流、人员交流与培训、执法合作、共同研究四项内容，其中，信息交流的内容包含国内法律政策资料、参加国际公约情况、非传统安全领域的情报信息、预防及侦查信息等，人员交流培训则突出了中方通过举办研讨班、培训班，促进和提高参与国在打击非传统安全犯罪领域的侦查水平、执法合作等。执法合作强调"相互尊重主权和平等互利"，在本国法律规定许可范围内，在调查取证、协查犯罪所得去向、追捕及遣返逃往国外的犯罪嫌疑人和返还犯罪所得等领域开展合作。共同研究则首次提出鼓励非传统安全领域的专家、学者进行专题研究，分享相关研究成果，并组织其进行短期考察和交流。在《合作宣言》与《谅解备忘录》所确立的合作框架下，我国与东盟国家在非传统安全领域的合作更加务实与注重效率，2004年7月《中国与东盟成员国总检察长联合会议声明》的签署，使得总检察长会议成为双方开展刑事合作的常态机制之一，迄今为止，双方总检察长会议已开至第十届，所涉议题已涵盖海上安全、反恐、湄公河流域安全执法等。不仅如此，根据《谅解备忘录》，中华人民共和国公安部作为合作指定的执行机构，通过举办中国刑事司法制度和执法体系研修班、高级警官研修班、反恐研讨会、禁毒合作国际会议等方式有力地促进了双方的警务合作。①

（三）中、日、韩三边合作机制

中、日、韩三国作为东北亚地区的重要国家，地缘相近，文化相通，伴随东亚区域一体化之进程，要求中日韩三国加强在各领域的合作更加迫切，但由于三国之间特殊的历史渊源、争端及当下美国等国际政治因素的存在，中韩、中日在传统安全领域的合作相对保守、谨慎。与之相反，非传统安全领域的低政治敏感性为中日韩三国开展这一领域的合作提供了契机，加之三国在维护区域和平与稳定等问题上存在共同利益，在经贸、人文、市场等方面具有互补性，为他们之间的合作提供了动力。

目前中日韩涉及非传统安全领域的合作机制尚未完全成熟，其合作尚依附于既有之"东盟＋中日韩区域合作机制"及中日韩三国峰会机制内：如前文所述，东盟作为亚太地区最重要的区域合作组织不仅致力于东盟国家之间的合作，亦通过创造宽松的合作框架吸引东盟外国家的参与，"东盟＋中日韩区域合作机制"即所谓的"10+3"模式即在此基础上得以形成。1999年11月中日韩三国领导人在出席东盟与中日韩领导人会议期间，决定在"10+3"框架内定期举行会晤，宣告"10+3"框架内的中日韩三国峰会机制的启动。此一合作机制下，中日韩三方主要就三国合作的总体框架达成共识，并在此基础上形成了部长级、高官级与工作层的三级会晤机制。2003中日韩三国领导人共同签署的《中日韩推进三国合作联合宣言》即为此一合作机制下的纲领性文件，其明确了三方合作的原则即"遵

---

① 据统计，在《谅解备忘录》签订后的两年内，共有360名东盟国家执法人员访华，其中来华培训和研修140人，参见研讨220人。（申峥峥. 中国与东盟在非传统安全领域的警务合作 [J]. 咸宁学院学报，2009，29（5）：9.）

循《联合国宪章》的宗旨以及其他公认的国际关系准则"，在"相互信任、相互尊重、平等互利、谋求共赢"的基础上开展合作，并确定了贸易与投资、信息通信产业、环境保护、能源、金融、科技等14个具体的合作领域。而就非传统安全领域的合作而言，《联合宣言》也明确提出"三国有关部门将通过有效合作，加强在打击犯罪、恐怖主义、海盗、贩卖人口、毒品犯罪、洗钱、国际经济犯罪和网络犯罪等跨国犯罪领域的合作"。此一表述基本复制了《中国与东盟在非传统安全问题领域合作宣言》中的相关规定，此亦反映出"10+3"框架内的合作机制是借助于东盟这一平台，就像《联合宣言》所提及的在推动"10+3"合作向东亚合作方向发展的同时，亦需支持东盟在此一过程中发挥重要作用。《联合宣言》开启了中日韩三国各领域合作机制的序幕，并提供了合作的总体框架，但此一框架下的具体合作方式、合作领域、合作内容等细部问题尚需具体落实，且依赖于"东盟"形成的"10+3"模式无法保证三国合作的独立性，故建构在东盟框架之外的独立的合作机制就是必然的。

2008年12月，中日韩三国在日本正式签署《三国伙伴关系联合声明》，标志着"10+3"框架外的中日韩领导人峰会机制的形成。《联合声明》不仅确立了中日韩三国"面向未来、全方位合作"的伙伴关系，亦决定在保留"10+3"框架下领导人会晤机制的同时，将框架外的中日韩领导人峰会单独化、机制化。在上述合作机制下，中日韩三方在非传统安全领域的合作得以全面、深入展开，其重点亦可归结为金融安全、环境安全、能源安全、公共卫生与食品安全、非传统安全犯罪如反恐、反毒品走私、反海盗等领域的合作。[①] 在这些领域的合作中涉海非传统安全领域的合作主要集中在反恐、反跨国犯罪与反海盗及武装劫船领域的合作。中日韩三方在反恐方面的合作肇始于2010年5月三方领导人会议的倡议，此次会议达成了加强反恐合作的共识，为落实此项共识，2011年3月三方首次反恐磋商会议在韩国举行。三方就国际和地区反恐局势、打击海盗、网络安全及具体领域合作等交换了意见，达成了加强和巩固三方反恐磋商机制、信息

---

[①] 魏志江，孟诗. 试析中日韩三国2011年以来的非传统安全合作 [J]. 中共浙江省委党校学报，2012，28（4）：25.

交流、协调行动、促进职能部门间的合作及相关学术交流等共识。中日韩三方关于反跨国犯罪的合作在"10+3"框架及领导人峰会机制下都有所体现，特别是借助"东盟地区论坛、东盟与中日韩打击跨国犯罪部长级会议以及东盟警察组织"等平台使其合作更加密切。在《2007—2017年东盟与中日韩合作工作计划》中提出如"有效组织恐怖分子和犯罪分子的流动，监控和阻断其行动途径""分享恐怖分子和跨国犯罪组织信息方面加强合作""支持东盟实现2015年东盟无毒品目标""加强执法机构间打击贩卖人口的合作"等涉及跨国犯罪的合作打击构想。第三次中日韩领导人会议通过的《2020中日韩合作展望》中亦提出"在三国警务部门间建立紧密的合作机制，以共同应对国际犯罪，提升三国警务合作""在地区层面有效应对包括涉毒犯罪在内的毒品问题的必要性"；中日韩三国由面积广阔的海洋连接，海上合作具有天然的地缘优势。《2007—2017年东盟与中日韩合作工作计划》中明确提出"加强信息共享，开展技术合作，加强有关航行安全的海上合作""加强合作，打击海盗、武装抢劫船只等犯罪活动"。除此之外，在既有之"10+3"框架下东盟与中日韩通过的如《ARF海上安全合作计划》等文件亦对合作打击海上犯罪形成了共识。总体来看，无论是"10+3"框架抑或是中日韩峰会机制在打击涉海非传统安全犯罪领域的合作而言，大都局限于框架性、抽象性共识的达成及相关领域意见交换，实质性合作内容之达成尚需时日。

### 三、双边刑事合作机制

国际条约、洲际条约框架下所形成的国际、区际刑事合作机制以及中日韩合作机制均可谓多边合作机制，除此之外，双边刑事合作机制亦是打击海上非传统安全犯罪的重要形式。截至2018年2月，我国已与71个国家缔结司法协助条约、引渡条约、协定等法律文件共计138项①，其内容囊括了物证移交、证人询问、文书送达、信息共享及犯罪人引渡、刑事诉讼移交等。就海上非传统安全犯罪而言，由于中国进出口货物的生命线在南

---

① 此数据来源于外交部官方网站。

海海域，我国在此领域的刑事合作亦主要体现为与东盟及相关国家的合作。其合作形式在实践中则表现为依据双边刑事司法合作条约、引渡条约、协定等展开的合作，以及依据平等互惠原则展开的个案解决合作机制。① 就双边刑事司法合作条约而言，例如，我国与越南、老挝、菲律宾、泰国、印尼5国缔结了含刑事司法协助内容的条约，其中，与菲律宾、泰国、印尼签署的是专门的刑事司法协助条约，与越南、老挝签署的是民事和刑事司法协助的条约，刑事司法协助之内容是作为条约的一部分，与此同时，我国还与老挝、泰国、菲律宾、柬埔寨4国缔结了引渡条约。从已缔结的刑事司法协助条约的内容来看，刑事司法协助的请求内容基本一致，主要包括文书送达、调查取证、证据移交、证人出庭与保护等内容，但不包含诉讼的移管和对外国刑事判决的承认与执行，此即狭义的刑事司法协助。② 如果将上述缔结刑事司法协助条约的两种类型进行对比可以发现，专门的刑事司法协助条约对刑事司法协助的请求内容和有关排除、拒绝事项有较为明确的列举规定。如《中华人民共和国和泰王国关于刑事司法协助的条约》中明确列举了包括送达刑事诉讼文书、获取证言和陈述、查找和辨认人员、进行司法勘验等12项内容，对排除、拒绝事项亦明确列明了逮捕令的执行、刑事诉讼的移交、人员的引渡等内容。与之相较，民事和刑事司法协助的条约将刑事司法协助之内容与民事司法协助之内容合二为一，相关协助内容规定得略为简要，且多附加限制条件。如关于证人出庭问题，在《中华人民共和国和越南社会主义共和国关于民事和刑事司法协助的条约》中规定，当缔约一方认为有必要对另一缔约方的在押人员作为证人进行询问时，双方必选先就此事项达成协议，且必须"使该人继续处于在押状态并在被询问后尽快送回"。不仅如此，对刑事司法协助的排除、拒绝事项之规定亦较为抽象，同样是上述条约，对于拒绝提供协助的情形仅规定为"如果被请求方认为执行某项请求可能损害其主权或安全"，这些规定使得双边刑事司法协助在实践运行中更多的处于不确定的

---

① 蔡霞.浅析中国与东盟刑事司法合作的发展趋势[J].东南亚纵横，2011（12）：10.这些不同种类的刑事司法合作路径亦有充足的国内法依据，参见我国刑事诉讼法第17条之规定。

② 贾宇.国际刑法学[M].北京：中国政法大学出版社，2004：365.

状态；就引渡而言，我国目前与老挝、泰国、菲律宾、柬埔寨签署的引渡条约在引渡原则、形式、途径等的规定亦具有高度的一致性。如在引渡原则问题上一般遵循双重犯罪原则、非政治犯罪、非军事犯罪原则、本国公民不引渡原则及一案不再审原则[①]，引渡途径则规定为外交机关途径与各自指定的机关合作，引渡形式为书面形式提出。而依据平等互惠原则的个案解决机制是在双边刑事司法协助条约、引渡条约缺位的情形下的补充刑事合作机制。虽然目前的国际实践中，条约前置主义仍然是展开刑事司法合作的主要形式，但在复杂的政治、地缘环境下双边条约之签署并非易事，而通过平等互惠原则下的个案解决机制亦可以实现条约签署下的实质目的。如以遣返非法移民的方式达到引渡之目的从而开展引渡合作是包括我国在内的多数国家实践采用的惯常做法[②]，除此之外，通过签订临时性的互惠协议，承诺在今后双方提供类似性的司法协助亦是各国经常采用的刑事司法协助变通做法。

尽管我国与东盟各国在涉海领域存在最大的合作空间，但近年来伴随东海争端、南海争端及美国"重返亚太"战略的实施，在涉海领域的合作中国不能不考虑美国因素的介入。尽管美国对中国保持防范和压力可谓一种常态[③]，但两国之间在海上非传统安全领域具有共同的利益诉求，海上安全合作具有展开的空间。事实上，中美之间寻求海上安全合作的努力一直都未中断，早在1997年中国国家元首访美期间，中美两国元首的联合声明中已出现"加强海上军事安全磋商机制"的表述，同时"加强在打击国际组织犯罪、毒品走私、非法移民、制造伪币和洗钱等方面的合作"。为落实此一共识，1998年中美《关于建立加强海上军事安全磋商机制的协定》正式签署，嗣后中美双方借助这一平台通过诸如高层互访、军舰互访、联合反海盗演习等多种形式为巩固与扩大中美双方的海上安全合作机制奠定了良好的基础。21世纪以来，在"新型大国关系"准则下，《中美司法协助协定》得以签订，与此同时，中美之间执法部门接触更为频繁，双方建立了执法合

---

① 蒋人文.中国与东盟成员国刑事司法协助与引渡机制研究 [J].河北法学，2009，27（8）：143.

② 李瑛.国际刑事司法协助与引渡问题探析 [J].政法学刊，2007（5）：39.

③ 李繁杰.中美海上矛盾与合作前景 [J].国际问题研究，2013（6）：79.

作联络小组（中美 JLG）会晤机制，其合作内容涵盖追逃、遣返、偷渡、禁毒、反腐败、计算机犯罪等领域。2015年中美执法合作启动了部级会晤机制，"促进亚太地区海上安全局势稳定"成为双方共识，其中海上执法被确定为5个未来重点合作领域之一，实践中亦通过双方执法舰联合编队巡航、海上执法研讨会等形式加强海盗犯罪、海上走私等行为的打击力度。① 尽管中美双方之间目前尚缺乏系统的针对海上安全、海上执法合作的框架性文件，但2016年 G20峰会期间，中美双方亦重申加强海警部门在人员往来、船舰互访、情报信息交换及共同打击海上违法犯罪等方面开展合作的重要性，同时《中美海警海上执法合作备忘录》《中美海警海上相遇安全行为准则》亦在积极磋商中，这两项重要的双边海上执法合作文件将为中美双方之间展开海上执法合作提供重要的法律依据。

## 第二节　既有之合作机制评判：国际性与区域性的现实抉择

从目前涉海非传统安全领域的刑事合作机制来看，基本形成了国际性、区域性、双边的合作格局，在此格局之下亦因应表现出条约式、会晤式及机构对接式等形式多样的具体合作模式，何种合作机制更符合当前我国的国际实践从而更具有可操作性无疑是确立此种机制的首要前提。

### 一、当前国际合作机制确立的障碍所在

应然层面而言，国际性、洲际性条约的签署在"条约前置主义"的国际惯例下对国家间刑事合作机制的形成而言自然具有重要意义，在此意义上，国际公约亦可视为国际合作、区域合作与双边合作之前提。但在当下国际实践中，国际公约框架下的国际合作机制仍存在诸多弊端，制约了其实际适用效果，仅仅依据此框架下的区域性与多边性刑事合作机制尚存在

---

① 熊争艳，侯丽军.中美执法合作确定反恐追逃追赃等5重点领域 [N]. 新华每日电讯，2015-04-11（4）.

诸多障碍。

（一）国际公约的模糊性与国际性刑事合作的松散性

国际公约本身规定的模糊性决定了刑事合作的松散性，此一困境可以说是所有国际条约的共性难题，只是程度不同而已。例如，《联合国海洋法公约》尽管对缔约国之间就海上非传统安全犯罪问题的国际合作有规定，但这些只言片语的条文表述大都以"所有国家应尽最大可能进行合作""所有国家应进行合作""联合采取必要的措施"等抽象性、原则性之面目出现，这样的表述更像是一种宣言而非规定。《SUA公约》2005年议定书与《海洋法公约》相较，虽然细化了部分刑事合作之内容，如缔约国提供犯罪信息的义务，帮助获得诉讼证据的义务，接受国与船旗国相互协助移交犯罪嫌疑人之义务等，但这些规定所涉内容与国际刑事合作所涉之提供证据、文书送达、情报传递、罪犯引渡、诉讼移管、域外刑事判决的承认和执行等内容相比，明显单薄。而与《海洋法公约》类似的是，《SUA公约》2005年议定书中亦在规定上述合作内容的同时，附加了诸如"采取一切可行的措施""应相互提供最大程度的帮助"等抽象性之规定，从而使其缺乏可操作性。这两个最主要的针对涉海非传统安全领域的国际公约在各国司法合作规定上的模糊性与非强制性可谓"公约适用上的弹性有余、刚性不足"①。此一困境使得据此展开的国际合作相对松散，国际公约所起的作用更多的是为各国之实质性合作提供一个平台，最终展开具体的刑事合作尚需区域性合作条约及各国双边条约之具体规定，换言之，应然层面上的国际条约作为国际合作之前提在实然层面则完全不同，公约之具体适用仍有赖于国家间的协商。其实，过分苛责国际公约规定的抽象性与模糊性并无意义，任何国际条约之达成本就是众多缔约国政治、经济、外交等各种利益均衡之结果，联合国与各国际组织为使公约顺利达成必然要综合权衡各国之现实利益。以《联合国海洋法公约》为例，其虽获得了"海洋宪章"的美誉，历史地位亦仅次于《联合国宪章》，但其酝酿、通过则并非一帆风顺。早在1958年联合国召开了第一次海洋法会议，并通过

---

① 王君祥.中国—东盟打击海上犯罪刑事合作机制研究[J].刑法论丛，2010，21（1）：377.

了《公海公约》与《公海生物资源与渔业公约》，1960年召开的第二次海洋法会议并未达成任何新的决议，而《联合国海洋法公约》则源自1972由联合国海底委员会筹备，1973年召开的第三次联合国海洋法会议。此次会议从开始到签字闭幕历时9年，先后召开了11期16次会议，由于公约所涉内容涵盖领海、海峡、大陆架、专属经济区、群岛国、岛屿制度等海洋利用与海洋资源的几乎全部方面，同时亦关系到各国的基本权利与利益问题，因而其成为全世界关注的焦点。总计有167个国家的代表团及50余个国际组织、民族解放组织等单位的代表作为观察员出席会议，此次会议亦创造了国际关系史上参加国最多、规模最大、时间最长的记录。[①] 因为参与国众多，公约所涉海洋规则之制定与各国利益直接相关，这就注定了公约之达成必须兼顾发达国家与发展中国家的利益。如公约所确立的国际海底制度在1973年的第三次联合国海洋法会议上已基本定型，但1980年以美国《深海海底固体矿物资源法》的颁布为开端，西方发达国家分别制定了与公约内容相抵触的深海海底制度，美国政府甚至在1981年第10期海洋法会议中提出重新审查公约法草案的提议，从而迫使联合国海洋法会议在各参与国已达成基本一致的前提下采用例外的投票方式通过公约之相关规定表决，虽然公约最终获得了通过，但对该部分做出了照顾美国关切的修改。[②] 不仅如此，在1994年的执行协定中，亦大幅度修改了"区域"制度，以吸引美国参加公约体系。此外，在国际海峡和专属经济区的航行和飞越自由、科学研究自由以及不得强制技术转让等方面的规定亦不同程度地满足了美国等发达国家之要求，故此，"《公约》纯粹是一部体现美国利益和要求的国际条约"[③] 的说法并不为过。与之相对，《公约》的部分条款亦体现了发展中国家变革传统海洋法、建立海洋新秩序的要求，如人类共同继承财产原则，即国家管辖范围以外的国际海底区域及其资源是全人类的共同继承财产，不允许任何国家和个人以任何方式据为己有。《公约》

---

[①] 程晓. 联合国第三次海洋法会议评介 [J]. 法学杂志, 1983 (1): 46.

[②] 洪农. 浅析美国对《联合国海洋法公约》的立场演变 [J]. 中国海洋法学评论, 2005 (1).

[③] 虽然美国并未批准该公约, 但公约中的部分条款确实关照到了发达国家的利益。(余民才. 中国与《联合国海洋法公约》[J]. 现代国际关系, 2012 (10): 55.)

不仅明确了此一原则并设立国际海底管理局代表全人类管理国际海底的勘探与开发，此一原则终结了发达国家谋求海洋霸权的企图，回应了广大发展中国家的关切。除此之外，像大陆架定义、专属经济区与群岛国等新概念之提出均是由广大发展中国家所倡议，并为公约所确定。可以说，"正是中国和其他发展中国家的共同努力，一个涵盖像群岛国、专属经济区、'区域'和海洋技术发展与转让这类新海洋法制度和诸如领海与大陆架这类传统海洋法制度新发展的新的全面海洋法公约才得以成型，为第三次海洋法会议最后通过"。①

在权衡各国、各组织利益的前提下，《公约》的某些规定一方面必然不尽完善，甚至有严重缺陷，另一方面，部分规定无法形成可据操作性之具体内容，只能留待各缔约国进行区域性、双边性的协商。此一现实并非《海洋法公约》所独有，联合国所主导之国际公约大都呈现出如此之特征，如《联合国打击跨国有组织犯罪公约》可谓联合国主导的国际公约中对各缔约国刑事合作内容规定的最为详尽之条约，该条约所设定的各缔约国之刑事合作内容不仅包括宏观上的刑事司法协助、联合调查、刑事诉讼移交、执法合作等，亦包含微观层面的没收事宜的国际合作、引渡的合作、被判刑人员的移交、证人保护、被害人帮助和保护等具体内容，而针对司法协助，该公约更是在第18条列出了30余款之合作内容，这些规定可谓全面、翔实。不可否认，该公约中所提及的国际刑事合作的新制度、新措施为各国打击跨国有组织犯罪奠定了法律框架，提供了法律基础，在理论层面上亦可认为各缔约国负担了刑事合作之义务。但在实践运行过程中，以公约为基础开展的刑事合作仍然受到各国法律差异因素及法律之外因素的影响，不将公约作为引渡基础，又不与其他缔约国签订引渡条约的情形仍大量存在，使其实际运行效果大打折扣。其实，从该公约的部分文本表述来看，从其确立之初即顾及到了依据公约所开展的刑事合作实效性的局限，因此，在部分表述中尽可能采取了一些"柔性"而非"强制性"表述方式，如针对打击洗钱、腐败及法人犯罪的措施中，公约采用了"各缔约

① 余民才. 中国与《联合国海洋法公约》[J]. 现代国际关系, 2012（10）: 55.

国均应采取必要的措施"这样的表述，而对没收、扣押、引渡、司法协助除做出类似表述外，更直截了当地指出"各缔约国均应考虑缔结双边或多边条约、协定或安排，以增强根据本条约开展的国际合作的有效性"，可以看出，公约从制定伊始，即意识到依据国际条约开展的刑事合作必然是松散的，其有效性最终还必须依赖于各缔约国之间的合作。

（二）国际公约的折中安排必然无法兼顾针对性

既然国际条约之制定糅合了各不同国家、国际组织、利益集团的不同利益诉求，那么，这种利益诉求在公约中的体现必然是折中的，而非全面的，特别是对某些争议海域，公约无法做出有针对性的制度性安排。如就海洋划界这一历史性难题而言，目前，世界上仍有200多条海洋边界存有争议，而中国周边濒临的黄海、东海、南海和北部湾亦存在与周遭国家的海洋划界难题。《联合国海洋法公约》第122条之规定赋予了上述海域半闭海的法律地位，即"两个或两个以上的国家所环绕并由一个狭窄的出口连接到另一个海或洋，或全部或主要由两个或两个以上沿海国的领域和专属经济区构成的海湾"。闭海或半闭海的自然特征决定了对相关海域的有效管理与利用事关所有沿岸国的利益，《海洋法公约》设立的闭海、半闭海沿岸国合作制度正是关照到了这一现实。该公约第123条规定了"闭海或半闭海沿岸国在行使和履行本公约所规定的权利和义务时，应互相合作"，其合作内容包含海洋生物资源的管理、养护、勘探、开发，维护海洋生态环境、海洋科学研究等方面。但这样的规定运用到国际实践并不理想。一方面，闭海或半闭海制度之设立就沿岸国合作而言并不是一项强制性法律义务，仅是一项规劝性建议。这不仅可以从该条款缔结中所涉及的相关谈判文件中窥得其端倪，亦可从国际法的一般理论得出。就前者而言，从"闭海或者半闭海沿岸国的合作"条款产生的原始文件《非正式单一谈判案文》第134条及最终成型的《修订的单一谈判案文》130条之表述来看，两者最大的区别在于"把严格义务的言辞即必须合作（shall cooperate）改为一种规劝（exhortation），规定各国'应合作'（should cooperate）以及'应尽力'（shall endeavor）协调"，对于此项修改，官方的解释意见亦明确了应当减少合作义务的强制性意味之结论。[①] 即使从国际法的一般理论来看,违反国际义务的行为必然产生法律责任,但《公约》整个条款并没有关于闭海或者半闭海沿岸国不进行合作将导致何种责任的规定,即不合作并未导致任何责任后果,[②] 故从此一角度亦可反证闭海或者半闭海沿岸国的合作不是一项强制性的法律义务。另一方面,闭海或者半闭海沿岸国合作制度的非强制性决定了此一合作的实质展开必然依赖于上述海域沿岸国履行公约的善意协商,《公约》亦在第123条明确"为此目的,这些国家应尽力直接或通过适当区域组织"达成前述合作内容。此项条款之设定其实亦来源于联合国环境规划署区域海洋计划中的"地中海行动计划",该计划由地中海沿岸国于1975年在联合国环境规划署的赞助与协调下达成,嗣后于1976年更通过了《保护地中海免收污染公约》以及两个议定书,使其合作计划囊括海洋资源开发与管理、污染监测与评估等方面,不仅成为其他区域合作项目的示范,更直接影响了《公约》中相关条款之制定。不可否认,地中海沿岸国的区域合作的成功实践对其他类似海域沿岸国的合作具有重要的参考借鉴意义,但毕竟不同海域周边国家的实际情况千差万别,南海海域沿岸国所面临的海洋化界问题远比上述国家复杂,故《公约》的上述规定无法全然关照到这一实际。

更为关键的是,《公约》设定的新的国家海域制度其实是有海域路径与功能路径之分的,前者如内水、领海、毗连区等制度,后者则与海洋的使用、航行、捕鱼、生态环境保护与海洋科学研究等功能直接相关,如闭海半闭海、专属经济区和大陆架制度等。[③] 闭海或半闭海制度只是粗略地提出了沿岸国进行合作的倡议,但对沿岸国竞相主张的国家管辖海域则无能为力,甚至在某种程度上"加剧"了沿岸国的海域纷争:如针对南海海域,我国一直以来都依据历史性水域主张对南海海域的历史性权利,《公约》在起草过程中考虑到历史性权利形成的复杂性,因而没有做出明确

---

① 黄瑶,李燕妙.南海沿岸国渔业合作路径的新探讨[J].大珠三角论坛,2013(3).

② 王玫黎,谭畅.论闭海或半闭海沿岸国的合作:以南海为例:与克里斯托弗·莱恩博先生商榷[J].学术界,2016(10):126.

③ 郑凡.半闭海视角下的南海海洋问题[J].太平洋学报,2015,23(6):51.

的、统一的规定，但多处提及"历史性海湾""历史性所有权"等概念，间接承认历史性权利的存在。更何况，历史性权利是依据国际习惯法所产生的，其历史远久于《公约》之产生，其无法作为评断历史性权利法律效力的标准。与之相应，《公约》所设定的专属经济区与大陆架制度"原本是与这些海域内资源的勘探、开发、管理和养护相关的"①，但南海海域部分国家故意曲解《公约》相关规定，将部分南沙岛礁视为其专属经济区与大陆架内之区域，进而主张主权，上述制度成为他们对南沙群岛主张主权的"法源"，亦成为这些国家挑战中国南海"断续线"的"法律基础"。无独有偶，除南海海域外，在黄海、东海、北部湾海域中国亦与周边国家形成专属经济区与大陆架权利主张的重叠区域，周边国家亦是借海洋管辖权重叠之缘由进而挑起海洋化界争端。所有这些难题之产生，固然无法全部归咎于《公约》之相关规定，但《公约》为部分国家曲解为解决领土与海洋争议的唯一条约文件却是事实。"公约不是海洋法，更不是国际法的全部"，②岛礁领土争议与海洋管辖权主张重叠的难题完全依赖公约解决是片面和不现实的，《公约》也不可能照顾到所有海洋划界之问题，而各海洋区域的差异性决定了根本无法为海洋管辖权划定一个全球范围的解决框架，使得"区域层级的措施较之单个国家或者全球性的措施更为合理、有效"③。

（三）国际公约应对海上非传统安全犯罪的局限

国际条约为吸引更多的国家成为缔约国往往在相关条款的规定中进行妥协、折中，很大程度上影响了其对海上非传统安全犯罪的规制，这在海盗罪的规定中尤为典型。海盗犯罪作为危及海上航行安全的典型犯罪在《联合国海洋法公约》中被确立，在此之前，海盗作为国际犯罪已获得共识，但海盗罪的范围、成立条件、管辖等问题在国际社会存有较大分歧，《公约》的出台一定程度上弥补了这一缺陷，使得海盗罪的确认有了统一的标准，但相关规定仍存有缺陷而受到国际社会的诟病。如对于其主观目的、行为对象限定引发的困境前文已经述及，此处不再赘述。有必要说明

---

① 余民才. 中国与《联合国海洋法公约》[J]. 现代国际关系, 2012（10）: 55.

② 海民, 张爱朱. 国际法框架下的南海合作 [J]. 国际问题研究, 2014（1）: 71.

③ 郑凡. 半闭海视角下的南海海洋问题 [J]. 太平洋学报, 2015, 23（6）: 51.

的是，上述公约就海盗行为发生地而言亦做出了限制，即"在公海上或在任何国家管辖范围以外的任何其他地方"，也就是公海或者无管区。按照《公约》的相关规定，公海是不包括在国家的专属经济区、领海、内水或群岛国的群岛水域内的全部海域，而无管区则一般指无主岛屿、极地等地方。《公约》将海盗行为的发生地做出如此的限制，其初衷显然在于平衡各缔约国海洋主权的需要，但附带的消解效果便是不利于更好地维护国际海上安全这一大的原则。如果说，在1958年《公海公约》制定之时对海盗罪做上述地域的限制尚有一定依据，因为彼时《公海公约》框架下海洋被界分为领海与公海两部分，公约所界定的公海空间为各国军舰追击海盗提供了足够的空间，但在《联合国海洋法公约》确定了专属经济区、大陆架等诸多海域制度的当下，公海空间被大大挤压，而海盗犯罪的现代化使其犯罪能力大大增强，这就使得各国打击海盗的空间日益局促。① 换言之，《海洋法公约》在各国海域主权与打击海上犯罪之间衡平的结果是部分牺牲了后者的实际效果。这就造成当事国在无法对自己管辖海域的海盗进行控制时，他国对海盗的打击面临法律根据不足的困境。正是基于如此之适用困境，在国际社会面对索马里海盗问题时，在索马里政府无力打击境内海盗犯罪的现实下，2008年联合国安理会通过决议，授权外国军队在索政府同意的情况下，进入其领海打击海盗及海上武装抢劫行为，此授权在其后被安理会数次延期。与上述困境相关联的是，海洋法公约在为确定海盗犯罪的定义的同时，亦明确了各国对海盗犯罪的普遍管辖权。按照国际法学的一般理解，"对于普遍的危害国际和平与安全以及全人类的共同利益的某些特定的国际犯罪行为，各国均有权实行管辖，而不问这些犯罪行为发生的地点和罪犯的国籍"② 。普遍管辖权的要义在于不受犯罪行为发生地、罪犯国籍及其与海盗行为的利益关联等限制，从而与属地管辖、属人管辖、保护性管辖相比，实现了管辖权的最大程度的扩张。虽然普遍管辖权的设置是应对海盗犯罪最有效的管辖模式，但正如上文所述，由于海

---

① 王勇.应当赋予他国在沿海国专属经济区内打击海盗的管辖权：以修改《联合国海洋法公约》为视角 [J]. 政治与法律，2012（8）：94.

② 梁西. 国际法 [M]. 武汉：武汉大学出版社，2003：73.

洋法公约所界定的海盗罪有严格的犯罪行为地限制，即必须发生在公海或者无管区，此区域外的海盗行为将排除普遍管辖权之适用。这就意味着就同样的海盗行为而言，发生在公海、无管区及其他海域将适用不同的管辖权模式，前者适用普遍管辖权，后者则根据各国国内法适用属地管辖、属人管辖或者普遍管辖权，换言之，在现行的国际法框架下，海盗罪的管辖权存在海洋法公约规定的普遍管辖权及公约之外的其他管辖权两套并行之系统，这种立法现实为国际社会统一打击海盗犯罪活动带来了诸多难题。①如近年来各国为应对海盗对本国船只的劫掠行为而展开的军舰护航行动，尽管按照公约之规定，其在毗连区、专属经济区、大陆架水域内享有无害通过权，但不能适用于他国内水和领海，且在他国水域中遭遇海盗使用武力的情形亦被公约一般性地予以否定，与之关联的紧追权的行使亦被限制至他国水域内为止，这些现实难题都使得普遍管辖权之规定实际效果难以彰显。

尽管海洋法公约规制海盗罪的上述缺陷在嗣后的《SUA 公约》中得到部分弥补，如以"非法危及航行安全行为"之概念取代"海盗"的概念，其成立条件及适用范围等在主体条件、目的条件、行为方式等方面大大拓展了海洋法公约的相关规定，但《SUA 公约》的影响力与《海洋法公约》相去甚远，其缔约国数量有限，实际适用效果仍有待观察。

（四）签署国家的有限性制约了国际合作的实际效果

无论是《联合国海洋公约》抑或是《SUA 公约》或者其他涉海类的国际公约，其相关规定的缺陷暂且不论，这些国际公约的存在为全球应对海上非传统安全威胁提供了最基本的合作平台，这是毋庸置疑的。但依据《维也纳条约法公约》第34条所确立的条约相对效力原则，即"条约非经第三国同意，不为该国创立权利或者义务"，意味着国际公约框架下此一平台作用的发挥是以缔约国缔结公约作为前提条件的。因此，相关国家加入条约之情况成为左右公约作用发挥的重要因素。虽然《联合国海洋公约》作为当今世界影响力最广、最权威的海洋法宪章，截至目前已获得

---

① 张湘兰，郑雷. 境外打击海盗的若干法律问题研究 [J]. 武汉理工大学学报（社会科学版），2009，22（3）：52.

150多个国家批准，但遗憾的是，就中国而言，最需合作的南海海域周边国家即东盟诸国加入公约的情况并不相同，东盟国家中的柬埔寨、泰国只是签署了海洋法公约，并未在国内批准实施，而作为中国周边海域最重要的域外国家美国则既未签署，更未批准海洋法公约。相应地，对刑事合作而言更具操作意义的《SUA公约》《制止危及大陆架固定平台安全非法行为议定书》相关国家的签署情况更不容乐观。截止目前，印尼、老挝、马来西亚和泰国均未加入《SUA公约》和《制止危及大陆架固定平台安全非法行为议定书》，新加坡虽加入《SUA公约》，却未批准《制止危及大陆架固定平台安全非法行为议定书》。相关国家认可国际公约的上述复杂情势，使得依据国际公约进行的本已松散的合作机制更加脆弱，若相关国家并未签署或批准相应的国际公约，则我国与这些国家依据国际条约展开刑事合作的可能性就不复存在。

## 二、区域合作机制为主、双边合作机制为辅模式的选择

正是由于国际公约框架下的刑事合作机制存在上述诸多弊端，某种程度上使得依据这些条约而一劳永逸地解决国家间的刑事合作机制问题成为一种奢望，相反，区域性合作机制、双边性合作机制因其参与国家间共同的地缘政治、经济利益及灵活性、针对性强获得了多数国家的认可，"在全球化的今天，区域性司法合作已经成为国际社会发展的一种趋势"①。特别是对于我国而言，海上非传统安全犯罪之难题主要存在于特定区域，南海、东海等海洋问题的解决也主要取决于周边滨海国家的合作。故在今后相当长的时间内，区际性司法合作将成为我国与相关国家开展刑事合作的务实选择。

对此，有两个问题有必要予以澄清。一方面，当下我国与周边滨海国家形成的区域刑事合作机制还并不完善，如前文所述，目前的区域合作机制主要有以《亚洲打击海盗和武装劫船合作协定》（以下简称《合作协定》）

---

① 刘建，白洁. 中南亚国家间建立多边刑事司法合作制度防治跨国犯罪研究 [J]. 新疆社科论坛，2007（5）：51.

为基础的区域性合作机制，中国—东盟非传统安全领域合作机制，中日韩三边合作机制。就《合作协定》框架下的合作机制而言，其作为第一个专职打击海上犯罪的区域性公约为缔约国共同打击涉海犯罪提供了法律支撑，但由于该协定部分继承了《联合国海洋公约》之规定，如将海上抢劫行为界分为公海范围内的海盗与成员国管辖水域内的武装劫船行为，这就导致与海洋法公约一样面临普遍管辖权与其他管辖权相协调之难题。与此同时，《合作协定》中仍然对海上抢劫行为附加了"私人目的"之限制，对于海上恐怖主义犯罪等新型海上犯罪无法规制，限制了其适用范围。更为关键的是，虽然按照该协定的规定设置了反海盗及武装劫船信息分享中心（ReCAAP），发挥了各缔约国应对海上犯罪的有效性，但从实践运行情况来看，其承担的仍然是"信息交换、分享"的合作，而对于缔约国针对海上犯罪的刑事合作而言收效甚微。且《合作协定》本身对各缔约国刑事司法合作义务之规定相当模糊，无法推动各缔约国的实质合作。加之该协定由日本主导，各缔约国对该协定的认同感亦不统一，如作为重要海运咽喉通道的马六甲海峡最为重要的国家印度尼西亚和马来西亚就因该协定的相关内容可能侵犯本国刑事司法主权，因而对基于该协定的合作持反对意见；[①]而中国与东盟国家及日韩的刑事合作机制所面临的困境相类似，两者都缺乏一个针对刑事合作的有法律效力的区域性条约，目前的合作基础大都以"联合宣言""议定书""备忘录"等名目出现，其或许适用于合作的初级阶段，基础性宣示意义更大。而更为实质的合作形式如部长级会议、外长会议等形式虽可解决部分非传统安全犯罪问题，但亦不可避免地呈现出零散、一事一议等弊端，未来的实质性合作仍然需要以区域性的条约为基础。另一方面，区域性刑事合作机制与双边刑事合作机制之关系也有必要进行说明。如前文所述，双边刑事司法合作机制较之区域性司法合作机制更具灵活性和针对性，特别是依据平等互惠原则的个案解决机制在此方面更显优势，但同时也容易受到相关国家国内政情、时局、历史传统等多方面因素之影响。因此，稳定性难以保障，很难称其为一种长效性机

---

① 王君祥. 中国—东盟打击海上犯罪刑事合作机制研究 [J]. 刑法论丛，2010，21（1）：377.

制。从目前我国所展开的与相关海域滨海国家的双边刑事合作来看，主要是关涉刑事司法协助与引渡内容之条约，即使在区域性条约框架基础下，其落实仍有赖双边刑事合作机制的开展。但目前我国与南海、东海、北部湾等海域周边国家所签订的双边刑事司法合作条约数量有限，且存在"刑事司法合作渠道比较狭窄、合作方式比较单一"①之缺陷，有学者评价我国目前与东盟国家开展的非传统安全领域的双边互动有着明显的"不平衡与非持久性"的特点，导致无法将现有之互信与经验"外溢"至更广泛的领域。② 更为关键的是，中国周边滨海国家众多，单靠某两国间的双边协商无法完全解决海洋领域的合作难题，在区域框架下达成一致意见恐怕是相当一段时间内最现实和有效的解决路径。

综上所述，希冀借助于联合国抑或国际组织主导的国际公约框架下的刑事合作机制解决我国当下的涉海领域犯罪治理的刑事合作难题，存在诸多障碍，短时间内难以达成一致，相应地，以区域性国际条约为前提的合作机制辅之以双边刑事合作机制应作为最切合实际的合作模式。

## 第三节 区域性刑事司法合作机制的具体构想

如果说，海洋问题从其敏感程度视角可以界分为打击海上犯罪、海洋资源保护、海域管辖权主张重叠与岛礁领土争议这四个层次，③那么，打击海上犯罪则毫无疑问属于低敏感领域之层面，这一领域的合作不仅必要亦具有可行性。如前文所述，区域性刑事合作机制是目前我国应对海上非传统安全犯罪最务实的选择模式，且就当前我国涉海领域的刑事合作而言，东盟作为亚洲地区最有影响力的国家间组织，无论是中国抑或是中日韩之间的合作都无法绕开这一重要的组织，在"安全共同体"的理念下，积极完善、建构更加务实、实质的刑事合作机制迫在眉睫。

① 蔡霞.浅析中国与东盟刑事司法合作的发展趋势[J].东南亚纵横，2011（12）：10.
② 葛红亮.非传统安全与南海地区国家的策略性互动[J].国际安全研究，2015，33（2）：139.
③ 海民，张爱朱.国际法框架下的南海合作[J].国际问题研究，2014（1）：71.

## 一、刑事合作适用范围的确定

如前文所述，海上非传统安全犯罪涵盖范围广泛，所涉犯罪类型众多，而当下的《联合国海洋公约》《SUA 公约》和《亚洲地区反海盗及武装劫船合作协定》对相关海上犯罪之规定亦呈现出诸多弊端，无法关照中国与周边濒海国家合作打击海上犯罪的实际情况，故在未来的区域刑事合作框架下，有必要对既有之条约中的海上犯罪范围进行必要的整合。现有之文献虽未有"海上非传统安全犯罪"之提法，但一般通过海上犯罪之粗略概念触及相关问题，如有论者基于海盗犯罪之规制，提出未来亚洲打击海上犯罪合作机制应通过犯罪的发生几率、罪行的严重性和跨国性三个要素的考量，综合确定海上犯罪之范畴[①]。在笔者看来，跨国性因素作为考量因素无需单独赘述，因为无论就海上非传统安全犯罪的自然属性抑或是国家间的刑事合作机制而言，跨国性因素、跨国性的共同威胁都是其前提，亦具有通约性，如若在犯罪人、被害人、犯罪地、犯罪行为之危害等方面根本无跨国因素，那么，对此种犯罪类型自也无与相关国家进行刑事合作之必要，其属自然之理。而就罪行的严重性因素而言，其本身或许难以按照国内法之规定提供具体的量化标准，海上偷盗与海上抢劫或许就一般而言存在前者危害性大于后者之规律，但难以绝对排除相反之情况的存在。而上述论者以《亚洲地区反海盗及武装劫船合作协定》所属的信息共享中心将袭击事件分为极其重要（very significant）、中等重要（moderate significant）和次重要（less significant）三个等级为依据，进而主张罪行严重性的考量因素其理由并不充分。因为按照该协定之相关内容，信息共享中心尽管按照相关行为危害等级进行了分类，但即使像海上偷盗这样的次重要危害行为亦被归属于"海上犯罪"之范畴，显见这种分类并未影响其行为性质，而只是便于实践层面为各国提供预警便利而已。至于论者提及的犯罪的发生几率即其常见性问题，固然是作为刑事合作针

---

① 张湘兰.南海打击海盗的国际合作法律机制研究 [J]. 法学论坛，2010, 25（5）：5. 另有学者表达了类似之主张：蒋巍.中国—东盟海上航行安全法律合作的对策探讨 [J]. 东南亚纵横，2014（4）：76；王君祥.中国—东盟打击海上犯罪刑事合作机制研究 [J]. 刑法论丛，2010, 21（1）：377.

对海上犯罪界定的重要因素，但此一因素应结合区域海上犯罪的实际进行限定则更为合适。

海上非传统安全犯罪基本涵盖了涉海领域的非传统安全犯罪之全部，从海洋环境保护、海上贩运奴隶、非法广播、危害大陆架及固定平台罪到海盗、海上恐怖主义等表现形式各异、侵害法益不同的犯罪类型皆属于其应有之义，这些行为既可以发生在水上，亦可能发生于水面、海底，这些行为中哪些应当作为当下区域刑事合作机制中所重点针对的犯罪类型，应充分考量区域国家的共同利益关切及达成共识的可行性。在笔者看来，区域刑事合作机制适用范围的确定应本着先易后难之原则，从敏感程度最低，最容易达成一致意见的视角出发，在适当时机将犯罪类型适度扩充，直至扩展到全部海上非传统安全犯罪。故《南海各方行为宣言》中虽然将中国与东盟国家的刑事合作领域笼统地表述为"打击跨国犯罪，包括（但不限于）毒品贩运、海盗行为和海上武装抢劫，以及非法武装贩运"，从而保障了这一文本的开放性和包容性。但很明显，这一政治文件只是为相关各方的合作提供了一个指南，如何在未来的区域性公约、条约中合理划定海上犯罪的清单，仍需进行法律层面的思考。同理，部分学者所提出的未来中国与东盟区域性刑事合作机制构想中建议将国家作为海上犯罪的责任主体可能并不合适。关于国家责任理论，在学理及实践中争议颇多，虽然从历史沿革来看，《关于陆战法规和习惯的国际公约》《凡尔赛和约》中有关于"一个国家应为他的武装部队的一切行为担负责任"的类似国家责任的规定，但这些公约尚未得到实践，诟病亦颇多。而作为国家责任典型实践的二战纽伦堡审判，也只是针对侵略罪而已，至于国家刑事责任的承担更是因其与个人责任原则相悖、动摇国家作为国际法主体地位等原因被摒弃。[①] 有鉴于此，当今国际刑法中所规定的追究国家责任的国际罪刑一般只限于种族灭绝罪、侵略罪、破坏和平罪等系统性、广泛性的危害国际社会的罪行。即使是此范围的国际罪行，在国际实践中追究相关国家主体责任亦遭遇到了侵犯国家主权的指摘。故此，对这些"高敏感"领域，暂

---

① 蒋娜. 国际法视野下国家刑事责任的可能与局限：对国家刑事责任赞成论之否定 [J]. 法学杂志，2010，31（2）：131.

不宜纳入当前刑事合作的范畴。

综合上述考量，在当下的海上非传统安全犯罪中宜将危及海上航行安全的犯罪作为区域性刑事合作打击的重点犯罪类型进行规定。第一，海上航行安全体现了我国及周边海域所属国家的共同利益关切，对此范畴内的低政治敏感性最易达成共识。海上航行通道的安全对所有濒海国具有重要的战略意义，国际海洋运输是目前国际物流中最主要的运输方式，国际贸易总运量的2/3通过海洋运输来完成。而作为太平洋和印度洋之间航运要冲的南海航道而言，是全世界最重要的海上走廊之一，经过南海巷道运输的液化天然气，占世界贸易总额的2/3，日韩90%以上的石油输入要依赖这一航道，中国通往国外的航线中一半以上的航线经过南海海域①，对东南亚国家亦具有重大的经济和战略价值。但恰恰是这一对周边国家堪称"海上贸易生命线"的重要航道，却遭受颇为严重的海上非传统安全威胁，海盗、海上武装抢劫、海上恐怖主义等肆虐，据统计，近年来，世界范围内的海盗、海上抢劫等事件平均有50%以上发生在南海海域，②其甚至被冠之以"恐怖中的恐怖"地带③。换言之，危及海上航行安全的犯罪是对海上安全形成威胁的首要因素，其危害性为各国所公认，而此类犯罪又非一国之力能够控制，在此一层面上中国与周边濒海国家具有共同的利益，最易达成"安全共同体"，故针对此种犯罪的刑事合作较易展开。第二，危及海上航行安全的犯罪亦是众多涉海的国际条约、公约所重点关注的海上犯罪，可为共同打击此类型的海上犯罪提供法律框架。《联合国海洋法公约》虽从整体来看，规定了海盗罪、贩奴、海洋环境污染、贩毒等多种涉海类犯罪，但无论从篇幅、内容还是细化程度来看，海盗罪无疑都是其规制的重点，而《SUA公约》《亚洲地区反海盗及武装劫船合作协定》本身即是对危及海上航行安全非法行为的规制公约。至于危及海上航行安全犯罪具体涵括之内容，一般认为包括海上抢劫、海上恐怖活动、海上绑架、袭击船舶或破坏船只、利用船只运输大规模杀伤性武器和危险物品等行为，但

① 海民，张爱朱.国际法框架下的南海合作 [J].国际问题研究，2014（1）：71.
② 葛红亮.非传统安全与南海地区国家的策略性互动 [J].国际安全研究，2015，33（2）：139.
③ 王历荣.国际海盗问题与中国海上通道安全 [J].当代亚太，2009（6）：119.

不宜将一般之海上偷盗行为纳入其内，因为后者的行为不会对海上航行安全造成影响，故危及海上航行安全罪与部分论者提及的"海上危害人身、财产安全罪"①并不完全等同。总之，以危及海上航行安全的犯罪为重点，不仅有相关国际条约的支持，亦符合相关国家的共同利益，且可与主权、海洋划界纠纷等敏感问题适当剥离，故具有达成刑事合作机制的可行性。

## 二、合作机制的基本内容设定

对于现阶段区域刑事合作的基本内容设定或许包含诸多方面，如刑事合作基本原则、管辖权之设定、联合护航机制等，笔者无意否认这些内容的重要性，只不过从宏观而言，刑事合作机制大体可包含刑事司法协助机制、引渡机制、刑事执法合作机制及相关配套机制等几个方面。

如前文所述，中国与东盟国家或日韩等周边濒海国家尚未形成完整之区域性的刑事司法、引渡、执法合作机制，亦缺乏相关区域性的刑事司法协助条约、引渡条约及执法等统一的法律框架，在此一现实下，只能通过与相关国家缔结双边性的刑事司法协助条约、引渡条约。即便如此，我国与相关国家达成刑事司法协助条约的数量仍然偏少，如在东盟10国中，还有5个成员国尚未与我国签订刑事司法协助条约，有6个成员国尚未与我国签订引渡条约，刑事执法合作虽在某些具体案件如湄公河流域联合执法上有成功的实践，但缺乏长效性机制。造成如此现状的原因，多数学者将之归咎为国内因素与国际因素，前者如我国目前尚无《刑事司法协助法》，现行刑法和刑事诉讼法亦无专章对刑事司法协助进行统一规定，体系完整、内容翔实的相关法律制度尚未形成。②但《中华人民共和国国际刑事司法协助法》已于2018年10月26日正式发布并实施，这一影响因素已不复存在。而国际因素，如周边国家在政治制度、司法体制、法系归属等方面情形各异，导致我国与其之间的刑事司法合作难以进行实质性的推进。更重要的原因，恐怕在于区域性刑事司法合作法律框架的缺失，导致

---

① 张湘兰.南海打击海盗的国际合作法律机制研究[J].法学论坛，2010，25（5）：5.

② 黄风.中华人民共和国国际刑事司法协助法（立法建议稿）[J].法学评论，2008（1）：83.

目前的双边合作、多边合作往往只能通过部长级会议、总检察长会议、法律事务论坛等非强制性的、不具备法律效力的协商机制进行。当然这些协商机制对各方形成共识进而推动合作进程起到了积极的作用，如中国与东盟成员国签署的《谅解备忘录》中所提出的共同合作打击海盗、恐怖主义、洗钱等八种非传统安全威胁的倡议，为我国与相关国家签署双边的刑事合作条约提供了可行性依据，但根本的解决之道或许在于形成区域性的刑事合作条约。区域性的刑事司法合作统一法律框架在世界范围内已有成功的实践，如欧盟国家区域性的刑事司法合作从早期的《欧洲刑事司法协助公约》（1959年）、《欧盟成员国间引渡公约》（1996年）到《欧盟国家刑事司法协助公约》（2000年）及嗣后的《欧盟理事会关于成员国间适用欧洲逮捕令和缉捕制度的框架性决定》（2002年）等法律文件，在推动欧盟国家刑事一体化进程及合作打击跨国犯罪方面发挥了重要作用。此外，美洲国家签订的《美洲国家间引渡公约》、阿拉伯国家联盟通过的《阿拉伯联盟引渡协定》等亦可为未来我国与相关国家达成区域性刑事合作公约提供借鉴。其实，通过区域性的条约打击国际犯罪、跨国犯罪和有组织犯罪的倡议早在联合国1997年第70次全体会议的大会决议中就得到了明确，而联大通过的《引渡示范条约》亦为各国间签订引渡条约提供了蓝本，未来亚洲区域性刑事合作条约可通过借鉴上述成功经验，弥补既有之双边条约的不足，建构统一的区域性刑事合作框架。

　　未来针对海上非传统安全犯罪的区域性刑事合作机制的建构，笔者亦主张从易到难、从部分到全面的逐步过渡原则：如针对刑事司法协助条约，学理上普遍认为国际刑事司法协助的内容有狭义与广义之分，前者仅涉及国家间送达文书、调查取证及相关刑事诉讼程序的合作内容，后者则扩充至引渡、刑事诉讼转移管辖、外国刑事判决的承认和执行等。[①] 很明显，从惩治跨国犯罪的实效来看，需要广义的国际刑事司法协助，但随着刑事司法协助内容的扩张，合作内容的政治敏感性亦呈递增之势，达成合作共识的难度也更大。像刑事诉讼移管、外国刑事判决的承认和执行等均

---

① 黄风，王君祥．非洲国家刑事司法协助立法若干问题探析：兼议对我国刑事司法协助立法的启示[J]．比较法研究，2011（2）：81．

涉及刑事管辖权这一与主权高度相关的敏感性权利的让渡，较难达成共识。毫无疑问，达成区域性的广义的刑事司法协助条约或公约是最终的努力方向，但现阶段实现的难度相当大。相较而言，当下可通过借鉴既有之双边狭义刑事司法协助的内容，先就此达成区域性的条约，同时保证条约的开放性，待各相关国家逐步达成刑事合作共识之后，再逐渐过渡到广义的刑事司法协助条约。[①]

上述原则亦适用于区域性的引渡机制建构，目前我国与濒海周边国家所签署的双边引渡条约数量有限，但多边性的区域引渡条约仍然缺失。将来的区域性引渡机制的建构可从引渡替代措施到引渡条约逐渐过渡。前者是在尚不具备形成区域性引渡条约条件时的权宜之策，在没有国际公约甚至没有双边引渡条约因而存在现实法律障碍的情形下，通过配合逃犯发现地国以相关罪行进行逮捕、起诉、审判[②]，或通过遣返非法移民的方式实现引渡的实质目的。此种操作在我国海外追逃的实践中已被多次运用，区域引渡机制达成的初期可考虑通过条约将此种刑事合作形式进行固定。由于像海盗、海上武装抢劫等典型的危及海上航行安全的犯罪其危害性已为各国所公认，故正式的区域性引渡条约对这几种犯罪的引渡合作难度较小，但对海上恐怖主义犯罪达成引渡共识或许存在某种疑虑，即政治犯不引渡原则。这一原则起源于欧洲国家的国内法和引渡条约之规定，[③]逐渐成为现代引渡制度的重要组成内容，并形成了国际法和国际刑法中的一项公认原则，我国的《引渡法》以及所签署的双边引渡条约中亦有类似之规定。由于政治犯罪的抽象性和模糊性导致此一原则亦成为引渡合作中最具争议性

---

[①] 有必要说明的是，在新的《中华人民共和国国际刑事司法协助法》中对"广义的国际刑事司法协助"已有所体现，其适用范围不仅包括送达文书、调查取证等狭义之司法协助内容，亦包含诸如"移管被判刑人"及移管后刑罚转换等广义刑事司法协助之内容。但就后者而言，从现行立法规定来看，对外国法院判决的承认仍以"做出刑罚转换裁定"为条件，且对原判决不符合我国刑罚规定的亦做出了相应的变更原则限定，因此，从总体上来说，仍可归属于"消极承认"。此一立法现状也符合本文所提出的刑事合作机制的基本构想。

[②] 协助逃犯发现地国家对逃犯提起诉讼，是一种特殊的刑事司法合作方式，在充分信任的基础上实现异地追诉的效果，且并不比引渡合作差。（蔡霞．浅析中国与东盟刑事司法合作的发展趋势 [J]．东南亚纵横，2011（12）：10–14．）

[③] 马德才．政治犯不引渡原则的发展趋势探析：兼论我国《引渡法》的完善 [J]．江西社会科学，2009（2）：145．

的条款之一，无论是既有之各国国内法抑或是引渡条约中，均未见到对政治犯罪进行定义之规定，这导致在国际实践中政治犯罪的确定完全取决于被请求国的任意判断，虽然不少国际法学者主张对政治犯罪应以请求国追诉活动的"政治性"为标准而非犯罪本身的"政治性"[1]，此一主张亦在当今的国内法抑或国际条约中有所体现。[2] 但无论是犯罪本身的"政治性"抑或追诉活动的"政治性"都缺乏明确的判断标准，极易成为犯罪分子逃避打击的借口。政治犯不引渡原则虽是国际法实践的一般共识，但不可否认的是，为避免该原则所带来的负面影响，通过国际社会的实践对其进行必要的限缩却是一种共识，把国际罪刑排除在政治犯之外，无论在国际社会实践还是国际法理上都是大势所趋。无论是联合国主导的全球性公约如《海牙公约》《蒙特利尔公约》《打击跨国有组织犯罪国际公约》，抑或是区域性国际条约如《惩治恐怖主义欧洲公约》《打击恐怖主义、分裂主义和极端主义上海公约》等均明确将恐怖主义犯罪作为引渡的对象。

近年来危及海上航行安全犯罪的区域性、组织性特征日益显著，这就要求在区域性的刑事司法协助统一法律框架达成之后，尚需进行执法层面的配合以提高打击海上非传统安全犯罪的实效。当下区域性的执法合作机构如针对恐怖主义犯罪的上海合作组织（SCO）成立的区域反恐机构、欧洲特莱维组织（TREVI）、涉及洗钱犯罪的亚太反洗钱组织（APG）等为提供情报、信息、联合侦查、执法等层面的合作提供了平台。针对海上非传统安全犯罪，未来可考虑成立专门性的区域统一执法合作机构，通过条约或协定的形式明确联合执法的领导与指挥权归属[3]，并就其协助成员国

---

[1] 黄风.引渡制度[M].北京：法律出版社，1990：173.

[2] 如我国《引渡法》第8条第（4）项规定："外国向中华人民共和国提出的引渡请求，有下列情形的，应当拒绝引渡：被请求引渡人可能因其种族、宗教、国籍、性别、政治见解或者身份等方面的原因而被提起刑事诉讼或者执行刑罚，或者被请求引渡人在司法程序中可能由于上述原因受到不公正待遇的。"我国与泰国、罗马尼亚、保加利亚、俄罗斯等国的双边引渡条约中均有类似的规定。

[3] 当前阶段，可考虑按照一定周期各成员国轮流行使领导指挥权同时考量特定国家的利益需要，以兼顾各成员国的实际利益与打击犯罪的实效。（马啸晨.中国与东盟国家刑事执法合作机制若干问题探析：兼论湄公河流域国家刑事执法合作之立法构想[J].云南社会主义学院学报，2014（2）：393–394.）

收集、分享、分析犯罪信息、协助提供技术交流与人员培训等进行系统规定，使其形成区域刑事司法协助机制之外的有力补充。在区域性刑事司法协助、执法合作机制之外，亦可考虑相关配套机制如联合护航常态机制、船舶追回机制<sup>①</sup>等：当今的危及海上航行安全犯罪特别是海盗犯罪往往面临沿海国因经济利益考量无力打击的困境，联合护航机制不仅有利于使船旗国分担打击犯罪的成本，亦可实现其保护本国公民人身、财产安全的需要。与之相关，海盗在劫持船只后可以更改船名重新登记从而形成所谓"幽灵船"现象<sup>②</sup>，为避免此一问题的产生，未来的船舶追回机制可考虑由区域性的统一合作组织对船舶进行统一编号，任意改变船舶编号的行为将不受所有权保护，以此为契机，在适当时机开展对实施相关海上犯罪的犯罪分子的财产采取冻结措施方面的合作。

### 三、合作机制需直面的关键难题：若干技术性难题的划界

区域性刑事合作机制需克服诸多现实障碍与难题，亦无法完全照搬既有之国际公约所形成的合作机制，以往的文献过多着墨于合作机制形成过程中如何避免国家主权等敏感问题的处理，笔者并无意否认此等问题的重要性，但此种探讨难以形成具有实践操作性的主张，故本部分着重探讨在未来的区域性刑事合作机制中需重点解决的若干技术性难题。

（一）管辖权模式之设定

海上非传统安全犯罪的刑事管辖权之确定异常复杂，造成此种现状的因素既有国际条约亦有相关国家国内法律规定不同的因素。就国际条约而言，不同管辖权的并列是一种常态，如《联合国海洋法公约》依据不同海域对沿海国设定了不同的管辖权，内水与领海享有绝对主权，毗连区与专属经济区与大陆架享有若干主权权利。同时为了最大限度地开发、利用海洋资源亦对非沿海国的相关权利进行兼顾，如外国船舶的无害通过权、航

---

① 张湘兰. 南海打击海盗的国际合作法律机制研究 [J]. 法学论坛, 2010, 25（5）: 5.

② 薛力. 马六甲海峡海盗活动的趋势与特征：一项统计分析 [J]. 国际政治研究, 2011, 32（2）: 135.

行和飞越自由制度等，这就使得沿海国在行使相关海域刑事管辖权的同时受到一定程度的限制。不仅如此，《公约》中亦针对不同情形出现了船旗国管辖、普遍管辖权等不同的管辖方式规定。《SUA 公约》更是直接将船旗国管辖权、属地管辖权和属人管辖进行了多重性的规定，同时亦明确"本公约不排除按照国内法行使的任何刑事管辖权"。与之类似，各国国内法在规定刑事管辖权之立法当时，较少顾及国际公约抑或域外法律之规定，因而形成属地管辖、属人管辖、保护性管辖并列之结果。如我国根据属地原则对发生在我国领域内的一切犯罪包括本国公民与外国公民的犯罪均享有刑事管辖权，而其他国家则完全可能基于属人管辖原则对本国公民在国外领域实施的犯罪享有刑事管辖权，这些管辖权之行使在海域管辖权的具体实践中必然发生竞合或冲突现象。换言之，国际公约与各国国内法关于管辖权的多重设定导致了海域管辖权的竞合，如何化解这些竞合关系正是确定管辖权之核心问题。

总体来看，由于《海洋法公约》对不同海域权利的分别管理获得了国际社会的一般认同，故对刑事管辖权之确定其基本原则宜按照不同海域之特征分别设定。首先，对于一国内水或者领海所发生的危害海上航行安全犯罪而言，应确立沿海国属地管辖权的绝对地位。一方面，内水是一国领土不可分割的一部分，国家对其行使完全的、排他性的主权为国际社会所公认，而沿海国对领海的主权地位是被公约所确定的，《海洋法公约》第2条第1款规定"沿海国的主权及于其陆地领土及其内水以外邻接的一带海域，在群岛国的情形下则及于群岛水域以外邻接的一带海域，称为领海"。另一方面，虽然公约同时对沿海国享有领海主权附加了来自国际习惯规则即"外籍船舶享有无害通过的自由"，但危害海上航行安全的犯罪无论如何不可能属于符合公约抑或其他国际规则的"不损害沿海国的和平、良好秩序和安全的"行为。不仅如此，在无害通过条款之后紧接着规定，沿海国可以根据公约和其他国际法规则就航行安全及海上交通管理等八个领域制定法规，这从反面佐证了危害海上航行安全的行为不可能属于"无害通过"。而公约第27条更是直接把特定情形下对通过领海的外国船舶的刑事管辖权赋予给了沿海国，这些情形即"罪行的后果及于沿海国、罪行属于扰乱当地安宁或领海的良好秩序的性质，经船长或船旗国外交代表或领事官员请求协助的、这些措施是取缔违法贩运麻醉药品或精神调理物质所必须的"。很显然，在上述情形下，船旗国管辖原则让位于属地管辖权，而危害海上航行安全的犯罪很明显亦属于上述情形，故无论从相关国际公约的规定、国际社会的共识程度、调查相关犯罪的便利等角度出发，赋予沿海国在内水及领海的属地管辖权的绝对地位都是合适的。当然，在确立属地管辖权基础上，对于船旗国而言，由于其仍属利害关系当事国，故应当设立沿海国就案件进展情况向相关国家通报机制，以保障相关当事国的知情权。其次，对于在一国专属经济区、毗连区海域发生的海上犯罪而言，应依据沿海国享有的权利内容划分管辖权：由于专属经济区、毗连区与领海法律地位不同，《公约》只是赋予了沿海国对这些海域的若干主权权利，故此，在此区域的某一犯罪的刑事管辖权之归属判断取决于此种犯罪所侵犯之利益归属状态。按照《公约》的规定，沿海国在上述区域享有对违反海关、财政、卫生、安全和移民相关法律法规进行管制的权利，故对涉及此种领域的犯罪的刑事管辖权应归属于沿岸国，即适用属地管辖原则。而以本文所设定的区域刑事合作机制的主要针对犯罪类型及危及海上安全刑事犯罪而言，对其适用属地管辖权自然是合理的，但对于此领域外的犯罪类型，如果仅涉及船舶内部而非影响沿岸国利益的犯罪可由船旗国进行管辖，相反，则应由沿海国管辖更为合理。

对于公海领域发生的犯罪，刑事管辖权的确定涉及如何理解船旗国管辖原则。由船旗国中心主义这一国际惯例延伸而来的船旗国管辖原则，泛指各国对取得其国籍的船舶以及船舶上的人、物和发生的包括刑事案件在内的事实实行管辖的原则。[①]各国国内法亦对船旗国管辖有相似之规定，以我国《刑法》第6条之规定为例：凡在中华人民共和国领域内犯罪的，除法律有特别规定的以外，都适用本法。凡在中华人民共和国船舶或者航空器内犯罪的，也适用本法。此条后半段之规定被解读为是关于船旗国管辖的原则性规定，而对于此原则之定位，多数学者主张是属地管辖权

---

① 邵维国. 论海上国际犯罪的船旗国管辖原则 [J]. 吉林大学社会科学学报，2007（6）：74.

之补充。换言之，船旗国管辖是以将船舶本身视为本国领土为前提的，船舶之法律定位亦可视为"浮动领土""拟制领土"①。部分学者对此提出异议，认为将船旗国管辖视为属地管辖的下位原则将导致主权冲突②以及船籍国与沿海国都对同一船舶的犯罪形成"排他性"的刑事管辖权③的尴尬困境。在笔者看来，将船旗国管辖原则视为属地管辖原则的表述或许略有歧义，但此一原则只是赋予国籍国对悬挂其国旗的船舶及其上的人、物和事件的管辖，无法等同于对相关海域的管辖，故主权冲突的说法其理由并不充分。至于刑事管辖权的冲突的说法，如前文所述，这是一种必然，概因各国国内法关于刑事管辖权的多重性设置使然，而国际刑事合作机制在某种程度上其实就是在解决管辖权的冲突和竞合问题，以此作为否定船旗国管辖原则的理由显然较为牵强。而公海的特殊地理位置决定了船旗国管辖原则的重要价值，因为公海自由是国际法的一般共识，"公海的法律秩序是由国际法和具有海商旗的国家的国内法之间的合作而建立的"，④公海上不存在任何国家的领土，各国在公海的法律地位平等，故有船舶国籍国对船舶内的和以其为犯罪对象的犯罪行使管辖权既符合公海法律秩序之要求，亦具有便利性。故对于发生在公海上的犯罪，船旗国管辖原则应予以一般化，当然，此一管辖权亦应受到例外情形之限制，这些例外情形按照《海洋法公约》之规定，包含贩奴、海盗、贩运麻醉药品或精神调理物质、非法广播四种情形，对于这些例外情形，基于保护各国共同利益的需要应适用普遍管辖原则。

（二）紧追权的规范

紧追权（the right of hot pursuit），泛指当沿海国有充足理由认为外国船舶在该国管辖水域内有违反本国法律法规的情形时，可从其管辖的水域将外国船舶追逐至公海，并予以拿捕的权利。⑤此一与普通法上"即追权"

---

① 张明楷.刑法学 [M].北京：法律出版社，2011：75.

② 陈忠林.关于我国刑法属地原则的理解、适用及立法完善 [J].现代法学，1998（5）：3.

③ 邵维国.论海上国际犯罪的船旗国管辖原则 [J].吉林大学社会科学学报，2007（6）：74.

④ 詹宁斯·瓦茨.奥本海国际法：第1分册 [M].王铁崖，等译.北京：商务印书馆，1995：120.

⑤ 王秀芬.试论国际法上的紧追权 [J].大连海事大学学报（社会科学版），2002（4）：26.

有渊源关系的权利经由19世纪船舶技术发展及各国实践发展为一项被国际社会所熟知的国际习惯法。此项习惯法规则亦被嗣后的国际公约所确认。1958年第一次联合国海洋法会议通过的《公海公约》第23条首次确认了紧追权及其相关规则，而1982年《联合国海洋公约》不仅重申了该规则，更将紧追权扩大适用于专属经济区与大陆架水域。很明显，紧追权的设置是对公海航行自由及船旗国管辖权的例外限制，当沿海国行使紧追权时，被追逐船只不得以公海自由或船旗国专属管辖来对抗此项权利，故其实质是将沿海国对相关海域的管辖权延伸至了公海，此项权利在加强沿海国执法权、敦促船舶遵守沿海国相关法律法规方面具有重要意义。不言而喻，对未来我国与相关国家构建区域性刑事合作机制而言，紧追权之行使亦必不可少，但当下的国际公约对紧追权的规定并不十分明确，其存在诸多需规范之"灰色区域"，同时结合区域刑事合作之特殊需求构建相应之紧追权机制，宜从以下几个方面展开。

1. 适用紧追权的行为范围

《联合国海洋法公约》第111条第1款将紧追权适用的前提条件规定为"沿海国主管当局有充分理由认为外国的船舶违反该国法律和规章"，在此项规定下，尚有三个问题需要厘清。首先，外籍船舶违反了沿海国的法律法规，如前文所述，《海洋法公约》依据不同海域的法律性质即完全领土性之的海域和非领土性质的海域对沿海国的立法内容进行了不同的限定。如具有完全主权的内水，沿海国相应具有完全的立法权，领海受到无害通过权的限制，专属经济区、毗连区等海域仅具有对违反海关、财政、卫生、安全等事项的管制权，如此等等。很明显，沿海国对领土性海域与非领土性海域具有不同的立法权限。当然，对当下区域刑事合作的重点对象——危及海上航行安全的犯罪而言，沿海国享有的立法权是相同的，但对于此外的违法犯罪行为而言，宜按照公约的相关规定厘清违法行为的内容。换言之，"只有在外国船舶违反沿海国按照国际法制定的适用于其特定管辖区域的法律、规章时才引起紧追，否则紧追是非法的"[①]。其次，引

---

① 余民才. 紧追权的法律适用 [J]. 法商研究, 2003（2）: 93.

起紧追的违法行为是否排斥轻微违法行为，即违法行为是否有度之要求，这一点公约并没有明确。国外部分学者基于轻微违法行为的涵括将导致过度行使权力从而限制航行自由的弊端①，抑或根据国际礼让或者善意原则将轻微违法行为排除在外符合沿海国的最大利益的理由②，主张应对违法行为提出某种质的要求。公约虽未明确上述问题，但从公约的相关表述来看，很显然对违法行为的度是没有要求的，即轻微违法行为亦得构成紧追权行使的前提条件，所谓限制航行自由的说法过于空泛，因为紧追权之设置在客观效果上正是限制了公海航行自由，况且航行自由在内水与领海并不适用。而在其他海域所享有的航行自由要受到若干限制，其与公海航行自由不能同日而语。而国际礼让或善意原则的说法其实只是一厢情愿的想象，国际社会的诸多实践表明某国根据国际礼让和善意原则所为的决定可能并不能换回互惠的结果，因此，对违法行为的度不宜有限制。最后，违法行为的状态本身是否有限制，也是需厘清之问题。从《公约》第111条之表述"已经实际实施或怀疑已经实际实施违法行为"来看，似乎是在提示违法行为已发生，对此不应做过于狭隘之理解。一方面，从体系解释的视角出发，公约对沿海国在毗连区内行使某些特定事项的管制权的规定即"为防止在其领土或领海内的违法行为"显然包含了正在试图实施违法行为的情形。另一方面，从历史解释角度看，从紧追权规定的前身《公海公约》草案相关规定提出时亦出现部分成员国提出相同之建议，但公约起草机构已经做出了相关建议已经包含在法律文本中的结果③，亦可以看出违法行为的状态本身并无限制。

2. 紧追的起止空间

按照《联合国海洋法公约》之规定，紧追须在外国船舶或其小艇之一在追逐国的内水、领海、群岛水域、毗连区内或专属经济区、大陆架上开始，换言之，紧追的开始空间限于沿海国有权对外籍船舶行使管辖权的海

① D.P.O' Connel. The International Law of Sea[M]. Clarendon Press：1989：1080.

② REULAND R C. The Customary Right of Hot Pursuit Onto the High Seas：Annotations to Article 111 of the Law of the Sea Convention，[J].Virginia Journal of International Law，1993，33：567.

③ Yearbook of The International Law Commission, 1956, 49.

域，且在行使紧追权之前需向违法船只发出视觉或听觉停始信号后，才可启动紧追。与此同时，该公约要求追逐的船舶以"可用的实际方法"认定被追逐船舶位于上述位置，但对可用的实际方法本身没有限定。从这些规定来看，紧追权之行使虽不要求追逐船只的位置必须位于特定海域内，亦无苛加追逐船舶确定被追逐船只位置证据的条约法义务。但从紧追权行使不当要负担赔偿责任的规定出发，为证明追逐开始的合法性，有必要在相关刑事合作条约中规定追逐船舶"在尽可能的范围内证明被追逐船在特定区域内"[①]；由于紧追权是沿海国管辖权的扩张，不当行使将危及其他国家的管辖权，因此紧追终了的空间确定亦至关重要。紧追权在被追逐船舶进入其本国或第三国领海时终止，这是上述公约的明确规定。根据此规定，其他区域如专属经济区、毗连区并未被明确在紧追终止的范畴内。故逻辑上，沿海国可以在此区域内行使紧追权。尽管紧追权终止于他国领海的规则貌似确定无疑，但实际运用过程中是否应该有例外则不无争议。对此，可能涉及两种情形，即"恢复紧追"与"紧追持续到他国领海的例外"，前者是指被追逐船舶在进入他国领海短暂停留后再次始离此区域时，先前的追逐船舶可否恢复紧追的问题。很明显，如果否认此种情形下紧追权的恢复，则他国领海很容易成为被追逐船舶逃避制裁的法外空间，而且从《海洋法公约》的相关规定来看，紧追权的恢复并未触及其终止空间的硬性规定，因为，被追逐船舶再次进入公海时已经不属于他国领海，故恢复紧追权不存在此一层面的法律障碍。与之相关联的是，特定情形下能否允许追逐至他国领海范围内。对此，笔者认为，就本书所研讨的海上非传统安全犯罪特别是危及海上航行安全犯罪而言，在征得他国同意的前提下进入他国领海继续紧追的权利应得到认可，一则可对这些为国际社会公认的跨国犯罪进行有效的打击，二则就这些犯罪类型而言，当其船舶进入本国领海时，沿海国具有管辖权是无疑义的，获得其同意自然没有问题，即使就他国领海而言，如上文所述，实施上述犯罪行为的船只在领海通过的行为不可能属于无害通过，而沿海国对此具有管辖权的，故其同意继续紧追

---

① 王秀芬.试论国际法上的紧追权[J].大连海事大学学报（社会科学版），2002（4）：26.

的权利亦不存在法律障碍。

### 3. 紧追权与使用武力

《联合国海洋法公约》将紧追权的行使赋予了"军舰、军用飞机或者其他有清楚标志可以识别的为政府服务并经授权紧追的船舶或飞机"，但无论是《公海公约》抑或《联合国海洋公约》对上述特定船舶、飞机实施紧追权时是否可以对被追逐船只使用武力这一实践中的常见问题则未有明确之规定，在紧追权的现实运用中特别是逮捕、押解被追逐船舶时能否使用武力关涉此项权利行使的实效。尽管从《海洋法公约》的序言"以互相谅解和合作的精神解决与海洋法有关的一切问题"及国际法的一般理论出发，应尽量避免使用武力，但这并不意味着在一定条件下、一定范围内使用武力是被绝对禁止的。既然《海洋法公约》将逮捕、押解被追逐船舶作为紧追权的内容予以规定，那么，必要的武力行使就是实现上述权利内容所必须的，亦是被允许的。一般认为，"必要且合理的武力"是国际习惯法所确立的行使紧追权的一项原则，在相关的国际实践中如"孤独者号案""赛加号案"等国际判例中，亦确认了在必要和合理的限度内使用武力的合法性。[①] 而所谓"必要和合理的限度"之判别，结合国际海洋法庭的相关判例及国际法的基本理论，"必要性"应围绕追逐方是否为逮捕、押解被追逐船舶已经穷尽了非武力的其他手段，一般来说，国际实践中要求行使紧追权的一方在向被追逐船舶实现警告无效的前提下，才有武力适用的可能；而合理性则围绕比例原则，要求武力的行使不得对被追逐船舶及其人员造成不必要的损害，如故意击沉船舶等。[②]

### （三）登临权的适用

登临权（Right of Visit），亦称临检权，是指一国政府船只、飞机（军舰、军用飞机或经政府授权为政府服务的船舶、飞机）在公海上遇到有从事国际公约所列的违法行为嫌疑时，可登临检查的权利。与紧追权类似，此项权利亦由国际习惯规则演化而来，即"一切国家的军舰为了维持公海

---

① 陈伟. 合理行使紧追权 维护中国海洋权益 [J]. 中国海商法年刊, 2011, 22（2）: 19.

② 余民才. 紧追权的法律适用 [J]. 法商研究, 2003（2）: 93.

上的安全，有权要求在公海上可疑的私有船舶展示他们的旗帜"①。此项国际习惯规则经由1958年《日内瓦公海公约》及1982年《联合国海洋法公约》被正式确定为一项国际法原则。按照海洋法公约之规定，登临权之行使的主体条件被限定为军舰、经正式授权并有清楚标志可以识别的为政府服务的任何其他船舶或飞机，其行为指向则包括，有合理根据认为其从事了"海盗、贩奴、非法广播、没有国籍、虽悬挂外国旗帜或拒不展示其旗帜，而事实上却与该军舰属同一国家"等几种情形，而登临的海域则确定为公海。可以看出，通过上述公约所设定的登临权较之传统的国际习惯规则即"旗帜查明"②而言已大为扩张，但这些规定本身原则性较强，部分内容亦需要细化，未来我国与周边国家在区域性刑事合作过程中，可以此为基础，对登临权问题进行某些调整。

首先，国际公约为多边、双边协商登临权提供了法律根据。无论是《公海公约》还是《联合国海洋法公约》对登临权的规定中均明确，"条约授权的干涉行为"可作为行使登临权之依据。换言之，国家间可通过双边、多别条约的形式协商登临权的适用范围，"这一原则的规定说明尽管船旗国的专属管辖权非常重要，但国家公国协议也可以同意排除船旗国的专属管辖权"。③如上文所述，如果说公海上的一般犯罪实行的是船旗国管辖权，而对海盗、贩奴等有限的国际犯罪实行的是普遍管辖权，对其他国际犯罪如海上恐怖主义犯罪仍实行船旗国管辖的话，在登临权的实践中可能并不现实。因为公海上犯罪的发生距离船旗国较远的情形是常态，且被害船舶非船旗国时，船旗国亦可能没有管辖的积极性，相反，有利害关系和管辖积极性的国家却无法行使登临权。"将海上恐怖主义的登临权限于船旗国，会导致海上反恐的'地方化'"④，很显然不利于打击这些海上犯罪。对此困境，可考虑将登临权与管辖权做适当分离，登临权虽一般可

---

① 詹宁斯·瓦茨.奥本海国际法：第1分册[M].王铁崖，等译.北京：商务印书馆，1995：167.

② 张立锋.关于中国公海登临权的立法思考[J].河北学刊，2008（4）：166.

③ 杨瑛.适用登临权的国际犯罪行为法律问题分析[J].中国人民公安大学学报（社会科学版），2016，32（4）：59.

④ 张湘兰，郑雷.论海上恐怖主义对国际法的挑战与应对[J].武汉大学学报（哲学社会科学版），2009，62（2）：152.

视为执行管辖的具体实现方式之一，但其最主要的作用在于预防犯罪的事前检查，而船旗国管辖则是司法管辖的一种，故即使在学理上亦可对两者进行质的界分。①而在实践层面，最低限度可考虑在区域性的刑事合作中，将对危及海上航行安全的国际罪行的登临权赋予区域内各缔约国行使，而不必拘泥于船旗国。

其次，登临权的适用范围应进行必要的扩充。对此，包含适用地域与适用对象两个方面，就前者而言，一般认为，《联合国海洋法公约》对登临权的适用区域仅局限于公海，这是该公约在第七部分"公海"中的第110条名列"登临权"之故。其实，在上述中的其他部分亦可看到与登临权相关之规定，如其第73条对沿海国专属经济区所享有的若干主权权利进行规定后，明确其"可采取为确保其依照本公约制定的法律和规章得到遵守所必要的措施，包括登临、检查、逮捕和进行司法程序"，而第33条则规定沿海国在毗连区内所享有的对违反其海关、财政、移民等事项的管制权，按照第73条之规定，亦可推知登临权适用的可能。为有效打击海上非传统安全犯罪，可考虑在未来的区域性刑事合作机制中，将登临权的适用区域一般性地扩大至毗连区、专属经济区等区域，同时可赋予沿海国对相关犯罪的登临权；至于登临权的适用对象很显然亦应进行扩充，包括海盗罪、危及海上航行安全罪在内的危害海上航行安全的犯罪均应视为登临权的适用对象。其实，在《海洋法公约》之后的国际条约如《SUA 公约》2005 年议定书中已经将任一缔约国登船检查的对象扩大至整个危及船舶的航行安全及其教唆、共谋行为（第3条第1、2款）。

最后，登临权的实现途径。如前文所述，为便于区域内国际犯罪的打击实效，赋予非船旗国登临权具有必要性，这样做虽有利于登临权的实现，但亦会引发与船旗国的管辖冲突的问题。《SUA 公约》2005 年议定书第 8 条为了协调此问题，对登临权的实现设定了三种途径。其一，取得船旗国的临时性授权，"任一缔约国可以向船旗国提出登船的请求，船旗国

---

① 这样的主张并非空穴来风，部分国际公约的规定亦可为其提供佐证，如《SUA 公约》（第6条）在确定了危及海上航行安全的犯罪范围之后，确定了各缔约国的司法管辖权，但并未直接赋予各缔约国登临权，这说明在国际实践层面，登临权亦存在与执行管辖权相剥离进而独立的空间。

可以做出登上该船并对其采取适当措施的授权，包括停船、登船和搜查船舶及船上的货物和人员，以确定是否已经、正在或即将犯下公约规定的某一罪行"。其二，签订多边、双边性条约协商解决，"各缔约国之间可签订协议或安排，以便利按照本条进行的执法作业"。其三，在向国际海事组织通报船舶的名称、登记号、登记港等基本信息后四个小时内未获得船旗国回复的，可推定其同意授权。综合来看，上述关于登临权的行使仍然是以船旗国的授权为基本前提的，在船旗国明确不同意授权时显然无法进行登临，在平衡打击犯罪的便利与关照船旗国利益之间选择了后者。如前文所述，在这两种利益无法完全兼顾时，而登临权本身亦可与管辖权相对剥离的前提下，对于未来我国与周边国家建构区域性的登临权机制而言，应倾向于从打击犯罪的便利出发，一般性地赋予非船旗的缔约国登临之权利。当然，对船旗国的利益应有适度保障，此种适度保障不意味着赋予其选择权，而是在登临方合理怀疑船舶从事上述犯罪行为时，应告知船旗国，同时将犯罪情况通知相关当事国，这些情形既可"逐案进行"，亦可在条约中一揽子进行规定。

# 参考文献

## 著作类

[1] 张蕴岭 . 中国非传统安全研究报告（2011—2012）[M]. 北京：中国社会科学文献出版社，2012：1.

[2] 余潇枫 . 非传统安全概论 [M]. 杭州：浙江人民出版社，2006：41.

[3] 巴瑞·布赞，奥利·维夫，迪·怀尔德 . 新安全论 [M]. 朱宁，译 . 杭州：浙江人民出版社，2009：11.

[4] 姜维清 . 交织：国家安全的第三种威胁 [M]. 北京：世界知识出版社，2001：14.

[5] 查道炯 . 中国学者看世界：非传统安全卷 [M]. 北京：新世界出版社，2007：11.

[6] 克瑞斯汀·丝维斯特 . 女性主义与后现代国际关系 [M]. 余潇枫，潘一禾，郭夏娟，译 . 杭州：浙江人民出版社，2003：225.

[7] 陆忠伟 . 非传统安全论 [M]. 北京：时事出版社，2003：18.

[8] 张军社 . 合作应对非传统安全威胁 [M]// 中国军事科学学会国际军事分会 . 国际安全合作与亚太地区安全 . 北京：军事科学出版社，2010：416.

[9] 贾宇 . 国际刑法学 [M]. 北京：中国政法大学出版社，2004：10.

[10] 余潇枫 . 中国非传统安全研究报告（2011—2012）[M]. 北京：社会科学文献出版社，2012.

[11] 金征宇，彭池方．食品安全（非传统安全与现实中国）[M]．杭州：浙江大学出版社，2008.

[12] 乌尔里希·齐白．全球风险社会与信息社会中的刑法：二十一世纪刑法模式的转换 [M]．周遵友，江溯，等译．北京：中国法制出版社，2012：104.

[13] 储槐植．刑事一体化论要 [M]．北京：北京大学出版社，2007：123.

[14] 乌尔里希·贝克．风险社会 [M]．何博闻，译．南京：译林出版社，2004：15.

[15] 吉登斯．社会学 [M]．李康，译．北京：北京大学出版，2010：92.

[16] 薛晓源，周战超．全球化与风险社会 [M]．北京：社会科学文献出版社，2005：303.

[17] 安东尼·吉登斯．失控的世界 [M]．周红云，译．南昌：江西人民出版社，2001：55.

[18] 高宣扬．卢曼社会系统理论与现代性 [M]．北京：中国人民大学出版社，2005：260.

[19] 乌尔里希·贝克．世界风险社会 [M]．吴英姿，孙淑敏，译．南京：南京大学出版社，2004：174.

[20] 奥斯汀·萨拉特．布莱克维尔法律与社会指南 [M]．高鸿钧，等译．北京：北京大学出版社，2011：20.

[21] 山口厚．刑法总论 [M]．2 版．付立庆，译．北京：中国人民大学出版社，2011：44.

[22] 卡斯东·斯特法尼．法国刑法总论精义 [M]．罗结珍，译．北京：中国政法大学出版社，1998：323.

[23] 张智辉．国际刑法通论 [M]．增补本．北京：中国政法大学出版社，1999：106.

[24] 马呈元．国际犯罪与责任 [M]．北京：中国政法大学出版社，2001：81.

[25] 李寿平．现代国际责任法律制度 [M]．武汉：武汉大学出版社，2003：115.

[26] 屈广清，曲波．海洋法 [M]．北京：中国人民大学出版社，2011：12.

[27] 周成瑜．国际刑法暨海事刑法专论 [M]．台北：台湾瑞兴图书股份有限公司，2010：213.

[28] 王赞，赵微，邵维国．海上国际犯罪研究 [M]．北京：法律出版社，

2015：42.

[29] 黄肇炯. 国际刑法概论 [M]. 成都：四川大学出版社，1992：99.

[30] 甘雨沛，高格. 国际刑法学新体系 [M]. 北京：北京大学出版社，2000：179-181.

[31] 赵永琛. 国际刑法与司法协助 [M]. 北京：法律出版社，1994：44.

[32] 林欣. 国际刑法问题研究 [M]. 北京：中国人民大学出版社，2000：15.

[33] 高燕平. 国际刑事法院 [M]. 北京：世界知识出版社，1999：577.

[34] 劳特派特. 奥本海国际法：下卷 [M]. 王铁崖，译. 北京：商务印书馆，1973：264-265.

[35] 邵沙平. 现代国际刑法教程 [M]. 武汉：武汉大学出版社，2005：140.

[36] 马进保. 国际犯罪与国际刑事司法协助 [M]. 北京：法律出版社，1999：12.

[37] 谢里夫·巴西奥尼. 国际刑法导论 [M]. 赵秉志，译. 北京：法律出版社，2006：3.

[38] 梁西. 国际法 [M]. 武汉：武汉大学出版社，2002：177.

[39] 许润章. 犯罪学 [M]. 2版. 北京：法律出版社，2004.

[40] 荷马. 奥德赛 [M]. 王焕生，译. 北京：人民文学出版社，1997：102.

[41] 张甘妹. 犯罪学原理 [M]. 台北：三民书局，1999：37.

[42] 石家铸. 海权与中国 [M]. 上海：上海三联书店，2003：159.

[43] 叶良芳. 海洋环境污染刑法规制研究 [M]. 杭州：浙江大学出版社，2015：27.

[44] 倪征燠. 国际法中的司法管辖问题 [M]. 北京：世界知识出版社，1985：15.

[45] 克劳斯·罗克辛. 德国刑法学总论：第1卷 [M]. 王世洲，译. 北京：法律出版社，2005：15.

[46] 赵秉志. 新编国际刑法学 [M]. 北京：中国人民大学出版社，2004：263.

[47] 童伟华. 海上恐怖主义犯罪及海盗犯罪的刑事规制 [M]. 北京：法律出版社，2013：31.

[48] 刘楠来. 国际海洋法 [M]. 北京：海洋出版社，1986：270.

[49] 周忠海. 国际法学述评 [M]. 北京：法律出版社，2001：346.

[50] 罗文波，冯凡英.加拿大刑事法典 [M].北京：北京大学出版社，2008：46.

[51] 罗结珍.法国新刑法典 [M].北京：中国法制出版社，2003：141.

[52] 张智辉.国际刑法通论 [M].北京：中国政法大学出版社，1999：218.

[53] 大谷实.刑法总论 [M].黎宏，译.北京：中国人民大学出版，2008：389-390.

[54] 杜大昌.海洋环境保护与国际法 [M].北京：海洋出版社，1990：42.

[55] 徐祥民.海洋环境的法律保护研究 [M].青岛：中国海洋大学出版社，2006：37.

[56] 劳特派特.奥本海国际法：上卷 [M].王铁崖，译.北京：商务印书馆，1972：09.

[57] 傅崐成.海洋法专题研究 [M].厦门：厦门大学出版社，2004：65.

[58] 王铁崖.国际法 [M].北京：法律出版社，1995：93.

[59] 李耀芳.国际环境法缘起 [M].广州：中山大学出版社，2002：108.

[60] 张明楷.刑法学 [M].北京：法律出版社，2016：695.

[61] 肖怡译.芬兰刑法典 [M].北京：北京大学出版社，2005：95-98.

[62] 韩德培，陈汉光.环境保护法教程 [M].北京：法律出版社，2008：6.

[63] 黄太云.刑法修正案解读全编：根据刑法修正案（八）全新阐释 [M].北京：人民法院出版社，2011：86.

[64] 贝恩德·许逎曼.法益保护原则：刑法构成要件及其解释之宪法界限之汇集点 [M]// 何赖杰，译许玉秀，陈志辉.不移不惑现身法与正义：许逎曼教授刑事法论文选辑，2006：238.

[65] 王铁崖.国际法引论 [M].北京：北京大学出版社，1998：98.

[66] 韩忠谟.法学绪论 [M].北京：中国政法大学出版社，2002：37.

[67] 李浩培.条约法概论 [M].北京：法律出版社，2003：314.

[68] 万鄂湘.民商法理论与审判实务研究 [M].北京：人民法院出版社，2004：21.

[69] 朱晓青，黄列.国际条约与国内法的关系 [M].北京：世界知识出版社，2000：211-216.

[70] 赵秉志.国际恐怖主义犯罪及其防治对策 [M].北京：中国人民公安大学出版社，2005：168.

[71] 黄风 . 引渡制度 [M]. 北京：法律出版社，1990：173.

[72] 詹宁斯·瓦茨 . 奥本海国际法：第1分册 [M]. 王铁崖，等译 . 北京：商务印书馆，1995：120.

[73] BUZAN B. People，States and Fear：An Agenda for International Security Studies in the Post-Cold War Era [M]. 2nd ed.New York：Lynne Rienner, 1991：3-5.

[74] STEINBRUNER J D. Principles of Global Security[M].Washington D.C：Brookings Institution Press，2000：1-22.

[75] PAUST J J. International criminal law: cases and materials[M].Durham N.C：Carolina Academic Press，2000：11-12.

[76] BASSIOUNI M C.The Sources and Content of an International Criminal Law：A Theoretical Framework[M]// BASSIOUNI M C.International Criminal Law. New York：Transnational Publishers Inc，1999：96-100.

[77] SUNGA L S. The International Community's Recognition of Certain Acts as "Crime under International Law" [M]//International Criminal Law：Quo Vadis?. Ramonville Saint-Agnes，2004：304.

[78] D.P.O' Connel. The International Law of Sea[M]. Clarendon Press：1989：1080.

## 论文类

[1] 余潇枫 . 共享安全：非传统安全研究的中国视域 [J]. 国际安全研究，2014，32（1）：4.

[2] 何忠义 . "非传统安全与中国" 学术研讨会综述 [J]. 世界经济与政治，2004（3）：48.

[3] 徐华炳 . 非传统安全视野下的环境安全及其中国情势 [J]. 社会科学家，2006（6）：78.

[4] 巴里·布赞，余潇枫 . 论非传统安全研究的理论架构 [J]. 世界经济与政治，2010（1）：113.

[5] 张伟玉，陈哲，表娜俐 . 中国非传统安全研究：兼与其他国家和地区比较 [J]. 国际政治科学，2013（2）：94.

[6] 朱锋 . "非传统安全" 解析 [J]. 中国社会科学，2004（4）：139.

[7] 阎静.国际关系批判理论和政治共同体的转型：一种林克莱特三重视角的诠释 [J].世界经济与政治论坛，2009（5）：113.

[8] 余潇枫，林国治.论"非传统安全"的实质及其伦理向度 [J].浙江大学学报（人文社会科学版），2006（6）：104.

[9] 郑先武.全球化背景下的"安全"：一种概念重构 [J].国际论坛，2006（1）：47.

[10] 叶知秋.谁之"非传统"何种"安全"？[J].世界经济与政治，2004（4）：38.

[11] 李开盛，薛力.非传统安全理论：概念、流派与特征 [J].国际政治研究，2012，33（2）：93.

[12] 袁莎."巴黎学派"与批判安全研究的"实践转向"[J].外交评论（外交学院学报），2015，32（5）：139.

[13] 李东燕.联合国的安全观与非传统安全 [J].世界经济与政治，2004（8）：49.

[14] 迟春洁，黎永亮.能源安全影响因素及测度指标体系的初步研究 [J].哈尔滨工业大学学报（社会科学版），2004（4）：80.

[15] 王君祥.非传统安全犯罪解析 [J].河南科技大学学报（社会科学版），2016，34（2）：90.

[16] 孟立联.人口安全与人口政策 [J].人口研究，2008（6）：49.

[17] 阎二鹏.海上非传统安全犯罪与中国刑法应对 [J].福建江夏学院学报，2014，4（4）：42.

[18] 王烁.中国的熟人社会与有组织犯罪的组织性特征 [J].犯罪研究，2014（6）：72.

[19] 何秉松.黑社会组织（有组织犯罪集团）的概念与特征 [J].中国社会科学，2001（4）：123.

[20] 白取祐司，王鲲.日本近期预防有组织犯罪立法及其问题 [J].国家检察官学院学报，2009，17（6）：32.

[21] 卢有学.论国际犯罪与国内犯罪的关系 [J].现代法学，2012，34（1）：125.

[22] 李莎莎.非传统安全视角下食品安全犯罪的刑事政策及立法 [J].河南大学学报（社会科学版），2014，54（2）：48.

[23] 秦亚青.全球治理失灵与秩序理念的重建 [J].世界经济与政治，2013（4）：4.

[24] 张旭.国际刑事司法合作：现状、问题与应对 [J].刑事法评论，2000，1（6）：502.

[25] 周详.教义刑法学的概念及其价值 [J].环球法律评论，2011，33（6）：79.

[26] 劳东燕.公共政策与风险社会的刑法 [J].中国社会科学，2007（3）：126.

[27] 陈晓明.风险社会之刑法应对 [J].法学研究，2009，31（6）：52.

[28] 陈兴良."风险刑法"与刑法风险：双重视角的考察 [J].法商研究，2011，28（4）：11.

[29] 刘艳红."风险刑法"理论不能动摇刑法谦抑主义 [J].法商研究，2011，28（4）：26.

[30] 魏东，何为.风险刑法理论检讨 [J].刑法论丛，2013，35（3）：3.

[31] 南连伟.风险刑法理论的批判与反思 [J].法学研究，2012，34（4）：138.

[32] 卢建平.风险社会的刑事政策与刑法 [J].法学论坛，2011，26（4）：21.

[33] 张明楷."风险社会"若干刑法理论问题反思 [J].法商研究，2011，28（5）：83.

[34] 劳东燕.风险社会与变动中的刑法理论 [J].中外法学，2014，26（1）：70.

[35] 乌尔斯·金德霍伊泽尔，刘国良，安全刑法：风险刑法的社会危险 [J].马克思主义与现实，2005（3）.

[36] 关哲夫，王充.现代社会中法益论的课题 [J].刑法论丛，2007，12（2）：334.

[37] 乌尔里希·齐白，周遵友.刑法的边界：马普外国与国际刑法研究所最新刑法研究项目的基础和挑战 [J].刑法论丛，2008，16（4）：237.

[38] 马库斯·德克·达博，杨萌.积极的一般预防与法益理论：一个美国人眼里的德国刑法学的两个重要成就 [J].刑事法评论，2007（2）：443.

[39] 梁根林.持有型犯罪的刑事政策分析 [J].现代法学，2004（1）：35.

[40] 陈兴良. 行为论的正本清源：一个学术史的考察 [J]. 中国法学，2009（5）：172.

[41] 阎二鹏. 行为概念的厘清：以行为论机能之反思与再造为视角 [J]. 法制与社会发展，2013，19（5）：109.

[42] 姜涛. 风险社会之下经济刑法的基本转型 [J]. 现代法学，2010，32（4）：87.

[43] 薛晓源，刘国良. 法治时代的危险、风险与和谐：德国著名法学家、波恩大学法学院院长乌·金德霍伊泽尔教授访谈录 [J]. 马克思主义与现实，2005（3）：25.

[44] 哈赛默尔，葛祥林. 刑法与刑事政策下的自由与安全之紧张关系 [J]. 台大法学论丛，2007，36.

[45] 王君祥. 中国—东盟打击海上犯罪刑事合作机制研究 [J]. 刑法论丛，2010，21（1）：377.

[46] 许维安，叶芍. 我国海上犯罪体系亟需健全与完善 [J]. 河北法学，2012，30（4）：129.

[47] 赵微. 海上刑法的理论定位与实践价值 [N]. 中国社会科学报，2010-09-07（10）.

[48] 张旭. 国际犯罪刑事责任再探 [J]. 吉林大学社会科学学报，2001（2）：43.

[49] 卢有学. 论国际犯罪与国内犯罪的关系 [J]. 现代法学，2012，34（1）：125.

[50] 何炬，覃珠坚. 略析国际海上犯罪刑法适用 [J]. 广西公安管理干部学院学报，2000（3）：3.

[51] 邵维国. 论海上国际犯罪的船旗国管辖原则 [J]. 吉林大学社会科学学报，2007（6）：74.

[52] 王秋玲. 国际公约中海盗罪构成要件的修改与完善 [J]. 中国海商法年刊，2007（1）：366.

[53] 李海滢. 国际犯罪的类型研究：回顾、反思与探寻 [J]. 当代法学，2007（6）：33.

[54] 刘中民，张德民. 海洋领域的非传统安全威胁及其对当代国际关系的影响 [J]. 中国海洋大学学报（社会科学版），2004（4）：64.

[55] 刘中民. 海洋非传统安全威胁挑战人类 [J]. 社会观察，2005（3）：26.

[56] 张湘兰. 南海打击海盗的国际合作法律机制研究 [J]. 法学论坛，2010，25（5）：5.

[57] 李海滢. 国际犯罪的类型研究：回顾、反思与探寻 [J]. 当代法学，2007（6）：33.

[58] 王健，戴轶尘. 东南亚海盗问题及其治理 [J]. 当代亚太，2006（7）：29.

[59] 刘婧. 前城邦时代希腊世界的海盗活动述论 [J]. 历史教学，2006（6）：30.

[60] 王冠雄. 南海海域海盗行为之防治：理论与实践之困境 [J]. 海华与东南亚研究，2003（3）.

[61] 曾燕萍，安振. "一带一路" 新形势下中国石油运输安全战略研究 [J]. 国际经济合作，2018（1）：68.

[62] 高晓莹. 海洋环境污染的刑法调控 [J]. 中国刑事法杂志，2011（10）：51.

[63] 张黎. 我国海上贩毒活动现状及打防对策研究 [J]. 中国人民公安大学学报（社会科学版），2012，28（5）：135.

[64] 孟昭武，张仁秀. 论我国刑事政策的未来走向 [J]. 法治研究，2011（5）：38.

[65] 赵秉志，赫兴旺. 略论危害海上航行安全犯罪的惩治与防范 [J]. 中外法学，1993（6）：39.

[66] 陈荔彤. 论万国公罪海盗罪之修法研议 [J]. 台湾海洋法学报，2005，4（1）：31.

[67] 王秋玲. 国际公约中海盗罪的修改和完善 [J]. 中国海商法年刊，2008，18：376.

[68] 高翠. 英国与尼翁会议 [J]. 首都师范大学学报（社会科学版），2002（5）：21.

[69] 吴慧. 打击海盗行为的国际法规范 [J]. 人民公安，2000（12）：13.

[70] 马惊鸿，韩立新. 国际社会治理海盗问题的法律对策 [J]. 中国刑事法杂志，2011（11）：90.

[71] 赵霞. 现代国际法对海上恐怖主义的界定 [J]. 世界海运，2007（5）：48.

[72] 刘笑晨，王淑敏．打击海上恐怖主义的法律机制问题初探：置于全球治理视野下 [J]．社会科学文摘，2017（2）：24．

[73] 胡铭，徐莹．海盗行为恐怖主义化：三种模式与双重规制：以国际法与国内法关系为视角 [J]．中国高校社会科学，2016（1）：90．

[74] 张湘兰，郑雷．论海上恐怖主义对国际法的挑战与应对 [J]．武汉大学学报（哲学社会科学版），2009，62（2）：152．

[75] 刘笑晨，王淑敏．全球治理视角下打击海上恐怖主义的法律机制问题初探 [J]．中国海商法研究，2016，27（4）：98．

[76] 童伟华．海上恐怖主义犯罪和海盗犯罪中的普遍管辖权与登临权 [J]．福建警察学院学报，2011，25（2）：60．

[77] 张丽娜．海上反恐与国际海运安全制度研究 [J]．河北法学，2008（2）：148．

[78] 杨翠柏．《亚洲打击海盗及武装抢劫船只的地区合作协定》评价 [J]．南洋问题研究，2006（4）：28．

[79] 王赞．危及大陆架固定平台安全罪国内法化研究 [J]．中国海洋大学学报（社会科学版），2014（5）：25．

[80] 郑义炜．陆海复合型中国"海洋强国"战略分析 [J]．东北亚论坛，2018，27（2）：76．

[81] 阎二鹏．扩张正犯概念体系的建构：兼评对限制正犯概念的反思性检讨 [J]．中国法学，2009（3）：115．

[82] 赵华．海底油气管道的泄漏及预防 [J]．油气田环境保护，2009（2）：54．

[83] 王赞．增设破坏海底电缆和管道罪之必要性 [J]．大连海事大学学报（社会科学版），2008（5）：10．

[84] 杜晓君．略论破坏海底电缆管道罪 [J]．太平洋学报，2009（9）：13．

[85] 王秀梅．国际环境犯罪惩治的理论与实践 [J]．外国法译评，1999（3）：03．

[86] 马亚东．国际条约中船舶污染刑事责任要件在国内的严格化适用 [J]．中国人民公安大学学报（社会科学版），2014，30（1）：149．

[87] 林正锦．Erika 判决：国家法律博弈国际公约 [J]．中国船检，2008（4）：40．

[88] 张湘兰，叶泉．论沿海国对其专属经济区内船舶污染的立法管辖权 [J]．

当代法学，2013，27（3）：144.

[89] 汤喆峰，司玉琢 . 论中国海法体系及其建构 [J]. 中国海商法研究，2013，24（3）：6.

[90] 蒋平 . 完善我国海洋法体系的探讨 [J]. 海洋信息，2006（1）：14.

[91] 阎二鹏 . 海洋环境污染犯罪的刑事立法规制模式思考：风险社会刑法理念的启示 [J]. 社会科学家，2012（11）：22.

[92] 焦艳鹏 . 论水上交通肇事及其危险行为的入罪标准 [J]. 法学，2012（9）：140.

[93] 吕方园，张语轩 . 海上交通肇事罪入刑研究 [J]. 学理论，2013（26）：122.

[94] 王赟 . 海事行政执法中以罚代刑问题初探 [J]. 中国海商法研究，2012，23（2）：90.

[95] 许维安 . 我国海洋法体系的缺陷与对策 [J]. 海洋开发与管理，2008（1）：128.

[96] 熊永明 . 刑法立法协调性研究 [J]. 河北法学，2011，29（1）：125.

[97] 赵秉志，黄芳 . 论中国刑法典中的国际刑法规范 [J]. 法学，2003（9）：50.

[98] 阎二鹏 . 海上犯罪的立法规制之模式构想 [J]. 海南大学学报，2013（2）.

[99] 陈兴良 . 风险刑法理论的法教义学批判 [J]. 中外法学，2014，26（1）：103.

[100] 王勇 . 从《刑法》修订看中国环境犯罪立法观转变 [J]. 环境保护，2011（7）：38.

[101] 汪维才 . 污染环境罪主客观要件问题研究：以《中华人民共和国刑法修正案（八）》为视角 [J]. 法学杂志，2011，32（8）：71.

[102] 白云鹏 . 环境执法中的"以罚代刑"现象当休矣 [J]. 人民论坛，2017（15）：100.

[103] 叶良芳 . 防治船舶溢油污染刑法不应缺位 [J]. 学习与探索，2012（9）：81.

[104] 李军，童伟华 . 海上环境污染案件移送程序之协调困境的思考 [J]. 中国海商法研究，2016，27（4）：55.

[105] 赵微，郭芝 . 我国海洋环境污染犯罪的刑事司法障碍及其对策 [J]. 学

习与探索，2006（6）：114.

[106] 赵微，王慧.水上交通事故"人员失踪"的刑法定性研究 [J]. 苏州大学学报，2013（1）.

[107] 高国其.国际海盗罪行的国内法适用 [J]. 广西政法管理干部学院学报，2009（5）.

[108] 童伟华.海盗罪名设置研究 [J]. 海峡法学，2010，12（4）：74.

[109] 邹兵建.论刑法公共安全的多元性 [J]. 中国刑事法杂志，2013（12）：9.

[110] 李川.二元集合法益与累积犯形态研究：法定犯与自然犯混同情形下对污染环境罪"严重污染环境"的解释 [J]. 政治与法律，2017（10）：39.

[111] 喻海松.污染环境罪若干争议问题之厘清 [J]. 法律适用，2017（23）：75.

[112] 宋杰.刑法修正需要国际法视野 [J]. 现代法学，2017，39（4）：134.

[113] 卢有学.战争罪的国内立法研究 [J]. 现代法学，2007（2）：186.

[114] 黄芳.国际犯罪的国内立法导论 [J]. 法学评论，2000（2）：39.

[115] 曾令良.国际法发展的历史性突破：《国际刑事法院规约》述评 [J]. 中国社会科学，1999（2）：3.

[116] 王建军.国际公约对刑法修订的影响及其意义 [J]. 刑事法评论，1999（1）：35.

[117] 马呈元.论中国刑法中的普遍管辖权 [J]. 政法论坛，2013，31（3）：88.

[118] 卢有学.我国刑法规定国际犯罪的立法模式探讨 [J]. 河北法学，2009，27（2）：108.

[119] 储槐植.议论刑法现代化 [J]. 中外法学，2000（5）：38.

[120] 梁根林.刑法修正：维度、策略、评价与反思 [J]. 法学研究，2017，39（1）：42.

[121] 周光权.转型时期刑法立法的思路与方法 [J]. 中国社会科学，2016（3）：123.

[122] 范忠信.刑法典应力求垂范久远 [J]. 法学，1997（10）：42.

[123] 苏彩霞.中国刑法国际化论纲 [J]. 中外法学，2003（2）：66.

[124] 卢有学.战争罪的国内立法研究 [J]. 现代法学，2007（2）：186.

[125] 赵秉志，原佳丽.海盗罪的国际刑法规制 [J]. 南都学坛，2012，32（6）：71.

[126] 梁根林.预备犯普遍处罚原则的困境与突围 [J]. 中国法学，2011（2）：156.

[127] 储槐植，杨书文.复合罪过形式探析 [J]. 法学研究，1999（1）：3.

[128] 朱利江.普遍管辖国内立法近期发展态势 [J]. 环球法律评论，2010，32（1）：144.

[129] 温树斌，黄家平.论国际犯罪的管辖机制 [J]. 政法学刊，2001（3）：25.

[130] 蔡霞.浅析中国与东盟刑事司法合作的发展趋势 [J]. 东南亚纵横，2011（12）：10.

[131] 方军祥.中国与东盟：非传统安全领域合作的现状与意义 [J]. 南洋问题研究，2005（4）：26.

[132] 申峥峥.中国与东盟在非传统安全领域的警务合作 [J]. 咸宁学院学报，2009，29（5）：9.

[133] 魏志江，孟诗.试析中日韩三国2011年以来的非传统安全合作 [J]. 中共浙江省委党校学报，2012，28（4）：25.

[134] 蒋人文.中国与东盟成员国刑事司法协助与引渡机制研究 [J]. 河北法学，2009，27（8）：143.

[135] 李瑛.国际刑事司法协助与引渡问题探析 [J]. 政法学刊，2007（5）：39.

[136] 李繁杰.中美海上矛盾与合作前景 [J]. 国际问题研究，2013（6）：79.

[137] 程晓.联合国第三次海洋法会议评介 [J]. 法学杂志，1983（1）：46.

[138] 余民才.中国与《联合国海洋法公约》[J]. 现代国际关系，2012（10）：55.

[139] 黄瑶，李燕妙.南海沿岸国渔业合作路径的新探讨 [J]. 大珠三角论坛，2013（3）.

[140] 王玫黎，谭畅.论闭海或半闭海沿岸国的合作：以南海为例——与克里斯托弗·莱恩博先生商榷 [J]. 学术界，2016（10）：126.

[141] 郑凡.半闭海视角下的南海海洋问题 [J]. 太平洋学报，2015，23（6）：51.

[142] 海民，张爱朱.国际法框架下的南海合作 [J]. 国际问题研究，2014（1）：71.

[143] 王勇.应当赋予他国在沿海国专属经济区内打击海盗的管辖权：以修改《联合国海洋法公约》为视角 [J].政治与法律，2012（8）：94.

[144] 张湘兰，郑雷.境外打击海盗的若干法律问题研究 [J].武汉理工大学学报（社会科学版），2009，22（3）：52.

[145] 刘建，白洁.中南亚国家间建立多边刑事司法合作制度防治跨国犯罪研究 [J].新疆社科论坛，2007（5）：51.

[146] 葛红亮.非传统安全与南海地区国家的策略性互动 [J].国际安全研究，2015，33（2）：139.

[147] 张湘兰.南海打击海盗的国际合作法律机制研究 [J].法学论坛，2010，25（5）：5.

[148] 蒋巍.中国—东盟海上航行安全法律合作的对策探讨 [J].东南亚纵横，2014（4）：76.

[149] 蒋娜.国际法视野下国家刑事责任的可能与局限：对国家刑事责任赞成论之否定 [J].法学杂志，2010，31（2）：131.

[150] 王历荣.国际海盗问题与中国海上通道安全 [J].当代亚太，2009（6）：119.

[151] 黄风.中华人民共和国际刑事司法协助法（立法建议稿）[J].法学评论，2008（1）：83.

[152] 黄风，王君祥.非洲国家刑事司法协助立法若干问题探析：兼议对我国刑事司法协助立法的启示 [J].比较法研究，2011（2）：81.

[153] 马德才.政治犯不引渡原则的发展趋势探析：兼论我国《引渡法》的完善 [J].江西社会科学，2009（2）：145.

[154] 马啸晨.中国与东盟国家刑事执法合作机制若干问题探析：兼论湄公河流域国家刑事执法合作之立法构想 [J].云南社会主义学院学报，2014（2）：393-394.

[155] 薛力.马六甲海峡海盗活动的趋势与特征：一项统计分析 [J].国际政治研究，2011，32（2）：135.

[156] 邵维国.论海上国际犯罪的船旗国管辖原则 [J].吉林大学社会科学学报，2007（6）：74.

[157] 陈忠林.关于我国刑法属地原则的理解、适用及立法完善 [J].现代法学，1998（5）：3.

[158] 王秀芬.试论国际法上的紧追权 [J].大连海事大学学报（社会科学版），2002（4）：26.

[159] 余民才.紧追权的法律适用 [J].法商研究，2003（2）：93.

[160] 陈伟.合理行使紧追权 维护中国海洋权益 [J].中国海商法年刊，2011，22（2）：19.

[161] 张立锋.关于中国公海登临权的立法思考 [J].河北学刊，2008（4）：166.

[162] 杨瑛.适用登临权的国际犯罪行为法律问题分析 [J].中国人民公安大学学报（社会科学版），2016，32（4）：59.

[163] 张湘兰，郑雷.论海上恐怖主义对国际法的挑战与应对 [J].武汉大学学报（哲学社会科学版），2009，62（2）：152.

[164] Wolfers A. National Security as an Ambiguous Symbol[J].Political Science Quarterly，1952，67（2）：482–511.

[165] BURGESS D R，Jr. Hostis Humani Generi：Piracy，Terrorism And A New International Law[J]. University of Miami International and Comparative Law Review，2006：293–340.

[166] REULAND R C. The Customary Right of Hot Pursuit Onto the High Seas：Annotations to Article 111 of the Law of the Sea Convention，[J].Virginia Journal of International Law，1993，33：567.

[167] Yearbook of The International Law Commission，1956，49.


**报纸类**

[1] 王逸舟.重视非传统安全研究 [N].人民日报，2003–05–22（7）.

[2] 孟宪生.不能忽视整体安全：西方非传统安全理论评析 [N].光明日报，2007–06–06（9）.

[3] 王逸舟.重视非传统安全的研究 [N].人民日报，2003–05–21（7）.

[4] 贺风玲.广州中山两人非法鉴定胎儿性别各获刑一年半 [N].广州日报，2015–03–06.

[5] 李适时.关于《中华人民共和国刑法修正案（九）》（草案）的说明 [N].中华人民共和国全国人民代表大会常务委员会公报，2011，2.

[6] 陈璐.新国家安全观要求刑法转变整体机制 [N].中国社会科学报，

2014-08-20（7）.

[7] 刘曦.俄罗斯退出国际刑事法院 [N].新华社，2016-11-18.

[8] 严晖.石油第一大进口国拥有价格坐标 中国原油踏上国际化征程 [N].华夏时报，2018-03-26.

[9] 梁颖.国际海事局发布《2017年全球海盗活动报告》[N].中国海洋报，2018-02-06.

[10] 徐前，朱红霞.东南亚三国联手打击跨国犯罪 开启"联合巡逻模式" [N].人民日报，2017-06-21.

[11] 周超.去年全球船员遭海盗绑架案件创十年之最 [N].中国海洋报，2017-01-17.

[12] 思遥.对破坏海洋行为"零容忍" [N].人民日报，2018-01-18（9）.

[13] 刘幸，杜鹃.京津冀菠菜检出微量辐射物 [N].广州日报，2011-04-07.

[14] 刘超.去年中国海洋经济统计公报发布 海洋经济稳中向好 [N].人民日报，2018-03-02.

[15] 高远.东海大桥海底电缆赔偿案终审判决 [N].中国青年报，2005-12-08.

[16] 王晓易.东营海底盗油案适用重典 [N].民主法制报，2007-08-06.

[17] 司玉琢.海上丝绸之路战略的海法体系保障 [N].光明日报，2015-08-08.

[18] 王蓓蓓.组团海钓为非法活动，三沙加大打击非法旅游力度 [N].海南特区报，2015-02-02.

[19] 于埠民.反海盗国际行动与刑事管辖问题 [N].检察日报，2009-06-29.

[20] 赵微.海上刑法的理论定位与实践价值 [N].中国社会科学报，2010-09-07（10）.

[21] 张蕴岭."东盟方式"，柔性而富活力 [N].人民日报，2006-08-23.

[22] 熊争艳，侯丽军.中美执法合作确定反恐追逃追赃等5重点领域 [N].新华每日电讯，2015-04-11（4）.

## 网络文献类

[1] 新华每日电讯 [EB/OL]. 新华网，2000–07–28.

[2] 南海海盗袭击仅次于索马里海域中国深受其害 [EB/OL]. 新华网，2010–07–05.

[3] 叶然 . 中美海底电缆断裂事故一案在广州开庭审理 [EB/OL]. 新华网，2002–06–19.

[4] 阮煜琳 . 五年来海洋执法查处案件8800余起 [EB/OL]. 中国新闻网，2018–01–21.

[5] 外交部网站 . "981" 钻井平台作业：越南的挑衅和中国的立场 [EB/OL]. 外交部网站，2014–06–09.